JN080094

ASC叢書 2

# スポーツ アドミニストレーション論

## スポーツビジネスの最前線から学ぶ理論と実際

一般社団法人アリーナスポーツ協議会 監修　花内 誠 編著

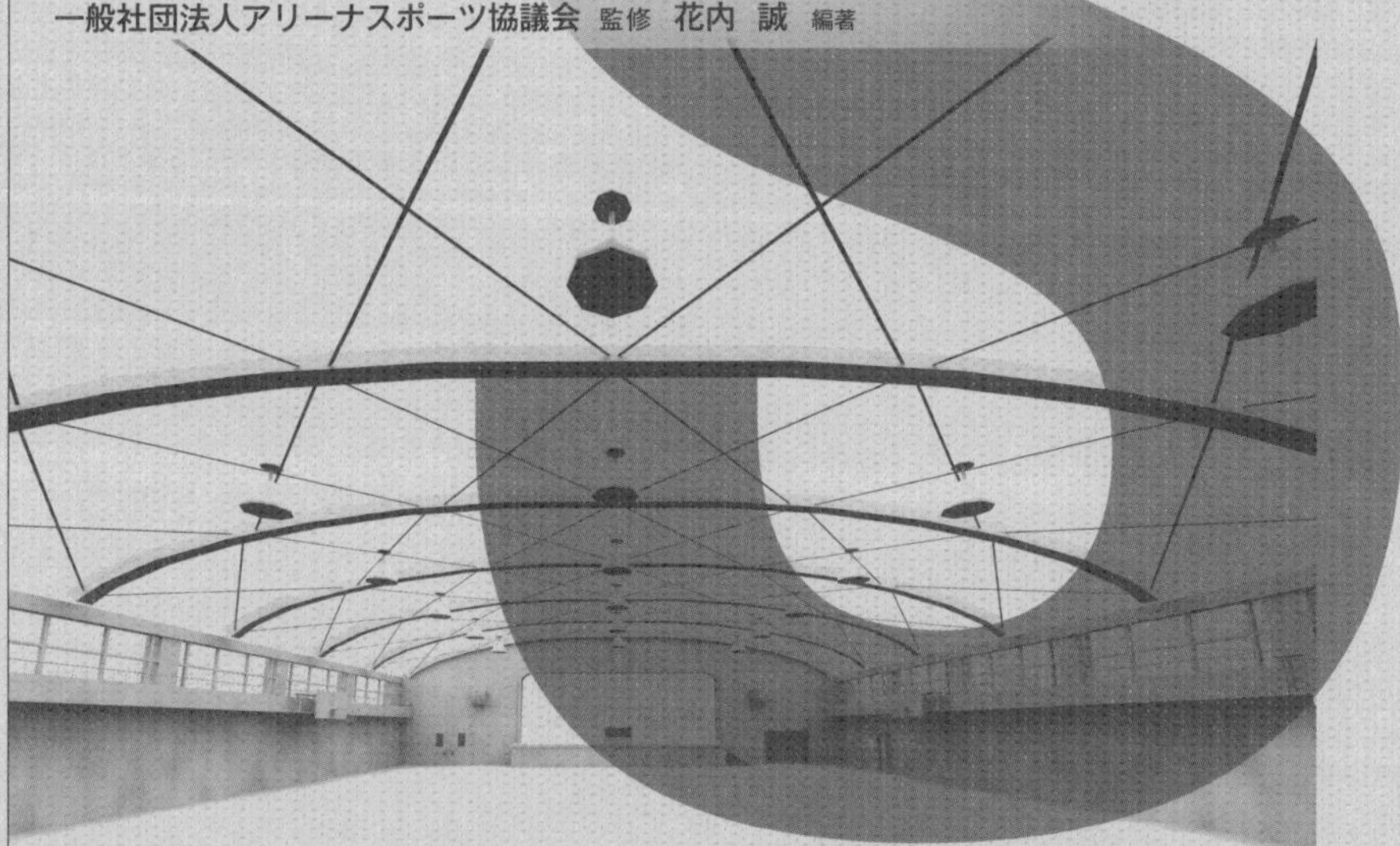

晃洋書房

Sports administration

# 井戸掘り職人

スポーツビジネスは井戸掘りに似ている。

井戸掘り職人たちは、一見何もない原っぱや崖地に竪穴や横穴を掘って水を湧き出させる。彼らは闇雲に穴を掘るのではなく、永年の経験と知識を駆使して的確な深さ、方向、大きさで、地中にあって見えない水脈を予測し穴を掘る。掘る位置が数メートルずれるだけで水が出ない場合もあり、水が出たとしても十分な水量を得られない場合もあるし、それに合わせて穴を掘る技術がなければ、水脈には到達できない。

何も知らなければ、スコップ一本、つるはし一つで適当に穴を掘っているようにみえるかもしれない。自分だっていざとなれば、井戸の一つくらい掘れると思っている人がいるかもしれない。ひょっとしたら、スコップ一本でできる楽な仕事だと思っているかもしれない。水脈を探るには、周辺の地形や地質、山や川からの距離、そこに生えている植物の植生などを総合的に判断しなければならない。科学の発達してなかった時代には超能力とも捉えられていた技術かもしれない。

スポーツビジネスは、この井戸掘りに似ている。簡単そうに見えるかもしれないが、実はどちらも科学的に綿密に組み立てられている。

スポーツビジネスは、一見何もない場所に人を集め熱狂させ、ビジネスとして成立させる。スポーツは多くの人に親和性の高いコンテンツなので、スポーツビジネスの成功談を読みたい人も多く、たくさんの本が出ている。

それらの本を読んで、「自分もできる」と思ってスポーツビジネスを志す人も多い。しかし、スポーツビジネスを志し、成功者の成功談通りに自分もやってみたけれど、なぜか上手くいかず夢破れて去っていく人たちも多い。それはなぜなのだろうか？

いつも疑問に思うのは、「成功の秘訣」とされること、例えば「地域密着」や「顧客優先」などのポイントは、失敗した人たちも実践していたということである。成功と失敗の間を分けたものは何なのか？　理解の深さなのか、実践の量なのか、質なのか、程度の問題なのか、方向性の問題なのか？

同じようにチームを補強して、同じようにリーグ優勝したクラブが二つあっても、片方がビッグクラブへと発展し、片方は破綻してしまう場合がある。なぜなのだろうか？　地域特性の違いだとすれば、地域特性の違いによって、どういう影響を受けるのか？　知っておかないと失敗してしまう。井戸掘りで言えば、同じ大きさで同じ深さの穴を数メートルのずれで掘った結果なのだろう。成功と失敗は紙一重である。スポーツビジネスもマーケティングやブランディング、経済学、経営学、組織学、心理学、行動経済学などの様々な学問を統合して行われる。

一説には一九八四年のロサンゼルスオリンピックが現代のスポーツビジネスの本格的幕開けとされる。そう考えると現代のスポーツビジネスは本格的幕開けからわずか三五年しか経っていない。人類の歴史とほぼ同じくらい古いであろう井戸掘りは永年の経験と知識を統合して科学技術として成立していることに比べると、現在スポーツビジネスはまだ始まったばかりで、無闇矢鱈と穴を掘って水が出た出ないと一喜一憂している状況ではないだろうか？井戸掘り同様に、様々な学問知識を積み上げながらスポーツという井戸を掘り、的確に水脈をとらえる科学知識を目指したい。我々はスポーツビジネスの成功への精度を高める学問として「スポーツアドミニストレーション論」を考えたい。

もっとも、現代の井戸掘りでも、「水が出ない」と言うこともあるそうだ。しかし年々精度は高くなっている。それは、多くの先人たちの失敗と科学的思考の積み重ねによるものであろう。これから述べるスポーツアドミニストレーション論も数多くの勘違いやずれがあるだろう。しかし、その勘違いやずれの原因を探ることで、さらに精度はあがるはずだ。焦る必要はない。人類と同じくらい古い井戸掘りの歴史ですら、未だに精度をあげることを考えている人もいるのだ。スポーツビジネスははじまったばかりである。

## 井戸を掘る職人、改修する職人

井戸職人には二種類の仕事がある。何もないところに水脈を探って井戸を掘る仕事と、既にある井戸をメンテナンスして使いやすくしたり、水量を増やしたりする仕事である。

部分的な改修であれば、井戸掘り全体の総合的知識がなくてもできるが、その場合は一見影響のない改修が全体を損なう可能性もある。知識が無くても一時的に使いやすくしたり、水量を増やしたりすることも可能かもしれない。しかし、それが水脈を傷つけ、しばらく後に水が濁ってしまう場合や枯れてしまう場合すらある。きちんとした知識があれば、その井戸を掘った職人の意図を的確に把握した良い改修をすることが可能である。きちんとした全体の総合的知識がないと井戸は掘れないし、良い改修もできない。ということであろう。

スポーツビジネスも同じである。スポーツビジネスで成功した人も、何もないところから水脈を探ってビジネスシーズを提案する人と、既にあるビジネスを上手く拡大する人がいる。両方とも「スポーツビジネスで成功した人」なので、一般人にはあまり区別はつかないかもしれない。しかしながら、中身は大きく違う。上手く拡大するだけなら、スポーツビジネス全体のきちんとした総合的知識がなくても成功する場合がある。たとえば、クラブのブランド価値を損なうような「なりふり構わない補強」によって得られる勝利は、その年の勝利や優勝をもたらすかもしれない。それは成功に見えるかもしれないが、長い目で見ると「何をしても勝てばいいんだ」という思想のクラブというネガティヴブランドが定着する失敗の始まりなのかもしれない。スポーツビジネスも井戸掘りと同じで、立ち上げはもちろん、部分的にビジネスを上手く拡大する場合でも、きちんとした総合的知識を持った上で取り組むことと、うわべの知識だけで取り組むのでは長い間で大きな差が生まれる。

スポーツビジネスで成功した人々の本を読むときに、「この人は、ビジネスシーズを提案して成功したのか？それとも既にあるビジネスを上手に拡大したのか？」を考えながら読んでみると得られることも多いかもしれない。スポーツ界の大立者が実は他人のビジネスシーズを奪って自分のものにしていただけかもしれないし、偶然掘った穴に水が出ただけの成功すらあるのかもしれない。

## 思考の習慣化

きちんとした総合的知識とは、科学的な思考の積み重ねである。

スポーツアドミニストレーション論は、「思考の習慣化」を目指したい。一つひとつの事象での成功は、必ず他の事象での成功が約束されるものではない。ある場所での深さ大きさの井戸で水が出るからといって、別の場所で同じ深さ、大きさを掘っても水が出るわけではない。

なぜ水が出るのか、水はどこにあるのか、どうやってそこまで掘り進めるのかなどは、事象や経験の積み重ねから形にすることができるであろう。しかし、そこで「行動のマニュアル」にしてしまうと、一つとして同じ井戸はないように、スポーツビジネスの環境も異なるので、同一の行動が同一の結果につながらない。

重要なのは行動ではなく、そこに至る「思考の道筋」である。どんな考え方で物事に対処するのかさえ分かっていれば、様々な事象に対して同じ考え方で対処することができる。マニュアル化する手がかりは、行動ではなく思考である。思考を習慣化することで、どんな場所でも、どんな場面でも、なぜ、どこで、どうやって、を思考することで必ず水を掘り当てることができるであろう。

スポーツアドミニストレーション論では、思考の習慣化を目指している。

# はじめに

この本は、二〇一七年九月から二〇一九年一月まで青山学院大学経営学部で行われた（一社）アリーナスポーツ協議会寄付講座「スポーツアドミニストレーション論」の講義録と「スポーツアドミニストレーション論」の概略をまとめたものである。

一般社団法人アリーナスポーツ協議会（ＡＳＣ）は、二〇一三年にバスケットボール、バレーボール、フットサルのリーグ団体を中心に日本のアリーナスポーツの発展を目的に設立された。以来多くの会員社の協力を得て知見を蓄積し日本のアリーナスポーツに少しでも役立てるように活動してきた。

その一つの成果が、青山学院大学体育館のサンロッカーズ渋谷のホームアリーナ化である。ＡＳＣが、Ｂリーグ創設時にホームアリーナが無くＢ１入りが危ぶまれていた日立サンロッカーズに、青山学院大学記念館（大学体育館）と渋谷区を紹介し、サンロッカーズが大学体育館で試合を行い、それによって体育館が利用できなくなった大学の体育会部活を渋谷区の体育館で活動可能にし、サンロッカーズの地域名に「渋谷」を入れる、という三者の協働コーディネートである。単にプロチームが大学施設を興行利用するというだけではなく、実業団チームである日立サンロッカーズと渋谷区という自治体を青山学院大学という大学を介して三者が協働し、将来的にサンロッカーズだけでなく、渋谷区の総合型地域スポーツクラブを青山学院大学と共に作るまでを視野に入れたプロジェクトである。

その結果、前年度の天皇杯優勝チームの日立サンロッカーズが、「サンロッカーズ渋谷」として無事にＢ１入りを果たすことになる。プロチームが大学のスポーツ施設を本拠地として使う事例は日本では珍しく、ＡＳＣで三者のコーディネートを行った筆者は、その経験を基に大学スポーツの振興によって日本のスポーツ界と地域社会の活性化を提案する「スポーツ産学連携＝日本版ＮＣＡＡ」を文科省に二〇一六年に提案した。提案はその後、有識者たちによる議論を重ねて、二〇一九年の「大学スポーツ協会（ＵＮＩＶＡＳ）」設立という動きにつながっていくのである。

こうして青山学院大学と縁をもったＡＳＣは、会員各社からの協力を得て青山学院大学経営学部に寄付講座「スポーツアドミニストレーション論」を開講した。以前からスポーツビジネスに関して豊富な経験を持つ会員各社の知識を次世代の日本スポーツ界を担う若者たちに伝えていきたいと考えていたＡＳＣにとっては、またとない機会である。

「スポーツアドミニストレーション論」は、スポーツを「スポーツオペレーション」と「ビジネスアドミニストレーション」に分け、主に「ビジネスアドミニストレーション」分野を対象にした九〇分×一五回の講義である。スポーツビジネスの現場で実際に活躍されている方々をゲスト講師に招いた講義は学生からの人気を集め、二年目からは二五〇名の定員が満員になり、抽選での受講となった。

一年目は「職種によるビジネスアドミニストレーションと競技種目によるビジネスアドミニストレーション」、二年目は「大学スポーツにおけるビジネスアドミニストレーション」をサブテーマに筆者がファシリテーターとして講師陣を選んだ。

スポーツにおける「ビジネスアドミニストレーション」は、メディアに取り上げられることも少なく、触れる機会も少ない。実際にスポーツにおける「ビジネスアドミニストレーション」の最前線にいるゲスト講師陣の話は貴重であり、延べ二〇名を超えるゲスト講師陣の熱意溢れる話は、毎回学びに満ちた素晴らしいものであった。それは、学生たちを引き込むだけでなく、ファシリテーター役の筆者にとっても極めて有意義で、学生以上に筆者自身も学ぶことが多かった。これを講義録として残すことには意義があると考えた理由である。

九〇分の授業は、二〇〇名を超える受講生を落ち着かせるため冒頭の一〇分から一五分を花内が「前説」として受け持ち、ゲスト講師の方には約六〇分の講義をいただいた。質疑応答と出席レポート提出の時間とした。

すべてのゲスト講師の先生方には快く講義録の出版を承諾いただいた後、何人かの先生が「花内さんの前説があると自分の講義の意図が解りやすくなった。講義録に前説部分も入れて欲しい」と言ってくださった。さすがにすべての「前説」を入れるわけにはいかないが、どういう意図で「スポーツアドミニストレーション論」を企画し、各講師の先生方にお願いしたかを、概略としてあらためてまとめることで、講義録との二部構成とさせていただいた。

「スポーツアドミニストレーション論」の概略を知った上で講義録を読んでいただくことによって、理論と現実を比較することが可能になる。それによって、スポーツ関係者や将来スポーツ関係に職を求めようとする若者たちには、自らのチームや組織を発展させるための参考書として読むことが可能になる。さらには、直接スポーツには関係ない方々にもスポーツの発展させる仕組みを理解していただき、スポーツ界を応援するきっかけとしていただき、その結果、日本のアリーナスポーツが発展していけばこれに勝る喜びはない。

## 学問としてのスポーツビジネス

今回、「スポーツアドミニストレーション論」では、スポーツビジネスを「学問」として構築することを意識した。日本でこれまでに出版されたスポーツビジネスに関する書籍の多くは、関係者の成功経験や欧米の事例を紹介したものである。そもそもスポーツビジネスは多様な条件を変数とするので、解決策は無数に存在する。どこかで誰かが成功したケースが、他の環境でも成功するとは限らない。成功した人の語るストーリーや海外の事例は示唆に富んでいるが、それを唯一の解決策として早合点すると、チームや組織の低迷や衰退を招いてしまう場合もある。

「学問とは、一定の理論に基づいて体系化された知識と方法である」(『広辞苑 第六版』、岩波書店)。

この「スポーツアドミニストレーション論」は、一定の理論に基づいて、スポーツビジネスに関する知識と方法を体系化することに挑戦した。スポーツビジネスを「学問」として説明することで、経験を絶対視せず、理論化・体系化することで普遍的な活用が可能となる。

スポーツビジネスについての学問研究もここ数十年の間に進化している。しかしながら、スポーツビジネスが活性化したのはこの三十年であり、ビジネス自体が未熟であり、当然、学問としても未熟な領域である。

多くの先生方が素晴らしい研究を重ねてこられているが、数少ない経験、その中でもさらに数少ない成功体験を是として、サンプル数1の経験談をもって理論と勘違いしていることがあるのかもしれない。それは、スポーツビジネスにおける「モンティ・ホール・ジレンマ」に陥る可能性でもあり、多くの人がそれらしい理由に飛びついて間違った答えを正しいと信じている可能性すらある。

この「スポーツアドミニストレーション論」自体が、間違った答えの可能性もある。大いに反対意見をいただき、活発な議論をすることで、スポーツビジネス関係の学問が進化する礎となれれば、至上の喜びである。

## ユークリッド幾何学と非ユークリッド幾何学からみる創造的議論のための前提

スポーツビジネスが進化するためには、スポーツビジネス関係の学問が進化する必要がある。ここでは、他の学問の進化から学んでみたい。古くからある学問に数学がある。中でも今日、ユークリッド幾何学とされているものは、学問体系として完成度は高く、美しいとまで感じられる。紀元前三〇〇年ごろユークリッドによってまとめられた「原論」は、二三の定義、五つの公理、五つの公準を示し、ここから論理的に正しい推論・証明によって得られる命題を定理としている。

ユークリッド幾何学は進化し続け、二〇世紀に入ってからもダフィット・ヒルベルトによって公理系の不備が補われ、完全な公理系の上でユークリッド幾何学が展開された。さらにはユークリッドの五つ目の公準（平行線）に対しての研究から、一九世紀になって新たな「非ユークリッド幾何学」が生まれている。

学問が進化するには、ユークリッド幾何学のようにその前提を整理し、多くの人が同じ土俵の上で議論を戦わせることを可能にすることが重要だと考える。

スポーツビジネス関係の学問体系を整えていくのは、これから長い時間が必要とされるだろう。まずは、議論の土俵となるいくつかの公理や定理のようなものを提示することに挑戦してみたい。本書で提示するものが公理なのか定理なのか、あるいはスポーツビジネス関係の学問が数学のように公理・定理から論理的に正しい推論、証明が可能なことなのかも含めて、多くの人が議論する土台になることが希望である。

## スポーツアドミニストレーションの公理と定理

私は、今回のスポーツアドミニストレーション論について、以下の三つを公理として仮定した。

第一の公理は、スポーツの発展は「する」「みる」「ささえる」の循環である。

第二の公理は、スポーツは「スポーツオペレーション」と「ビジネスアドミニストレーション」の二つの分野に分けられる。

第三の公理は、スポーツの機能は「シンボル」「競技」「健康」の三つである。

この三つの公理を設定することで、複雑なスポーツビジネスについて正しくかつシンプルに理解することが可能になる。さらにこれらにいくつかの推論を定理として加えることで、理解をさらに深め実践へと結びつけることが可能になる。

公理・定理を用いることが日本のスポーツビジネスを正しく、かつ素早く発展させると信じている。しかしながら、私が提案するこの公理・定理が正しいのかは多くの人々の議論によって磨いていただきたい。

花内　誠

CONTENTS

## CHAPTER 03 スポーツアドミニストレーション論の公理3 12



## CHAPTER 04 スポーツアドミニストレーション論の定理 18

# II スポーツアドミニストレーション講義

# I

# スポーツ
# アドミニストレーション論
# 概論

# スポーツアドミニストレーション論の公理1

スポーツの発展は「する」「みる」「ささえる」の循環である。

## (1) トリプルミッション

学問としてのスポーツビジネスを考えるにあたっていくつかの理論体系を説明する際に、それが三角形を形作ることに気付いた。もちろん偶然だろうが、いくつかの三角形を意識することで、複雑なスポーツビジネスの学問としての体系を理解しやすくなるかもしれない。本書では、それらの三角形を意図的にとりあげていくことにする。

まず、最初に取り上げる第一の三角形は、「トリプルミッション」である(図1)。これは、早稲田大学の平田竹男教授が提唱するモデルである(『トップスポーツビジネスの最前線』平田竹男・中村好男ほか編著、現代図書、二〇〇五年)。二〇〇三年に平田竹男教授によってトップスポーツビジネスの概念モデルとして提示された「トリプルミッション」は、スポーツおよびスポーツビジネスの構造を現すもっとも的確なモデルと考えられ、「理念」を中心に、「勝利」「普及」「市場」が相互に関連する三角形を描く。

スポーツビジネスが一般の経営と違うところは、「勝利」をミッションのひとつにしているところであり、「市場」から利益をあげ、「普及」と「勝利」を目指していく。さらに「勝利」することで、「普及」や「市場」が拡大し、「普及」は選手を育成し、「勝利」の原動力となるとともに、「市場」の拡大にも貢献する。

## （2）する→みる→ささえるの循環モデル

私は「トリプルミッション」モデルを簡略化し、「勝利」を「する」、「普及」を「ささえる」、「市場」を「観る」に置き換えた「する」「みる」「ささえる」の循環モデルを描いた（図2）。

二〇一〇年八月二六日に文部科学省は、今後の我が国のスポーツ政策の基本的方向性を示す「スポーツ立国戦略」を策定した。その「はじめに」の中に、我が国の「新たなスポーツ文化の確立」を目指し、

・人（する人、観る人、支える（育てる）人）の重視
・連携・協働の推進

を「基本的な考え方」として示している。

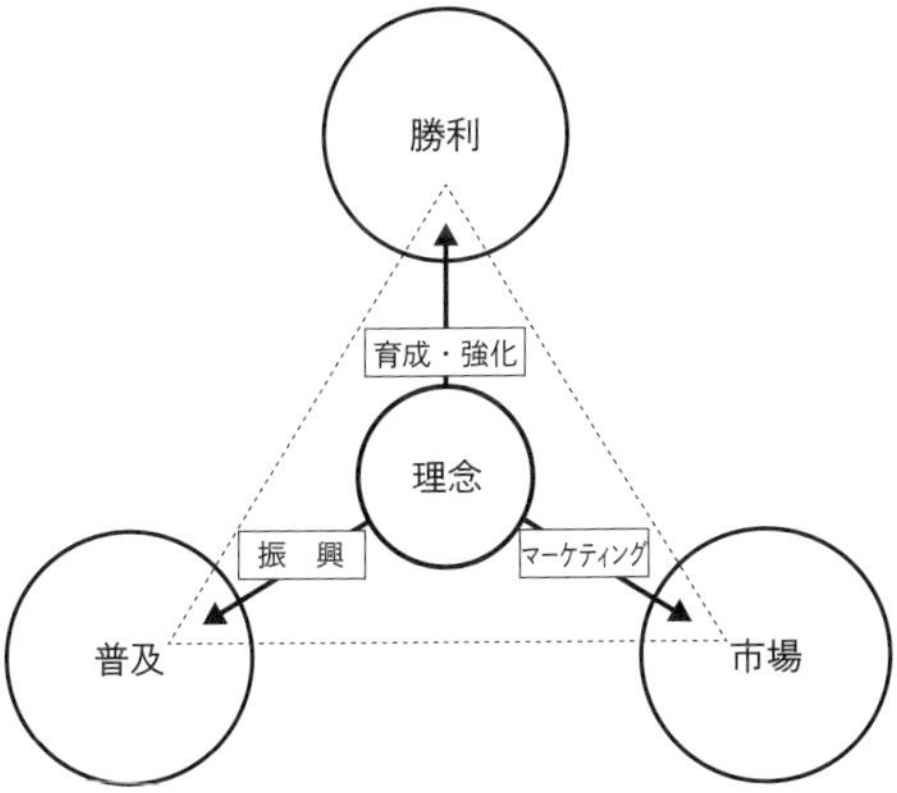

図1　トリプルミッション

この「する」「みる」「ささえる」というシンプルな言葉が、スポーツに関わる人たちの立場を的確に表し、スポーツビジネスを体系化するのに役立つ。

スポーツを「する」＝代表チームが活躍することで、スポーツを「みる」＝観客や視聴率が増え、スポーツを「ささえる」＝マネタイズすることで、スポーツを「する」＝環境が充実して、チームが強化され活躍する。

という好循環を描くことが考えられる。

代表チームとは、「国」の代表だけでなく、「地域」の代表であった

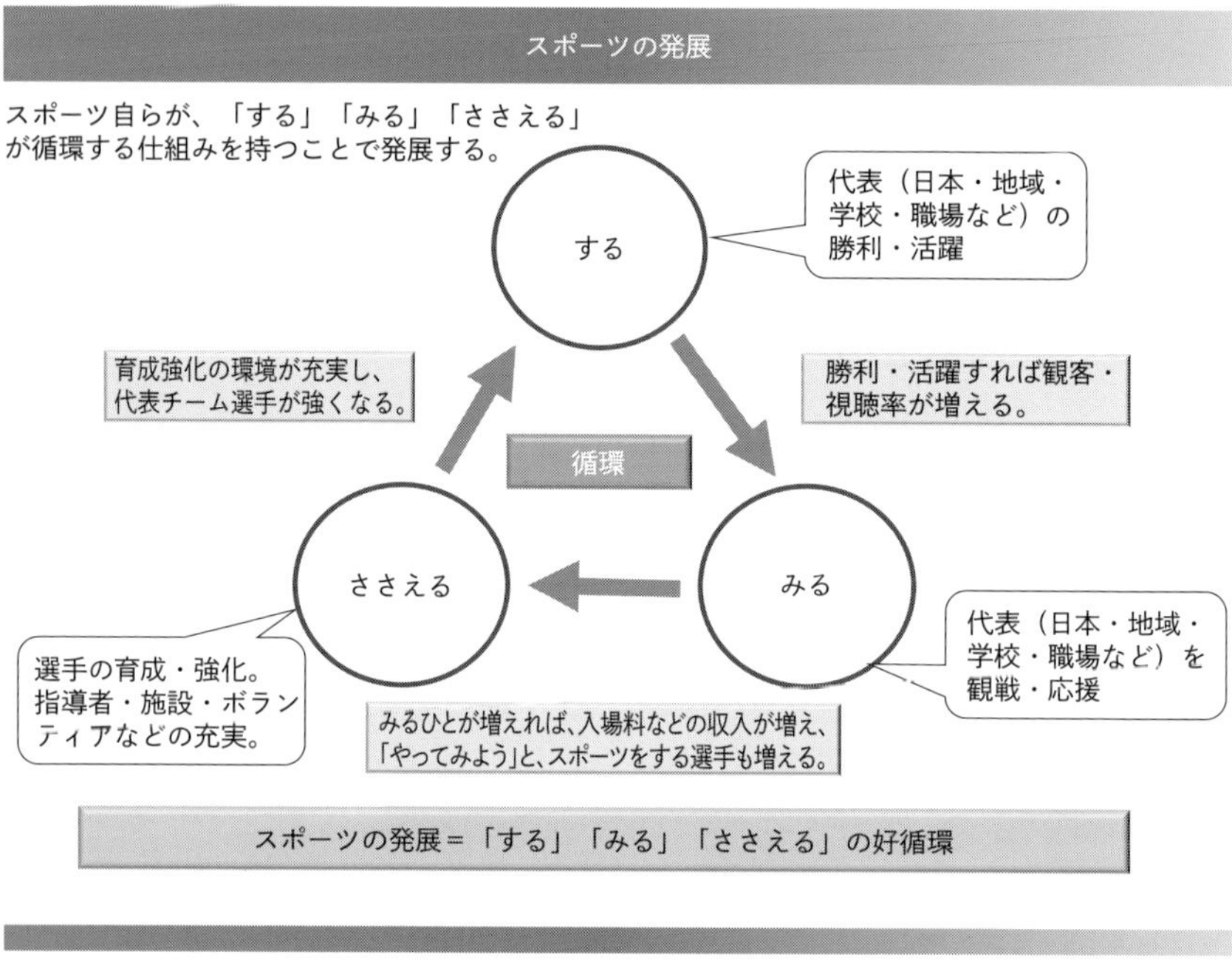


図２　「する」「みる」「ささえる」の循環モデル

り、「学校」の代表であったり、「会社」の代表といったそれぞれの「コミュニティ」の代表である。

チーム種目だけでなく、個人種目でも代表の考え方は同じであり、もっとも小さな「コミュニティ」＝「家族」の代表選手として、子供たちは運動会でスポーツを「する」ので、親たちはスポーツを「みる」そして、応援することでスポーツを「ささえる」という循環が生まれる。

### (3) アマチュアスポーツと「する」「みる」「ささえる」の循環

「みる」から「ささえる」は、様々な形で「する」スポーツを「応援」する形とも言える。声で行われる「応援」＝「声援」が発展し、声だけでなく有形無形の応援として、「する」スポーツを「支える」「環境を整える」という意味でマネタイズという形をとるのである。

「する」「みる」「ささえる」の循環によってスポーツが発展するのであれば、プロスポーツだけでなく、アマチュアスポーツにも「する」「みる」「ささえる」の循環がなければ発展しない。

### （4）「する」「みる」「ささえる」の循環と「商業化」

「する」「みる」「ささえる」の循環の話をすると、「それはスポーツの商業化ではないか?」という質問が出る。「する」「みる」「ささえる」の循環はアマチュアスポーツにも必要であることは前述した。それでは「商業化」とは何が違うのだろうか?

「する」「みる」「ささえる」の循環は、スポーツで発生した応援=お金が、スポーツ（の環境や待遇の改善）に使われるという良い循環を想定している。（図3）「商業化」というのは、この循環を利用してスポーツで発生した応援=お金をスポーツに使わず、スポーツ以外が収益として奪っていく悪い循環のことである。（図4）良い循環と悪い循環の違いを見分けず、全てを「商業化」として禁忌にしてしまうことは、アマチュアスポーツを守るどころか、アマチュアスポーツの発展を阻害してしまう行為である。

気を付けておくべきは、応援をマネタイズする費用は、スポーツ（の環境や待遇の改善）に使われる正しい費用であるということである。チームや組織内で雇用されている担当者に対する費用はもちろん、組織外でスポーツに携わり仕事をする人たちへの費用も含まれる。これを全て「商業化」としてしまうと、外部の協力者とうまく連携できずスポーツの発展のために働く人を限定してしまうことになり、スポーツの発展を阻害することになる。スポーツの発展のために応援をマネタイズすることは不可欠であり、それにかかる費用を正しく使う知識と判断を備えた経営能力が必要である。

永年間違ったアマチュアリズムに毒されてきた日本のスポーツ界では、この見分けができるチームや組織のトップが少ない。スポーツアドミニストレーション論を学問として体系化することで、経験を知識として集積し費用を正しく使うことのできる人材を育成することを目指している。

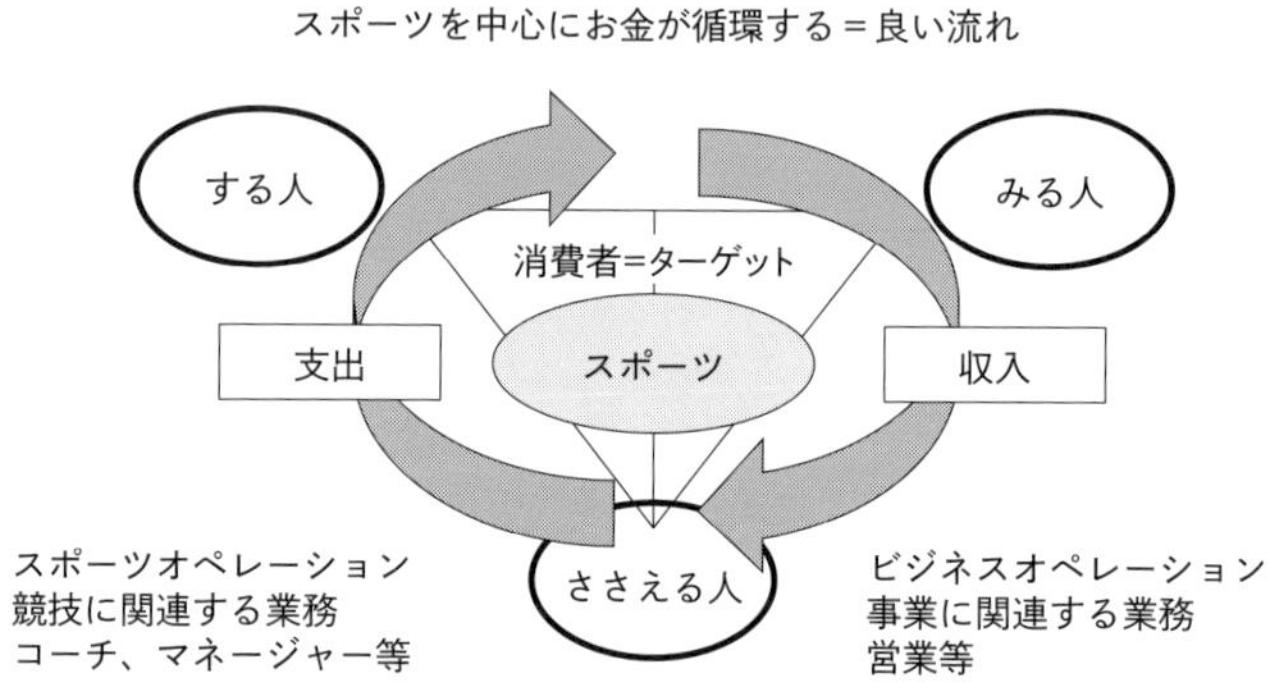
スポーツを中心にお金が循環する＝良い流れ
する人
みる人
消費者=ターゲット
支出
スポーツ
収入
ささえる人
スポーツオペレーション
競技に関連する業務
コーチ、マネージャー等
ビジネスオペレーション
事業に関連する業務
営業等

図３　良い循環

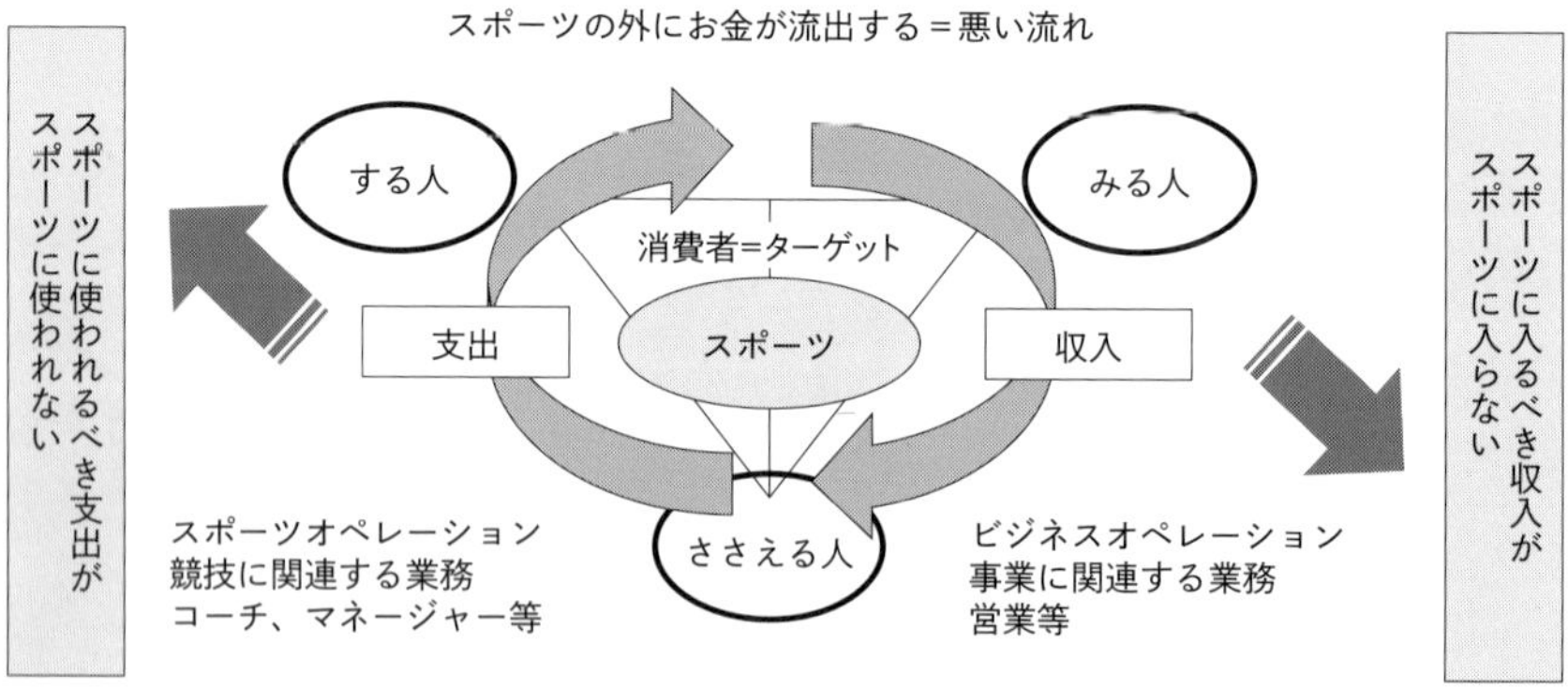
スポーツの外にお金が流出する＝悪い流れ
スポーツに使われるべき支出がスポーツに使われない
する人
みる人
消費者=ターゲット
支出
スポーツ
収入
ささえる人
スポーツに入るべき収入がスポーツに入らない
スポーツオペレーション
競技に関連する業務
コーチ、マネージャー等
ビジネスオペレーション
事業に関連する業務
営業等

図４　悪い循環

CHAPTER 02

# スポーツアドミニストレーション論の公理2

## スポーツは「スポーツオペレーション」と「ビジネスアドミニストレーション」の二つの分野に分けられる

### (1) スポーツオペレーションとビジネスアドミニストレーション

スポーツビジネスに関連する書籍は相当数出版されているが、スポーツオペレーションとビジネスアドミニストレーションの区別が意識されているものは少ない。スポーツオペレーション側の人にビジネスアドミニストレーションを語らせているものや、ビジネスアドミニストレーション側の人間がスポーツオペレーションを語るものも混じっている。

選手や試合との関わりは、スポーツに興味ある人たちの興味の対象であるため、スポーツオペレーション側の出来事が語られることで興味を喚起できる。読み物としては必要な内容ではあるが、スポーツビジネスを理解するには、スポーツオペレーションとビジネスアドミニストレーションが混同され誤解される可能性がある。

スポーツビジネスを理解するためには、まずはスポーツオペレーションをビジネスアドミニストレーションと区別することが必要である。

## （2）スポーツオペレーションとビジネスアドミニストレーションの混同が招く悲劇

スポーツオペレーションとビジネスアドミニストレーションを混同するとどうなるのだろうか？まずは、スポーツオペレーションとビジネスアドミニストレーションは、それぞれ単体で十分に専門性が求められ、かつ多忙な役割を果たさねばならない分野である。これを同時に両方行うことはそれぞれが不十分な役割となるおそれがある。

ビジネスアドミニストレーションが発達しない初期段階においては、関わる人の数や時間が足りないため、指導者やマネージャーがビジネスアドミニストレーションの役割を果たさねばならない。それが、そのままスポーツオペレーションとビジネスアドミニストレーションを混同し続けてしまう原因の一つである。

問題は、関わる人の数や時間が増えてきた時に、ビジネスアドミニストレーションの分野を確立させないことにある。ビジネスアドミニストレーション分野を意識せずにスポーツオペレーションと混同したままにすると、ビジネスアドミニストレーション分野での専門性や多忙な役割を果たすことが困難になり、ビジネスアドミニストレーションの機能不全を招き、結果的にチームや組織の進歩を妨げてしまう。

チームや組織の発展を考えれば、当然ビジネスアドミニストレーション領域を確立させて、機能を活性化することが望まれる。スポーツオペレーション側のトップがビジネスアドミニストレーション分野について確立させないのは、それまで両方の分野にあった自らの影響力が半減することを怖れるからだと思われる。つまり、組織やチームの利益よりも自らの利権を優先することであり、こういったトップの存在は、パワーハラスメントなどの不祥事の原因にも成り得る。

スポーツの健全な発展のためにも、ビジネスアドミニストレーションの分野を意識し、確立することが重要である。

### （3）あっちとこっち

スポーツ（ビジネス）の分野は大きく分けて、「あっち」（スポーツの現場）と「こっち」（観客席）の二つに分かれる。野球場やサッカー場であれば、フェンスを挟んで「あっち」側で選手はプレイをし、一般人はフェンスの「こっち」側にいる。

スポーツ（ビジネス）の分野もこのフェンスを挟んで「あっち」側を「スポーツオペレーション」、「こっち」側を「ビジネスアドミニストレーション」と呼んで二つに分類しておくことが、まず重要である。

スポーツオペレーションは、指導者やコーチをイメージすると理解しやすい。さらに選手や審判、その世話をするマネージャーなどもスポーツオペレーション側だし、実際に試合を行う際に必要な人たちがスポーツオペレーション側である。一方、ビジネスアドミニストレーションは、チケットセールス、広報などのスタッフをイメージすると理解しやすい。

### （4）スポーツとみるスポーツのターゲット

「する」「みる」「ささえる」の三角形を、「ささえる」を下にした逆三角形にした上で、中心に線を引いてみる（図5）。すると、「する」を「ささえる」分野と、「みる」を「ささえる」分野の二つに分けることができる。「する」を「ささえる」分野を「スポーツオペレーション」、「みる」を「ささえる」分野を「ビジネスオペレーション」あるいは「ビジネスアドミニストレーション」と呼ぶ。

「スポーツオペレーション」は、主にスポーツを「する」を「ささえる」分野であり、選手や競技に関する仕事を行う。スポーツの指導者、監督、コーチはもちろん、選手が移動する際のチケットを手配するマネージャーや、競技場の維持管理なども、こちら側に分類される。

「ビジネスアドミニストレーション」は、主にスポーツを「みる」を「ささえる」分野であり、チケットセールスやスポンサーシップ、放送権の売買、競技場の建設、選手やチームの肖像権の管理などはこちら側に分類される。

アメリカのスポーツビジネスでは、この二つの分野がはっきりと分かれていて、それぞれがプロフェッショナルとしてお互いの分野をリスペクトしており、スポーツオペレーションの人間が、ビジネスアドミニストレーションについて何かを言うことは基本的には無いし、ビジネスアドミニストレーション側の人間が、スポーツオペレーション側の出来事、特に選手の起用や作戦について口を挟むことはタブーとされている（『メジャーリーグに就職する方法』ヨシ・オカモト著、きこ書房、二〇〇二年）。

日本では「スポーツビジネス」と言った際に、この二つの分野を区別していることが少ないため、「スポーツオペレーション」関係の指導者が「ビジネスアドミニストレーション」分野も兼ねる場合が多く、「ビジネスアドミニストレーション」分野のプロフェッショナルが育ちにくく、「スポーツオペレーション」の下に置かれるケースも多い。

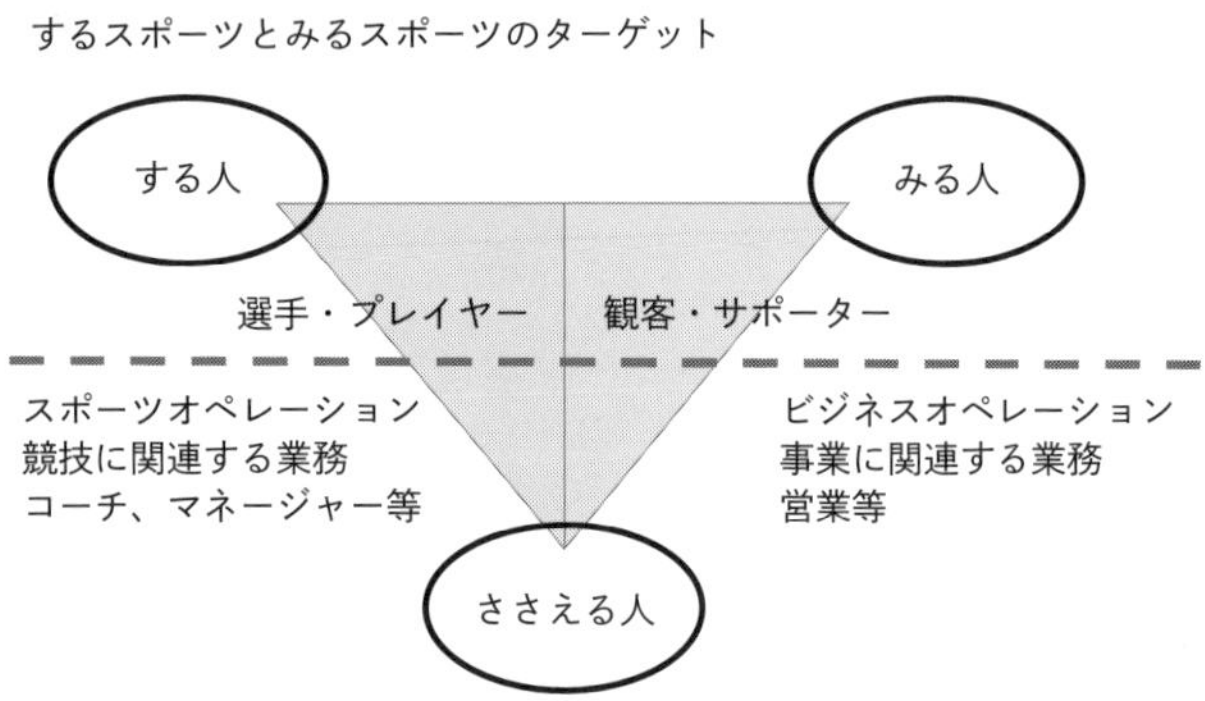

図5　2つの領域

「スポーツオペレーション」側のビジネスは、スポーツを「する」人＝選手が競技のために使うお金をターゲットとして行われる。「ビジネスアドミニストレーション」側のビジネスは、スポーツを「みる」人が競技をみるために使うお金をターゲットとして行われる。スポーツビジネスの発展のためには、スポーツビジネスには二つの分野があることを認識することが必要である。

### （5）パフォーマンスとコミュニティ

二つの分野において、求められるスポーツの価値は二つに分かれる。

スポーツオペレーション側は「勝利」に代表されるスポーツの「パフォーマンス」をスポーツの価値として追い求める。一方、ビジネスアドミニストレーション側は、「パフォーマンス」より、「コミュニティ」への帰属意識を強く求める。先ほどの事例で言えば、運動会での親は、自らの子供が一位になるから応援しているのではなく、自らの「コミュニティ＝家族」への帰属意識から、負けてもパフォーマンスが低くても応援するのである。

パフォーマンスだけを追い求めるなら、オリンピックやワールドカップにおいてもっとも視聴率が高くなるのは決勝戦のはずだが、日本代表が出場する試合の方が視聴率は高いことからも、「パフォーマンス」よりも「コミュニティ」への帰属意識が「みる」側のスポーツに対する価値だと推測される。

プロスポーツにおいても、「弱くても応援する」というファンやサポーターは数多くみられる。

前項で述べたように、「スポーツオペレーション」と「ビジネスアドミニストレーション」の区別がなく、かつ「スポーツオペレーション」側の指導者の下に「ビジネスアドミニストレーション」がある場合は、「パフォーマンス」だけが価値だと考えて、応援してくれるファンの帰属意識や「コミュニティ」作りを疎かにしてしまいがちで、結果として「勝てばファンはついてくる」「勝利こそすべて」的な経営が行われることも多い。これらの経営手法は、ファンが求めているものを表面的に捉えており、失敗する可能性が高い。

「勝てばファンはついてくる」という考え方は、スポーツビジネスにおける「モンティ・ホール・ジレンマ」とも言えよう。

# スポーツアドミニストレーション論の公理3

スポーツの機能は「シンボル」「競技」「健康」の三つである。

## (1) スポーツの機能は幅広い

スポーツアドミニストレーション論では、スポーツの幅広い機能（役割、目的）を「シンボル」「競技」「健康」の三つに分類する。それは、概ね競技レベルに応じて上から「シンボル」「競技」「健康」の順と考えることもできる（図6）。

スポーツの機能（役割、目的）は幅広いために、それぞれを意識しておかないと曖昧になり、その機能（役割、目的）を果たすことができない。機能を一つに絞ることができないケースがほとんどであるが、その機能（役割、目的）を意識することで、その機能にあわせた施策を行うことが初めて可能になる。

## (2)「健康」としてのスポーツ

スポーツの基本的な機能（役割、目的）として「健康」があげられる。

適度なスポーツを「する」ことによって、心身が健康になる。「競技」として成立しない「ジョギング」や「ウォーキング」「ヨガ」等は「競技としての勝利」を目的としない、あくまでも自らの「健康」のために行う。

### （3）「競技」としてのスポーツ

ルールに基づき「種目」として成立したスポーツを行う。基本的に「競技」として勝利を目的に他者と「競う」。一般的に競技団体により組織化されている。「競う」という人間の本能に訴える。「健康」としてのスポーツと比較して、勝利を目指して技術の習熟や肉体の鍛錬が行われる。その過程を通して精神的な修練をも目的にされる。

### （4）「シンボル」としてのスポーツ

コミュニティの「シンボル」として観られる機能（役割、目的）である。コミュニティには家族という小さなサイズから、学校や企業、地域、さらには国などのサイズのコミュニティがある。「健康」と「競技」はスポーツを主に「する」ことによる機能とも言えるが、「シンボル」としてのスポーツは、「みる」人たちの存在が欠かせない。スポーツを「みる」人と「する」人が同一のコミュニティに帰属すると考えられる時に、「みる」人たちは「する」人たちを自らのコミュニティの代表として認識し応援する。

スポーツの機能、施策、政策は、下記の3階層を意識するべき。

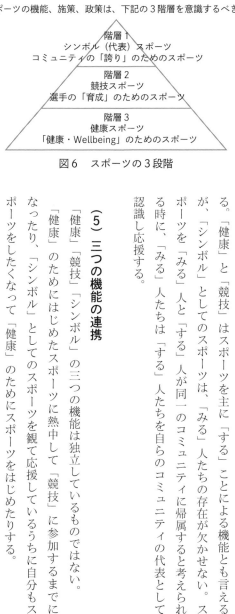

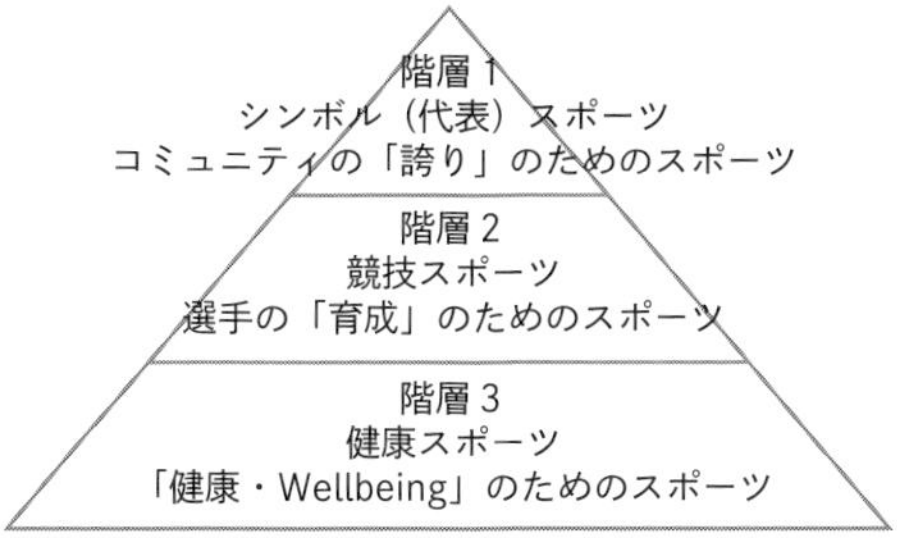


図6　スポーツの3段階

### （5）三つの機能の連携

「健康」「競技」「シンボル」の三つの機能は独立しているものではない。「健康」のためにはじめたスポーツに熱中して「競技」に参加するまでになったり、「シンボル」としてのスポーツを観て応援しているうちに自分もスポーツをしたくなって「健康」のためにスポーツをはじめたりする。

三つの機能はつながっている。

スポーツの発展を考えるときに、どれか一つの機能だけを発展させることは不合理である。「競技」スポーツを発展させるためには、幅広い裾野が必要になる。それが「健康」スポーツであり、裾野の形成に必要なものが「シンボル」としてのスポーツである。ここでも三つの機能が連携し循環することがスポーツの発展につながる。

## （6）三つの機能を意識した施設計画

例えばスポーツ施設の計画において、その施設が主に「健康」目的で使われるのか、「競技」目的で使われるのか、それとも、「シンボル」としてのイベントが行われることを期待されているのかによって計画は異なる。これが曖昧だと、どの目的にも使えるが、どの目的でも使いにくい施設計画になってしまう。例えば、「準々決勝四試合」「男女準決勝二×二試合」など「バスケットボール四試合を同時にこなせる広さのフロアが欲しい」という意見が競技団体から出されるケースがある。競技団体は「競技」機能を中心に考えるので、「競技のために必要」という考えである。しかし、バスケットボールコート四面が取れるフロアの長辺は約八〇メートル以上になる。「シンボル」となるスポーツは、一面で行われることが望ましい。しかし、長辺八〇メートルの広さになると一般的なつくりでは、客席からコートが遠くなりすぎて、観客と選手の間につながりを持たせることが難しくなり、「シンボル」の機能を果たすことが難しくなる。また、広すぎるフロアは、貸館料だけでなく光熱費が高くなり、「健康」のためのスポーツを行う施設としては維持管理費用が高くなる。三つの目的を同時にこなすには、複雑なハードと特殊な運営計画が必要である。

対象となる施設が複数ある場合は、全ての施設に三つの機能をもたせるのではなく、施設によって持たせる機能を別々にする。あるいは「シンボルと競技」「競技と健康」など機能を絞り込むことで、より使いやすい施設を計画しやすくなる。

例えばシンガポールでは、自宅から一〇分以内の徒歩圏の公園や学校に「健康」を主目的とするスポーツ施設を、自宅から公共交通機関を使用して一〇分以内に「競技」を主目的とするスポーツ施設を、さらにエリア内に一つ、大きな駅などの交通拠点から四〇〇メートル以内にエリアの「シンボル」となるスポーツ施設を設置することを国のスポーツ健康政策として決めている。公園や学校、さらには公共交通も含めてスポーツを「する」「みる」「ささえる」が行われやすい社会をつくることが、国民の「健康」や「絆」のために必要であると考えられ施策が実施されているのである。

どうしても三つの機能を持たせなくてはならない時には、従来の体育館やアリーナの設計・計画実績などは役に立たない。まずは、三つの機能のバランスを将来どうしていく施設なのかを詳細に決めた上で、それを実施できる運営者を探し、その運営者に設計・計画を相談する、あるいは運営者に設計・計画を任せる必要がある。従来の公共施設の「仕様発注」による設計・建設の入札後に運営者を決めるやり方ではノウハウが不足しており、満足のいくスポーツ施設を望むことは難しい。施設の「性能」を三つの機能のバランスから設定した上で、そのバランスが可能な「性能」を設計・建設・運営・維持管理に求める方法を考えねばならない。

### （7）三つの機能を意識したアメリカ大学スポーツ

アメリカの大学におけるスポーツは大学によって多少の違いはあるものの、多くの大学では大学代表として他大学と試合を行う「ヴァーシティ（Varsity）」が「シンボル」の機能を担い、代表ではないが「競技スポーツ」を行う「イントラミューラル（Intramural）」そして「健康」のための「リクリエーション（Recreation）」の三つに大別されている。

「ヴァーシティ」は、種目によってＮＣＡＡ（National Collegiate Athletic Association 全米大学体育協会）によりベンチ入り可能人数と同程度の登録可能人数が決められており、それを超えて登録することができない。よって、一般学生はスポーツを行う機会が制限されてしまう。そこで「イントラミューラル」で「競技」を、「リクリエー

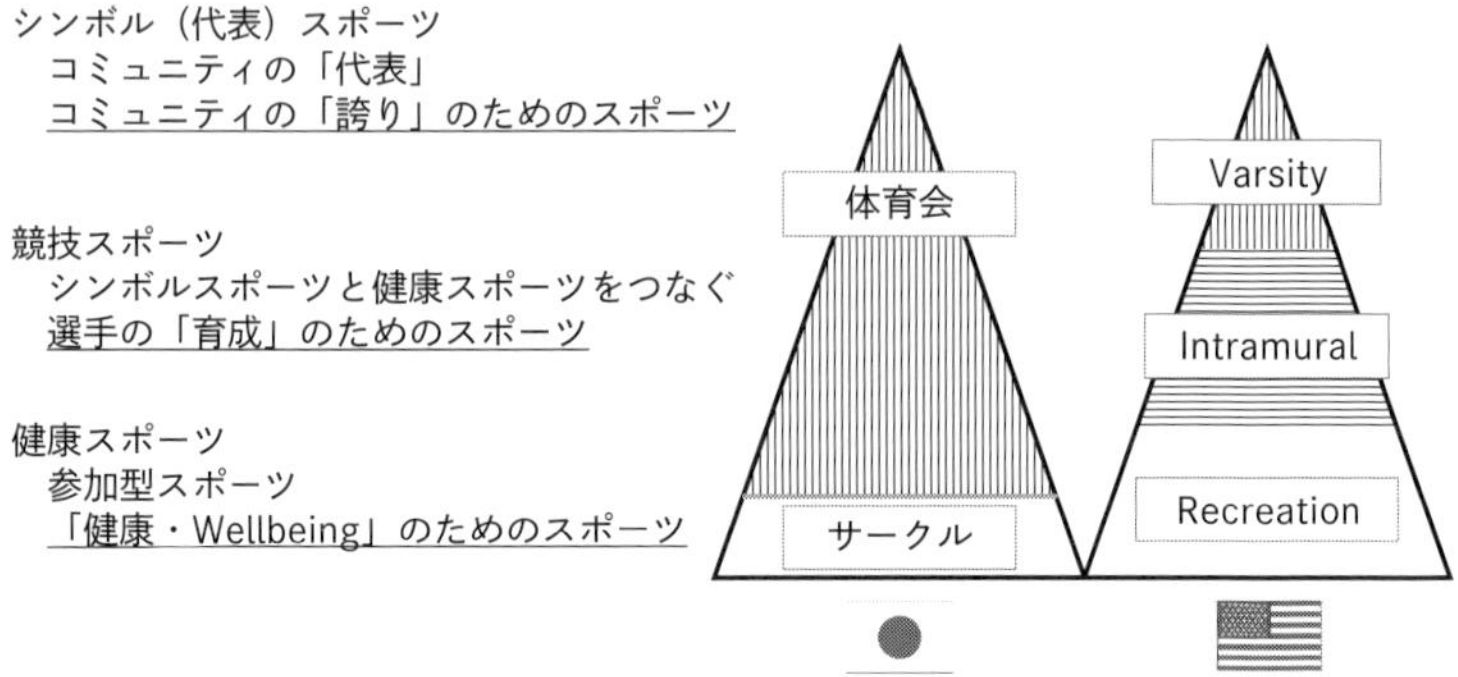


図7　日米大学スポーツの3階層

ション」で「健康」を目的としたスポーツの機会を学生に用意している（図7）。

「ヴァーシティ」は、「アスレチックデパートメント（Athletic Department）」と呼ばれる大学の組織が支えており「シンボル」機能のために観客席を備えたスポーツ施設と代表を強化する専用トレーニング施設が用意されている。注目するべきは「ヴァーシティ」に用意されたプロ並みの施設ではなく、同じ大学の中に一般学生にスポーツの機会を与える「イントラミューラル」や「リクリエーション」のためのスポーツ施設も別に用意され、「リクリエーションデパートメント（Recreation Department）」と呼ばれる組織が「アスレチックデパートメント」とは別にささえていることである。

多くの一般学生がスポーツに接することで、自らの「健康」目的のスポーツと、「ヴァーシティ」の選手たちによる「シンボル」スポーツが同一のブランドの元で行われ、コミュニティへの帰属意識を喚起させる。まさに「シンボル」「競技」「健康」の三つの機能が連携・循環する形を整えているので、大学スポーツが発展すると考えられる。

一方、日本の大学でのスポーツの機会は、「体育会」と「サークル」の二種類に分かれているケースが多い。

体育会には人数制限がないので、一般学生も「競技」を行いたい場合は体育会に所属し、その人数はベンチ入り可能人数をはるかに超えてしまうケースも多い。サークルも公認サークルと非公認サークルに分かれることが多いが、サークル用の施設が用意されることはまれで、大学からの補助や支援もほとんど無い場合が多い。また体育会と言っても、サークル同然の活動をしている部もあれば、高い競技力をもとに大学の「シンボル」として活動している部もあり、その活動範囲は幅広い。

体育部活のための組織も学内に用意されている大学はほとんど無く、多くの大学では「学生部」や「学生生活部」という組織の中で文化系活動と同様の学生による「課外活動」として扱われている。日本の大学では、学生に対するスポーツの三つの機能「シンボル」「競技」「健康」の機会を用意する体制が整っていないのである。

大学スポーツに対する施策は体育会の中で、競技成績が良くマスメディアでの報道が期待される種目に対して「指定強化部」として、推薦入学や指導者の派遣、施設の整備などをすることになっている。

本来であれば、スポーツの「シンボル」「競技」「健康」の三つの機能に対して施策をすることが望まれるのに対して、「競技」での強化しか行われていない。特に一般学生に対して「健康」を目的としたスポーツの機会を与えることができなければ、一般学生には帰属意識も高まらず、「自分たちとは関係ないこと」「特別扱いされている体育会学生と自分たちは別」という認識しか生じず、「シンボル」としての機能は望めない。

日本版ＮＣＡＡのムーブメントが、三つの機能に対しての施策となっていくことが、日本の大学スポーツの発展につながるはずである。

CHAPTER 04

# スポーツアドミニストレーション論の定理

スポーツの循環は「コミュニティ」「マーケティング」「システム」の三つの視点でみる。

## 三つの視点

ここまで主にスポーツビジネスの前提としての「公理」を求めてきた。ここからは「公理」から派生した「定理」を示すことで、スポーツビジネスをより体系的に理解しやすくすることに取り組みたい。

まずは、第一の公理である「スポーツの発展は「する」「みる」「ささえる」の循環である」に対して、「スポーツの循環は「コミュニティ」「マーケティング」「システム」の三つの視点でみる」を定理とする。

### 1　コミュニティの視点

#### (1) コミュニティ

する↓みるに対しては「コミュニティ」の視点でみる。スポーツをみるということは、二つの見方がある。「パフォーマンスをみる」という視点と「コミュニティをみる」という視点である。

「パフォーマンスをみる」というのは、勝利やタイムなどの競技パフォーマンスの良さ、高さを見ることである。

スポーツのパフォーマンスは芸術性も高く、高い競技力はそれだけで人を魅了する。そこで、一般的に「プロ」と呼ばれるスポーツは高い競技力を売り物にしている。

しかしながら、この「パフォーマンス」だけが、する→みるという循環を生じると考えてしまうと説明できない現象が多くあらわれる。例えば、弱くても人気のあるチームの存在は、「パフォーマンス」では説明がつかない。あるいは、プロ野球選手がＭＬＢ（Major League Baseball）で活躍すると、日本球界に居た時には興味のなかった人でさえ、ＭＬＢでの活躍に興味を示す。さらに、サッカーワールドカップのテレビ視聴率は、決勝よりも予選における日本代表戦の方が高い。もし「パフォーマンス」だけで「する→みる」が生じるのであれば、説明がつかない。

これに説明をするには「コミュニティ」という視点が必要である。予選における日本代表戦が決勝よりも視聴率が高いのは、「パフォーマンス」よりも「コミュニティ」の視点によって選手と自分たちが同一の「コミュニティ」に属するという帰属意識を刺激するからである。

ＭＬＢにおける日本人選手の活躍も、日本にいる時は一二球団の一つに属する選手であるから、それが自らの応援する球団なのかによって、活躍に対しての興味は限定される。しかし、ＭＬＢであれば「日本人選手」というカテゴリーで、みる人たちが「日本人がＭＬＢでどこまで通用するのか？　活躍できるのか？」という「日本人コミュニティ」の一員としてみられる。

### （2）コミュニティの種類

「コミュニティ」には様々なものがあり、「国」や「地域」、「職場」「学校」なども「コミュニティ」として考えられる。

前述したスポーツの機能のうち「シンボル」は、この「コミュニティ」のシンボルとして機能する。

日本代表は「日本」というコミュニティのシンボルとして機能する。ＭＬＢで活躍する日本人選手も「日本人」というコミュニティのシンボルとして機能する。

プロスポーツチームの多くも地域密着をうたって「地域コミュニティ」のシンボルとなろうとしている。「職場」の代表として活動してきたのが「実業団」スポーツである。

### （3）唯物史観的スポーツ史

サッカー天皇杯の優勝チームを時系列的にみると（表1）、最初は大学チームが占めているが、途中から実業団チーム、そして最近は地域プロチームと三つのコミュニティカテゴリーに大別される。ここから、「スポーツの担い手は、大学→実業団→地域プロへと段階的に変わっていく」という考え方ができる。

この考え方は、マルクス経済学の唯物史観的な考え方に似ている。

マルクス経済学では、経済発展段階は、原始共産制→古代奴隷制→封建社会→資本主義社会→共産主義社会の五つに大別される。その考えでは、資本主義社会はいずれ共産主義社会に変わるということが自明とされる。

競技レベルにおいても大学スポーツは四年で卒業するので、必然的に実業団スポーツの方が競技レベルも高くなりやすい。またアマチュアとして別に職業をもちながら実業団スポーツをするよりも、プロとしてすべてをスポーツに費やすことができる体制が整う方が競技レベルを高くしやすい。よって、より高い競技レベルになるためにもスポーツの担い手は、大学→実業団→地域プロとして変わっていくことは自明と考えられる。

### （4）プロ化

唯物史観的スポーツ史で考えると、いずれスポーツの担い手は地域プロに変わることになる。

Ｊリーグがはじめた「プロ化」には、いくつかの定義が混在している。アマチュアとして仕事をしながらスポー

表1　サッカー天皇杯優勝チーム

| 回 | 年度 | 優勝チーム | 回 | 年度 | 優勝チーム |
|---|---|---|---|---|---|
| 1 | 1921年 | 東京蹴球団 | 51 | 1971年 | 三菱重工 |
| 2 | 1922年 | 名古屋蹴球団 | 52 | 1972年 | 日立製作所 |
| 3 | 1923年 | アストラ・クラブ | 53 | 1973年 | 三菱重工 |
| 4 | 1924年 | 広島一中鯉城クラブ | 54 | 1974年 | ヤンマー |
| 5 | 1925年 | 鯉城蹴球団 | 55 | 1975年 | 日立製作所 |
| 6 | 1926年 | 大正天皇崩御のため中止。 | 56 | 1976年 | 古河電工 |
| 7 | 1927年 | 神戸一中クラブ | 57 | 1977年 | フジタ工業 |
| 8 | 1928年 | 早大 WMW | 58 | 1978年 | 三菱重工 |
| 9 | 1929年 | 関学クラブ | 59 | 1979年 | フジタ工業 |
| 10 | 1930年 | 関学クラブ | 60 | 1980年 | 三菱重工 |
| 11 | 1931年 | 東京帝大 LB | 61 | 1981年 | 日本鋼管 |
| 12 | 1932年 | 慶應クラブ | 62 | 1982年 | ヤマハ発動機 |
| 13 | 1933年 | 東京 OB クラブ | 63 | 1983年 | 日産自動車 |
| 14 | 1934年 | 極東選手権への準備のため中止。 | 64 | 1984年 | 読売クラブ |
| 15 | 1935年 | 全京城蹴球団 | 65 | 1985年 | 日産自動車 |
| 16 | 1936年 | 慶應 BRB | 66 | 1986年 | 読売クラブ |
| 17 | 1937年 | 慶應義塾大学 | 67 | 1987年 | 読売クラブ |
| 18 | 1938年 | 早稲田大学 | 68 | 1988年 | 日産自動車 |
| 19 | 1939年 | 慶應 BRB | 69 | 1989年 | 日産自動車 |
| 20 | 1940年 | 慶應 BRB | 70 | 1990年 | 松下電器 |
| 21 | 1941年 | 太平洋戦争のため中止。 | 71 | 1991年 | 日産自動車 |
| 22 | 1942年 | 太平洋戦争のため中止。 | 72 | 1992年 | 日産 FC 横浜マリノス |
| 23 | 1943年 | 太平洋戦争のため中止。 | 73 | 1993年 | 横浜フリューゲルス |
| 24 | 1944年 | 太平洋戦争のため中止。 | 74 | 1994年 | ベルマーレ平塚 |
| 25 | 1945年 | 太平洋戦争のため中止。 | 75 | 1995年 | 名古屋グランパスエイト |
| 26 | 1946年 | 東大 LB | 76 | 1996年 | ヴェルディ川崎 |
| 27 | 1947年 | 政情不安のため中止。 | 77 | 1997年 | 鹿島アントラーズ |
| 28 | 1948年 | 政情不安のため中止。 | 78 | 1998年 | 横浜フリューゲルス |
| 29 | 1949年 | 東大 LB | 79 | 1999年 | 名古屋グランパスエイト |
| 30 | 1950年 | 全関学 | 80 | 2000年 | 鹿島アントラーズ |
| 31 | 1951年 | 慶應 BRB | 81 | 2001年 | 清水エスパルス |
| 32 | 1952年 | 全慶應 | 82 | 2002年 | 京都パープルサンガ |
| 33 | 1953年 | 全関学 | 83 | 2003年 | ジュビロ磐田 |
| 34 | 1954年 | 慶應 BRB | 84 | 2004年 | 東京ヴェルディ1969 |
| 35 | 1955年 | 全関学 | 85 | 2005年 | 浦和レッズ |
| 36 | 1956年 | 慶應 BRB | 86 | 2006年 | 浦和レッズ |
| 37 | 1957年 | 中大クラブ | 87 | 2007年 | 鹿島アントラーズ |
| 38 | 1958年 | 関学クラブ | 88 | 2008年 | ガンバ大阪 |
| 39 | 1959年 | 関学クラブ | 89 | 2009年 | ガンバ大阪 |
| 40 | 1960年 | 古河電工 | 90 | 2010年 | 鹿島アントラーズ |
| 41 | 1961年 | 古河電工 | 91 | 2011年 | ＦＣ東京 |
| 42 | 1962年 | 中央大学 | 92 | 2012年 | 柏レイソル |
| 43 | 1963年 | 早稲田大学 | 93 | 2013年 | 横浜Ｆ・マリノス |
| 44 | 1964年 | 八幡製鉄／古河電工 | 94 | 2014年 | ガンバ大阪 |
| 45 | 1965年 | 東洋工業 | 95 | 2015年 | ガンバ大阪 |
| 46 | 1966年 | 早稲田大学 | 96 | 2016年 | 鹿島アントラーズ |
| 47 | 1967年 | 東洋工業 | 97 | 2017年 | セレッソ大阪 |
| 48 | 1968年 | ヤンマー | 98 | 2018年 | 浦和レッズ |
| 49 | 1969年 | 東洋工業 | 99 | 2019年 | ヴィッセル神戸 |
| 50 | 1970年 | ヤンマー | | | |

ツを行う「実業団」では世界のサッカーについていけないので、「選手をプロ化」し競技に専念できる環境を整えた。同時に選手が競技に専念できる環境を整えるために「スタッフ・組織のプロ化」を唱え、実業団スポーツからの脱却を図った。

Jリーグ創設時の人気プロスポーツであった「プロ野球」と差別化するために、「チーム名から企業名を外す」ということを行い、「プロ化」と称した。結果、Jリーグは創設時から爆発的なブームを起こしサッカーは日本においても人気スポーツとなった。

### （5）迷走するプロ化と廃部する実業団

プロ化に成功したJリーグをみた各競技団体は、自分たちも「プロ化」することで人気スポーツとなり、世界と戦える体制を整えたいと願った。

バスケットボールやバレーボールなどの種目がプロ化に向けての動きを示したが、サッカーのように実業団チームが積極的にプロ化することはなく、二〇一六年にバスケットボールがBリーグとしてプロ化するまで約四半世紀の間、日本のスポーツ界はプロ化事例をつくることができなかった。

理由は実業団を持つ企業からの反対である。Jリーグでは、自らのチームを経済的に負担しながらチーム名から企業名を外し、地域チームとしての活動を認めた。しかし、「コミュニティ」の視点で見れば、「地域コミュニティ」のシンボルを「企業コミュニティ」が支えるというねじれが生じているのである。

### （6）レギュラシオン学派経済学

唯物史観的スポーツ史の考え方は、唯物史観的経済史から生まれたマルクス主義と同様に、結局のところ実現していない。なぜスポーツが唯物史観的に発展していかなかったのか？　経済学では、同様に唯物史観的経済史からマルクス主義が実現できなかったことをどのように捉えたのかをみてみたい。

経済学では、マルクス主義が実現されなかった原因を資本主義が地域によって異なるレギュレーション（社会的規制）によって運用されており、決して一つの「資本主義」ではないことに注目した。

ブルーノ・アマーブルは、その著書『五つの資本主義――グローバリズム時代における社会経済システムの多様性』（藤原書店、二〇〇五年）において、資本主義モデルを世界的に市場ベース（英米）型、社会民主主義（北欧）型、大陸欧州（中欧）型、地中海（南欧）型、アジア型の五つに類型化した。それぞれの資本主義モデルにおいて、製品市場、労働市場、金融、福祉、教育などの社会経済システムの在り方に違いがある。

規制緩和された製品市場とフレキシビリティの高い労働市場の市場ベース型モデルであるアメリカやイギリスでは、年金や福祉は個人に拠っており、個人年金を持って、同業他社間を転職してキャリアアップする。一方、同じ「資本主義」ではあるが、北欧型モデルでは、国に拠る高福祉の提供があり、組合員比率の高い国営企業が発達しているし、南欧型モデルでは、国に拠る福祉は低く「ファミリー」「血縁」の影響が強く、大企業が少ない。日本や韓国、台湾といったアジアにおいては、労働市場のフレキシビリティは低く、終身雇用を前提とした大企業が、企業年金や社宅といった福祉や生涯教育が企業に拠って行われてきた。

## （7）レギュラシオン学派的スポーツ史観

スポーツを「福祉」などの社会システムの一つの形と考えると、年金や雇用形態の在り方が、地域ごとの資本主義モデルによって異なるように、スポーツの在り方も資本主義モデルによって異なると考えられる。

日本や韓国、台湾のプロスポーツにおいてチーム名に企業名がついているのは、レギュラシオン学派的スポーツ史観でみれば、スポーツが「福祉」と同様に大企業に拠って行われるアジア型資本主義モデル社会では当然の事である。

個人年金をもって転職を繰り返す英米では、「職場」コミュニティは一時的に帰属しているだけであり、ロイヤリティを持ったコミュニティにはなりにくい。大企業が育ちにくい南欧型においても、コミュニティは地縁血縁が中心であり、「職場」コミュニティにロイヤリティを持ちにくい。

### (8) コミュニティの在り方で異なるスポーツ

学校スポーツや企業スポーツ、地域スポーツは、「コミュニティ」の在り方によって異なり、コミュニティの在り方は資本主義モデルによって異なる。よってスポーツの在り方も資本主義モデルによって異なる。

特定の資本主義モデルにおけるスポーツの在り方を、他の資本主義モデルで実現するには、「年金」「雇用形態」「教育」などのレギュレーション＝社会規制が違っている以上、無理が生じる。

何が異なっているのかを冷静に見極めたうえで、実現するための方法を考える必要がある。資本主義モデルを無視して他国のスポーツの在り方を導入するのは難しい。資本主義モデルを理解した上で、自らの資本主義モデルに翻訳する努力が求められる。

### (9) グローバリゼーション

「グローバリゼーション」とは市場ベース（英米）型資本主義モデルに、その他の資本主義モデルが変わっていくことを言うのかもしれない。アジアにおいても、終身雇用や社宅は撤廃され、より「英米化」が進む可能性があり、「職場」コミュニティは英米のようにロイヤリティを失うのかもしれない。その時は、アジアにおいても「実業団」は絶えるのかもしれない。

しかし、一方で市場ベース（英米）型資本主義モデルにおいても、「職場」にコミュニティを持ち込む動きもある。組織＝システムの項目で後述するが、「ティール型組織」のように職場をコミュニティ化することで、信頼を高め組織力を高める組織形態が注目されている。その動きが進めば、職場がコミュニティ化し欧米にも「実業団」モデルが普及することがあるのかもしれない。

いずれにしても、スポーツの在り方がその資本主義モデルによって影響を受けることは間違いない。今後の日本社会がどのような資本主義モデルになっていくのかを見極めながら、スポーツの在り方を考えていくことが必要である。

## 2 マーケティングの視点

### (1) マーケティング

みる↓ささえるに対しては「マーケティング」の視点でみる。

一九九〇年の日本マーケティング協会の定義によれば、「マーケティングとは、企業および他の組織がグローバルな視野に立ち、顧客との相互理解を得ながら、公正な競争を通じて行う市場創造のための総合的活動である」とある。さらに二〇〇七年に改訂されたアメリカマーケティング協会の定義では「マーケティングとは、顧客、依頼人、パートナー、社会全体にとって価値のある提供物を創造・伝達・配達・交換するための活動であり、一連の制度、そしてプロセスである」とある。

「スポーツをみる」をどうやって「スポーツをささえる」にできるのか？　その戦略戦術がマーケティングである。それは主にスポーツをささえるためのお金を生み出すこと（マネタイズ）と考えられる。

### (2) 収入の種類

スポーツにおける収入は、多様である。例えばJリーグでは各チームの収入を「広告料収入」「入場料収入」「J

リーグ配分金」「アカデミー関連収入」「物販収入」「その他収入」に分けて公表している。スポーツをささえるためには多様な手法が用いられている。

### (3) 顧客

マーケティングの対象となる顧客は、まず二つに大別される。選手や指導者などのスポーツオペレーション分野を顧客とするものと、観客などのビジネスアドミニストレーション分野を顧客とする二つである。前述のJリーグの例で言えば、「アカデミー関連収入」は主にサッカースクールなどで得られる月謝などの収入であり、スポーツオペレーション分野を顧客としている。

スポーツによって、どちらの顧客からの収入が多くなるかは違いがある。水泳や武道などは巨大なスポーツオペレーション分野の収入があり、それが種目の発展を支えている。一方、野球やサッカーなどは観客などを顧客とするビジネスアドミニストレーション分野から巨大な収入を得ている。

スポーツが発展するためには、スポーツをする選手が自らの資金で自らの環境を整備するだけでなく、スポーツを「しない」人からも資金を得て環境を整備するビジネスアドミニストレーション分野の収入を増やすことが肝要である。

### (4) 提供物

アメリカマーケティング協会の定義にあるように「価値のある提供物」を創造・伝達・配達・交換するための活動がマーケティングである。それでは、スポーツマーケティングにおける「価値ある提供物」とはなんだろうか？

多くの人は、スポーツの試合などのパフォーマンスをあげるであろう。もちろんパフォーマンスも「価値ある提供物」の一つである。しかし、それだけが「価値ある提供物」ではない。

CHAPTER02、公理2で、パフォーマンスを求めるスポーツアドミニストレーションとコミュニティを求めるビジネスアドミニストレーションで説明したように、パフォーマンスだけが「価値ある提供物」ではなく、「コミュニティ」も「価値ある提供物」である。

顧客である観客は、選手を自らのコミュニティの代表として捉え、自らのコミュニティへの帰属意識に従って応援する。よって、スポーツマーケティングにおける「価値ある提供物」は「コミュニティ」である。

## (5) カスタマーエクスペリエンス

「コミュニティ」が「価値ある提供物」であるが、「コミュニティ」は目に見えない。勝利や記録と言った「パフォーマンス」は目に見えるが、「コミュニティ」はどうすれば「価値ある提供物」になるのだろうか?

「勝利こそが満足を高める」という考えを持つ人も多いが、大変危険な考えである。勝利の確率は二分の一。勝つ側がいれば負ける側がいる。二分の一の確率で満足が高められない。勝利に依存することは、マーケティング手法としては極めて危険である。

応援する人たちにとって「コミュニティ」が「価値ある提供物」であるなら、「コミュニティに帰属している」あるいは「コミュニティが存在している」ことを確認したり納得したりすることが「価値ある提供物」となる。

試合内容に依存することなく、応援する人たちにコミュニティを意識させる。試合内容もさりながら、試合以外の部分、例えば友人たちと過ごす楽しい時間や、知らない人たちも含めて同じ色のユニフォームに身を包むこと。それらが、自らがコミュニティの一員であると認識させる。

「コミュニティ」は試合当日にだけ存在するのではなく、日常的に存在している。よって、試合当日だけでなく日常的に経験することすべてが「価値ある提供物」である。

カスタマーエクスペリエンスという考え方は、スポーツマーケティングにとって重要な考え方なのである。

## （6）コミュニケーションとメディア

「価値ある提供物」である「コミュニティ」を、どうやって「伝達」「配達」するか？ それがスポーツマーケティングにおける「コミュニケーション」であり「メディア」である。その中で新聞、雑誌、ラジオ、テレビの四つの媒体をマスメディアと呼び、多数の人々にコミュニケーションする。

マスメディアとスポーツの関係は深い。新聞と野球の関係はもちろん、プロ野球の発展と地上波テレビ、サッカーと衛星放送など、新たなメディアの発展とともに新しいスポーツの発展があったとさえ言える。

## （7）スポーツジャーナリズム

マスメディアにおいてスポーツは主に「スポーツ報道」として取り上げられる。問題は、報道はほとんどの場合で、「事後」に勝敗や記録、成績などの「結果」が中心であることである。スポーツにおける「結果」はほとんどが「パフォーマンス」のことであり、「コミュニティ」に関して、カスタマーエクスペリエンスに供する記事は、まず書かれることが無い。また、「事後」に報道されるのでイベント告知としては役に立たない。

とはいえ、マスメディアで報道されることは情報を共有することになる。イベントを一緒に経験しなくても、イベント終了後に報道をもとに話し合うことは情報を共有し、エクスペリエンスを共有することに役立つ。

報道における情報共有に関心がいきがちであるが、マーケティングの視点を持てば、報道された後のコミュニティにおけるエクスペリエンスの共有としての機能が重要であることがわかる。

## （8）SNS

スマートフォンの発達によって、それまでマスメディアにしかできなかった情報の配信や共有が一般人にも簡単にできる時代になった。

「コミュニティ」と「カスタマーエクスペリエンス」の視点を持てば、SNSによる情報配信は、大きな力を持つことがわかる。スポーツジャーナリズムによる報道ではできなかったカスタマーエクスペリエンスの共有をSNSでは行うことができる。

新しいマスメディアの出現のたびに新たなスポーツが発展したことを考えれば、SNSの発展によって、また新たなスポーツが発展する可能性は大いにある。

## (9) 継続性

スポーツマーケティングの特徴は、その継続性にもある。コミュニティを「価値ある提供物」としてマネタイズするのであるから、それは継続的にマネタイズされなくてはならない。もしマネタイズが一過性に過ぎなければ、発展が一時的なものになり停滞がおきてしまう。

マネタイズするスポンサーやメディアも一過性なものではなく、継続して共に発展していく「パートナー」としてありたい。単純に一時的に条件の良い取引先を選択していくと、裏切られたと感じた取引先は次の機会に取引を渋るかもしれない。それは、選択肢を減らしていくことになり、将来的には条件の悪化を招く。

コミュニティを「価値ある提供物」とするからには、強欲や無礼はコミュニティ自体の悪評につながり自らの価値を下げる。良いマーケティングとは、良い条件を引き出すことではなく、取引しなかった相手からも「次回は取引したい」と思われる対応をしていくことである。

## (10) ブランディング

スポーツマーケティングにおいてブランディングは最重要である。スポーツの機能を「シンボル」「競技」「健康」の三つに分類するが、シンボルとしてのスポーツはブランディングによって集約される。自らの帰属するコミュニティの「シンボル」（旗印）として「ブランド」が存在するのである。

スポーツのパフォーマンスは蓄積できない。昨シーズン優勝したからといって、今シーズンも優勝できるとは限らない。選手の能力は伸長するが、衰える時が来る。昨シーズン通用した戦術がライバルから研究されて、今シーズンは通用しないかもしれない。その切磋琢磨の中でスポーツは行われている。

一方で、「ブランド」は蓄積される。ブランド経験は蓄積され次の機会にも利用される。評判の良いブランドは、次の機会でも利用されるし、評判の悪いブランドは次の機会でも手に取ってもらえないだろう。

マーケティングは継続性を考えなくてはならない。短期的に成功をおさめても、それがブランドを毀損するのであれば、自らのブランド価値を低めてしまう。ブランドこそ、自らの価値である。ブランドの価値を高めながらマネタイズする方法を考えることがもっとも重要なマーケティングである。

多くのスポーツ関係者が、勝利のためにスポーツオペレーションへの投資を重要視する。一方でビジネスアドミニストレーションへの投資は軽視される場合が多い。ブランド価値を高めるための投資はスポーツオペレーションへの投資と同様に最重要である。このバランスをうまくとることが良いマネジメントである。チームを勝利させることがマネジメントの役割ではない。チームを勝利させた上で、ブランド価値を高めること。場合によっては、チームの成績が振るわなくてもブランド価値を毀損させず高めることがマネジメントに求められている（『〈新装版〉アンゾフ戦略経営論』（新訳）、H・イゴール・アンゾフ著、中村元一監訳、中央経済社、二〇一五年）。

## 3　組織（システム）の視点

### （1）アンゾフのマネジメント三階層

経営学では、イゴール・アンゾフが「マネジメント」を「トップマネジメント＝マネジメント」「ミドルマネジメント＝アドミニストレーション」「ロウアーマネジメント＝オペレーション」の三階層に分類している（『〈新装版〉アンゾフ戦略経営論』（新訳）、前掲書）。

トップマネジメントは、戦略的意思決定を行う。戦略的意思決定とは、企業合併や新分野進出など企業全体に関わる重要な意思決定である。スポーツマネジメントにおいては、スポーツオペレーションとビジネスアドミニストレーションのバランス、コミュニティの設定などが戦略的意思決定として必要である。

ミドルマネジメント＝アドミニストレーションは、管理的意思決定を行う。管理的意思決定とは、トップマネジメントが決定した戦略を受けて、その実現のために組織を編成し、目標を設定し実行のための予算の策定や、資材の調達、人材の配置、販売方法などの戦術的意思決定と言える。スポーツマネジメントにおいては、ビジネスアドミニストレーション分野では、ブランドを管理し、マネタイズの方法を決定することなどが挙げられる。

ロウアーマネジメント＝オペレーションは、業務的意思決定を行う。業務的意思決定とは、ミドルマネジメントが決定した方法や予算、人材に応じて実際の業務を効率的に行うことである。スポーツマネジメントにおいては、チケッティングやスポンサーセールス、会場運営などの多岐に渡るオペレーションが該当するであろう。

スポーツマネジメントを語る際にも、この三階層を視野に入れておかないと「スポーツマネジメント」と一口に言っても、一体どんな仕事の話なのか、曖昧な理解しか得られない。

日本のほとんどのスポーツ組織では、十分な人材数がマネジメントに携われないために、三階層を分担できないケースが多い。たとえ分担できなくても、三階層を意識することで意思決定が早く的確にできる。幸運にマネジメントを分担できる人数がいても、スポーツ関係者が「マネジメント」に対して曖昧な理解しかないと、特定の人間がすべての意思決定を行おうとし、結果的に組織の意思決定が遅く的確さを欠くことになる。三階層のマネジメントを意識せずにマネジメントの階層を超えて意思決定を行うことは、パワーハラスメントの可能性すらある。

## （2）ヒエラルキー型組織とネットワーク型組織

組織は、情報流通と意思決定、利益配分のためにある。

情報を集め、全体像を知り意思決定をする。その意思決定を再び全体にいきわたらせる。そして得た利益を再配分する。そのため組織は裾野が広く、トップへ行けばいくほど狭まるヒエラルキー型をとる。ヒエラルキー型組織は横の情報流通よりも縦の情報流通が重要視され、上下関係を生む。

フレデリック・ラルーは *Reinventing Organization*（邦題『ティール組織』鈴木立哉訳、英治出版、二〇一八年）において、これまでのヒエラルキー型組織がレッド（恐怖による支配＝暴力団や古代の王国など）、アンバー（規律による支配＝軍隊など）、オレンジ（成果による支配＝営利企業など）、グリーン（公共心による組織運営＝非営利型組織など）の段階を経て、ヒエラルキーを脱したネットワーク型組織＝「ティール型」へと進化していくスペクトラム理論を示唆している。

これまでの一対一を基本としたコミュニケーションでは、情報の収集集約は、ヒエラルキー型組織で行うことが効率的であったが、スマートフォンなどの情報機器の発達によって、今では情報をヒエラルキーで収集集約した後、意思決定を行い、指示を待ってアクションするのでは手遅れである。組織をフラットにし全体で情報を共有し、より早くより効果的なアクションをするティール型組織の方が組織力が高くなる。ティール型組織は、今の情報機器の発達によって可能になったと言える。

## （3）組織のガバナンス

二〇一八年の日本では、いくつかのスポーツ組織の不祥事が問題になった。パワハラ、セクハラなどのハラスメント、補助金の目的外流用などである。それらのほとんどが、スマートフォンの録画録音機能によって記録され、明らかになったものである。今までは、すべて表に出ることなく終わっていたことなのかもしれない。しかし、情報流通の在り方が変わった今、様々なことが明らかになっている。

これまでのヒエラルキー型組織においては、情報は一部のトップしか知りえることは無く、マネジメントに都合の悪い情報については、黙っていれば外には流出しなかったのである。しかし、スマートフォン時代の今ではマネジメントの都合に関係なく情報は流通する。そして、いずれの問題も、最後は「組織のガバナンス強化」がうたわれる。

「組織のガバナンス強化」とは何を指すのか? はっきりした施策が示されることは少ないが、そのほとんどは「組織の規律の強化」がイメージされているのではないだろうか?

前記の組織のスペクトラムでいうならば、「組織の規律」は「アンバー」型である。スマートフォン時代の現在に、古いヒエラルキー型の組織支配構造を強化するのは効果的なのだろうか? かえって、ヒエラルキーが強化されることでトップの支配構造が強くなってしまい、ハラスメントの温床になりかねないのではないだろうか?

これからの「ガバナンス」は、「情報公開の促進」だと考える。悪事は秘めて行われる。それを外部にもらさないという姿勢は悪事の存在を隠すだけで、悪事を無くすことにはつながらない。悪事を減らし無くすためには、できるだけ秘密を作らず、情報を公開することである。一部の人間だけが情報を知る立場ではなく、なるべく多くの人が正しい情報にアクセスできること。それが組織のガバナンスを強化する方法である。スポーツ組織も、できる限り情報を公開し、組織の全員が、誰が何をやっているのかを共有できることが望まれる。

CHAPTER 05

# スポーツアドミニストレーション論の応用1 地域スポーツ

スポーツアドミニストレーション論の公理、定理を押さえることで、スポーツにおける諸問題に的確に考え、対応することができるであろう。

まずは地域スポーツにおける諸問題を、スポーツアドミニストレーション論の公理、定理に拠って考えたい。

## 1 地域スポーツの「する」「みる」「ささえる」を「コミュニティ」「マーケティング」「システム」でみる。

地域スポーツのコミュニティはもっとも解りやすく、地域住民の集合体としてのコミュニティを想定すればよい。

地域スポーツの課題は「マーケティング」と「システム」にある。地域スポーツの「システム」はいくつかあり、その一つに「総合型地域スポーツクラブ」がある。総合型地域スポーツクラブは、地域スポーツを担うシステムとして設置されたはずである。スポーツが発展するには「する」「みる」「ささえる」の循環が必要であり、それは地域スポーツにも当てはまるはずである。しかしながら、多くの総合型スポーツクラブには「みる」機能が決定的に欠けている。

総合型地域スポーツクラブには「多世代」「多種目」という条件があるが、「多種目」のうち「シンボル」となるスポーツを最低でも一種目は創り、「シンボル」として「みる」部分を持たないと「する」「みる」「ささえる」循環が生じない。総合型地域スポーツクラブは地域スポーツの発展のためにも、「みる」機能を持つことを検討するべきであろう。あるいは、総合型地域スポーツクラブには「する」スポーツを受け持たせ、「みる」スポーツは、地域の「プロスポーツ」に受け持たせるという分業型の循環を構築する考え方もある。

分業型の循環は、「システム（組織）」が分離している。「システム（組織）」が分離していると、プロスポーツ（「みる」スポーツ）でマネタイズした利益（マーケティング）をどうやって総合型地域スポーツクラブ（「する」スポーツ）に渡せるかが課題になる。

プロスポーツは、自らの利益を他の組織に渡すことを嫌がる。たとえ育成のために総合型地域スポーツクラブに利益を渡すことを納得したとしても、日本のプロスポーツ組織は通常、単一種目であり自らの種目以外のスポーツに利益を移転することを嫌がる。サッカーはサッカー、バスケはバスケの育成はしても、サッカーがバスケ、バスケがサッカーの育成に自らの利益が使われることに強い抵抗を示すため、多種目多世代の総合型地域スポーツクラブへ循環することは難しい。

多くのスポーツ団体、チームの役員は単一種目のOBOGで占められているケースがほとんどである。原因の一つはスポーツオペレーションとビジネスアドミニストレーションの領域による分担の意識が低く、ビジネスアドミニストレーションをスポーツオペレーションの片手間で済ませてしまうことである。ビジネスアドミニストレーション分野は、スポーツオペレーションとは違って異なる種目間でも活動することが可能である。ビジネスアドミニストレーション分野が意識され、その人材が育つことで、特定の種目内だけで循環させようとする動きが、コミュニティでの循環に変わり、循環が太く大きくなって発展につながる。

分業型の循環を行うためには、異なる組織の間で利益移転を法的あるいは税法的に可能にし、循環を進めるコーディネーター役を果たすビジネスアドミニストレーション人材が不可欠である。行政がコーディネート役を果たすケースもあるかもしれないが、専門的知識を持ちコーディネートできる人材が地域スポーツ発展のカギになる。

## 2 地域スポーツの施設は、三機能（「シンボル」「競技」「健康」）の割合で考える

スポーツの機能を「シンボル」「競技」「健康」の三つで考えることができれば、スポーツ施設の機能は、この三つの機能の割合で考えることができる。陥りやすい過ちは、この三機能をすべて果たすという美辞麗句で施設の機能を謳うことである。

この三つの機能を一つの施設で完璧にこなすことなど極めて難しい。三つの機能を持たせることは可能であるが、「使える」ことと「使いやすい」ことは別である。表面的に機能を謳えば、「シンボル」スポーツでも「競技」スポーツでも「健康」スポーツでも「使える」施設は出来上がるが、それは「シンボル」スポーツにも「競技」スポーツにも「健康」スポーツにも「使いにくい」施設が誕生するだろう。

日本全国に増殖する「バスケットボールコート四面フロア＋周囲に観客席」型の総合体育館は、「みる」スポーツを行う際に適切な距離に観客席を設置することが難しく、周囲の観客席からもコートが遠くなって「みる」スポーツには使いにくいだけでなく、広すぎる空間の光熱費が膨らみ、「する」スポーツにも使いにくい施設といえる。

それぞれの利用シーンを検討し、使いやすい施設を造る必要がある。施設が一カ所しかなければ、三つの機能を一カ所でまかなう必要があり、難しい計画となるが、施設が二カ所以上あるのであれば、同じものを二つ造るより、三つの機能の比重を変えた施設を造る方が効率的である。

利用者にとってスポーツを「する」「みる」「ささえる」場は、スポーツ施設だけではなく、生活の様々な場でもある。例えば、シンガポール政府は、「スポーツファシリティマスタープラン」を定め、国民に「シンボル」「競

技」「健康」のそれぞれのスポーツの場をTier1～4に分けて整備・提供している。

自宅から歩いて一〇分以内の公園や学校（Neighbourhood）に健康のためのスポーツ遊具などを整備して「健康」スポーツの場（Tier4）を用意し、公共交通機関を使って自宅から一〇分以内（Town）に「競技」スポーツができるように体育館やプールなどの「Town Sports & Recreation Center」（Tier3）を整備する。さらに主要な公共交通拠点（ハブ）から四〇〇メートル以内に地域（Regional）の「シンボル」スポーツ拠点として観客席を備えたスポーツセンターとしてアリーナやスタジアム（Tier2）が整備され、さらにシンガポール全体の国代表として（National）「シンボル」スポーツの場としてナショナルスポーツハブ（Tier1）が整備されている。

シンガポールでは、これらの政策を「ビジョン２０３０」として国民のスポーツ参加率を高め、健康な生活とコミュニティの活性化、スポーツ産業の育成を進めている。シンガポールは、スポーツの持つ三つの機能を理解した上で、それぞれのコミュニティの大きさにあわせて重層的に「する」「みる」「ささえる」の循環をつくることで、市民のスポーツ参加と選手の育成を実現させているのである。

日本でもスポーツ庁が設置され、「スタジアム・アリーナ」の政策もスタートしている。今後は、日本でもシンガポールに負けないスポーツ政策を期待している。国の施設として必要なスポーツ施設は何なのか、都道府県レベルで必要なスポーツ施設、市町村などの基礎自治体で必要なスポーツ施設の違いはどこにあるのか、「コミュニティ」をどう考えるのかが重要になる。

「国」のコミュニティ、「都道府県」のコミュニティ、「市町村」のコミュニティをどう捉え、どのように「する」「みる」「ささえる」の循環を創るのか？「国民体育大会」は「都道府県」ごとのチームで競われるが、コミュニティに対して、どのような循環を描けるのか？政令指定都市のような数百万人規模の市もあれば、人口減に悩み消滅可能自治体とまで言われる小規模の自治体もある。それぞれのコミュニティにそれぞれあったマーケティングとシステムがある。それをどう創っていくのか？画一的な施策では意味が無い。様々な工夫が、全国各地で行われるはずである。楽しみである。

## 3　施設計画はコンテンツ誘致型とコンテンツ育成型に分けて考える

地域のスポーツ施設を計画する際に、「シンボル」「競技」「健康」の三つの機能とその割合を計画することが肝要である。それと同時に、「コンテンツ」を「誘致」する目的で施設を計画するのか、「育成」する目的で施設を計画するのかについても明らかにしておくことが、地域スポーツの発展のためには必要である。

スポーツビジネスやスポーツマネジメントの学問体系では、まだ整理されていないが、公共による「まちづくり」や「産業振興」では、「まちづくり」の在り方や「産業誘致」が地域に及ぼす影響などが既に研究されている。スポーツもその中の一つの分野だと考えることが可能である。

ジェイン・ジェイコブスは、工場などの産業誘致が必ずしも市民の幸福につながらず、誘致した工場が移転することによって、地域が急速な衰退をおこすことを指摘した（『発展する地域　衰退する地域――地域が自立するための経済学』ジェイン・ジェイコブズ著、中村達也訳、ちくま学芸文庫）。今では、ポートランドなどでは、市民コミュニティの住みやすさを追求することで、住みやすさを求めて高学歴高収入の人々が集まり、そこに企業が集まってくるという考えを持ってまちづくりが進められている。産業を誘致するのではなく、市民の住みやすさによって、自然と産業が育成されていくという考え方である。

スポーツに当てはめてみるとどうなるだろうか？　スポーツの大会やチームを誘致するのではなく、市民コミュニティがスポーツを「する」「みる」「ささえる」循環をしやすい環境を整えることで、自然とスポーツが「育成」されるといえるのではないだろうか？

多くの自治体が施設を計画する際に「国際的イベント」や「全国的イベント」を誘致することをあげている。誘致自体は問題ではないが、誘致が目的化してしまい、それがその自治体、市民コミュニティでのスポーツの発展につながらなければ、イベント期間に市民コミュニティのスポーツの機会を奪うだけになってしまい、問題である。誘致された大会が、その市民コミュニティにとってどのような影響を及ぼすのかを考えて誘致するべきであろう。

「スポーツツーリズム」についても同様である。観光学では、近年観光客によって市民の平穏な生活に悪影響を及ぼす「オーバーツーリズム」が問題となっている。スポーツにおいても、単なる「インバウンド」目当てでのスポーツツーリズムは、スポーツの「オーバーツーリズム」を引き起こす可能性もあることを認識し、地元のスポーツの機会を奪わないように注意する必要がある。こういった「まちづくり」「観光」といった視点から見ると、アリーナなどのスポーツ施設を計画する際にも、「誘致」と「育成」を考えることが必要である。

アリーナは特に「音楽イベント＝コンサート」との共存が課題になる。音楽コンサートを実施すれば、施設に利用料収入がもたらされる。よって「音楽イベント＝コンサート」を行うことで、施設の建設費用や運営、維持管理費用を賄うことも可能な場合がある。例えば横浜アリーナは年間二〇億円以上の収入があり、十分な利益がある。この事例を基に「一万席のコンサートが可能なアリーナ」はコンサート需要があり、十分な収入が期待されるとして、一万席のコンサートが可能なアリーナを計画する自治体は多い。

しかしながら、横浜アリーナの利用コンテンツの割合をみると、スポーツは一％以下であり、ほとんどがコンサートで一部コンベンションである。スポーツ利用が年一％以下のものは、「スポーツ施設」とは呼ぶべきではないだろう。計画するアリーナでスポーツがどのくらい行われるのか？ そしてそのスポーツが、「誘致」された大会などの「誘致型」イベント中心で考えるのか、それとも、地元スポーツによる「する」「みる」「ささえる」の循環するイベントを「育成」していくのかを計画段階で多くのステークホルダー間で話し合う必要がある。

コンサートなどの音楽イベントは、ＡＫＢ48や交響楽団などの特殊な事例を除けば、基本的に「ホーム」を持たない。サザンオールスターズなど、自らの出自を大切にするアーチストが「ホーム」と称して地元でイベントを行う場合はあるが、それは年に一～二回のことであり、スポーツのように試合数の半分をホームで行うアーチストはいない。スポーツと音楽イベントの差は、この「ホーム」としてのシンボル機能の差にある。

## 4　コンテンツはハコの大きさでステップアップされる

コンテンツの「育成」には、何がポイントになるのだろうか？　補助金や人材育成などのサポートもあるかもしれないが、コンテンツの育成にはハコ（施設）の大きさ（観客収容数）でステップアップ（育成）されることを認識することが重要である。

音楽コンテンツにおけるアーチストのステップアップを考えるとわかりやすい。アーチストは、公演するハコ＝施設の大きさ＝観客収容数によって、「ライヴハウスクラス」（数十人～数百人）「ホールクラス」（数百人～二〇〇〇人）「アリーナクラス」（一万人程度）「スタジアム・ドームクラス」（数万人）と分類される。

スポーツや音楽などのコンテンツは、プレイする側のパフォーマンスだけが「コンテンツ」として認識されているが、実際はそのパフォーマンスをみる側も含めて「コンテンツ」として認識するべきである。パフォーマンスさえ優れていれば、多くの観客を集めることが可能と考えるのは、多くの人が陥る勘違いである。実際に多くの観客を集めるためには、優れたパフォーマンスは重要であるが、同様に事前の準備や告知が重要である。観客は「前評判」に期待して集まるのであって、優れているかどうかわからないパフォーマンスのために多くの観客が集まることはない。

コンテンツの育成は、パフォーマンスを磨くだけでなく、「観客を育て創る」ことだと認識することが重要である。巨大な施設を造り、そこでパフォーマンスを行い、観客を増やすにはどうしたらいいのだろう？　最初からドームを造って、そこでパフォーマンスを行えば、徐々に観客が増えるのだろうか？

観客席に比べて少ない観客数は、それだけで期待の低さを示す。そのためにプレイする側のパフォーマンスが高くても、観客側のパフォーマンスが低くなり、全体としてのパフォーマンスが低くなってしまう。アーチストの沢田研二氏が、二〇一八年埼玉スーパーアリーナでのコンサートをキャンセルして話題になったことも、ステージの上のパフォーマンスだけでなく、観客席も含めてライヴパフォーマンスとしてのコンサートだと沢田氏が考えて、最高のパフォーマンスを提供できないからだと考えているのであれば、理解できる。

「大は小を兼ねる」といった考えで、最初から大きな施設でコンテンツを育てることは難しい。そもそも、維持管理費を含めコストがかかりすぎて、ソフトにかける費用が捻出できなくなる。

コンテンツを育てるためには、コンテンツがステップアップできる施設が必要である。「ライヴハウスクラス」（数十席〜数百席）「ホールクラス」（数百席から二〜三〇〇〇席）「アリーナクラス」（五〇〇〇席〜一万席）そして「スタジアム・ドームクラス」（数万席）の施設を地域の中に連携して持てることが理想である。

そして、コンテンツの成長に応じて施設を移っていく。音楽コンテンツは、地域へ密着する必要が無いので、地域をまたいで施設を移ることが可能である。しかし地域スポーツは、地域をまたいで施設を移ることが難しい。観客を含めてのパフォーマンスと考えれば、地域を移って観客がついてきてくれるのか？ そもそも「地域」のシンボルとしての機能であったのに、地域が移ってしまうと、シンボル自体が変わってしまう。地域にスポーツ「コンテンツ」を育成するためには、コンテンツの育成にあわせた観客席数を持つ施設が必要となる。

それでもスタジアムスポーツは、「増設」という方法で対応が可能である。Jリーグのスタジアム基準でもJ1は一万五〇〇〇席が必要であるが、J2は一万席、J3は五〇〇〇席とされている。周囲に増設用地さえ確保しておけば、いきなり一万五〇〇〇席のJ1基準のスタジアムを造るより、まずは五〇〇〇席のJ3基準のスタジアムを造り、満席を演出しながら、J2、J1へとステップアップする過程で一万席、一万五〇〇〇席と増設していくことが望まれる。

サッカーだけでなく、野球もスタジアムでは「単一種目」を扱うケースが多いので、スタジアムを複数用意するより、増設がリーズナブルである。

単一種目がホームとするスタジアム種目に比べて、アリーナはバスケットボール、バレーボールをはじめとしたアリーナスポーツ種目と、さらにはコンサート等の音楽コンテンツも使用する。物理的にもアリーナを増設することは、屋根の掛け方等で難しく事例がほとんどない。さらに一種目のスポーツが成長しても同じスピードで他の種目も育成できるとは限らないので、増設することが種目によってプラスとマイナスに分かれてしまう。そのためにアリーナはできれば、三〇〇〇席までの小規模アリーナと五〇〇〇席程度の中規模アリーナ、そして一万席以上の大規模アリーナが用意されることが地域アリーナスポーツには理想的である。三〇〇〇席までの小規模アリーナであれば、健康と競技の機能を中心にした体育館に可動式の客席（ロールバック席）を備えることで対応可能である。その上でB1仕様の五〇〇〇席のアリーナがあれば、今のアリーナスポーツではほぼ対応できる。

世界レベルの大会を誘致するために一万席以上の客席を持つアリーナを造る場合もあるだろう。その時に考えなくてはならないのは、大会が終了した後で地元のスポーツコンテンツを育成するためには、一万席のアリーナは向いていないということである。一万席のアリーナでスポーツコンテンツを育成するためには、三〇〇〇席、五〇〇〇席の小規模中規模のアリーナが必要で、小規模中規模のアリーナが無い自治体が一万席アリーナを造ってもスポーツコンテンツの育成は期待できず、コンテンツ誘致しか使えないかもしれない。

コンテンツを育成するためには、コンテンツの育成に合わせた観客席数の施設を計画する必要がある。

CHAPTER 06

# スポーツアドミニストレーション論の応用2
## 大学（学校）スポーツ

スポーツアドミニストレーション論の公理、定理を抑えることで、スポーツにおける諸問題に的確に考え、対応することができる。

地域スポーツに続いて大学スポーツにおける諸問題をスポーツアドミニストレーション論の公理、定理を持って考えたい。大学スポーツを考えることは、学校スポーツを考えることと言える。よってその考えは、高校、中学、小学校での学校スポーツにも応用可能である。

### 1　大学スポーツにおける「する」「みる」「ささえる」の循環を「コミュニティ」「マーケティング」「システム」の視点からみる

大学スポーツにおける「する」「みる」「ささえる」の循環を考えるには、「コミュニティ」「マーケティング」「システム」の視点で大学スポーツをみると解りやすい。

大学のコミュニティは、まずは在学生である。その上で教職員、卒業生、父兄、家族、周辺住民などの広がりを持つ。近年、日本における大学生数は約二五〇万人で、大学進学率は六〇％近い。在学生だけのコミュニティ規模は小さいが、卒業生、父兄を含めれば十倍から数十倍のコミュニティが想定され、総人口のかなりの部分を占める。

大学コミュニティの特色は、帰属意識を持ちやすい環境にある。地域コミュニティは、ほとんどが偶然隣り合わせに住む人たちからなるコミュニティだが、大学はともに「学び」という時間を同年代で共有する「経験」があるために帰属意識をもちやすい環境がある。それが「同窓会」という組織を生み、卒業してからもコミュニティの一員となる。

この大学コミュニティが地域コミュニティと一体化すると、欧米に数多くある「大学町」コミュニティになるのだが、日本では大学が地域コミュニティと一体化している事例は実は少ない。地域住民は近隣の大学構内に入る機会が少なく、大学は「敷居の高い」存在である場合がほとんどである。

そんな中でも大学と地域がつながる良い場所は「大学病院」である。「教育」「研究」と「医療」の機能を持つ大学病院は、地域住民にとって地域の大学と関係を持つ数少ない機会である。大学病院の在り方も欧米と日本での違いがあるが、大学病院と地域の関係性や、「教育」「研究」と「医療」の関連性は長年の議論の中で整理されている部分も多く、「医療」を「スポーツ」に置き換えることによって、スポーツを通じた大学と地域の関係性について先行事例として示唆に富む。もっとも、自らが病気や怪我で治療を必要とする状態になって、大学病院に入るのは喜ばしいとは言えない。大学は、地域社会にとって、身近な存在とは言えない。

アメリカの一部の大学では大学スポーツが地域社会に溶け込んでおり、週末に行われる試合に多くの地域住民が訪れる。アメリカの大学の寄付金収入が多いのは、税制の違いが大きいが、マーケティング担当の理事や職員の存在と共に、大学スポーツによる地域との一体化も大きい。

システム（組織）の面からみれば、地域のコミュニティには行政、大学コミュニティには教職員という組織はある。しかしながら、どちらの組織にも、「スポーツアドミニストレーション」に相当する機能がない。だが大学コミュニティには、自治体以上に「同窓会」という強い帰属意識に基づいた組織がある。この組織を有効に活性化させて「する」「みる」「ささえる」を促進していくことが大学スポーツの発展には肝要である。

日本の大学コミュニティにおいて、スポーツは一般的に「体育会」と呼ばれる組織で「競技」を中心に行われている。もっとも、日本の大学でスポーツが始められた当初は、必ずしも今のような位置づけではなかった。日本における「体育会」は東京大学の「運動会」を祖とする。設立当時の東大は学問だけを目的としており、学生の多くは必ずしも健康的な生活を送っているわけではなかった。それをみたフレデリック・W・ストレンジ師が、学生たちの心身の健康のために始めたのが競技会としての運動会である。一八八三年のストレンジ師の記念講演が大学スポーツの本来の精神を顕した素晴らしいものなので引用しておく。

「運動は人の獣力のみを練るを目的とせず、吾人の智徳を磨かんが為なり。運動は手段にして目的に非ず、吾人の体躯を練るは病を防ぎ寿を保たんが為には非ず、期するところはこれ以上にあり。運動場に於ける訓育の遥かに教室内に於ける教化に勝るものあればなり」

「運動会」は物珍しさから多くの観客を集め、福沢諭吉は娘の婿探しに運動会を利用したという。

競技会としての「運動会」は各種目の統合組織としての「運動会」でもあり、東京大学運動会は、明治一九（一八八六）年七月に「一般社団法人帝国大学運動会」として設立されている。これが日本における大学体育会の祖と言える。アメリカ最古のアスレチックデパートメントはアマースト大学による一八二一年設立であるが、その約六〇年後、明治維新後二〇年も経たない日本の大学で体育会が設立されている先進性は素晴らしい。

さらに、この時点でのストレンジ師の精神や、設立初期に教育としての大学組織の外側にスポーツを目的とした一般社団法人として別法人で設立している点など、現在の大学体育会が置き忘れてしまった重要な要素があることに注目しておくべきである。

「マーケティング」から考えれば、自治体には「税」という特殊なマネタイズ機能が備わっている。大学の授業料は在学生に対する教育サービスへの対価であり、スポーツの循環による収入ではない。日本の大学スポーツは、卒業生や地域住民に対する「マーケティング」機能が弱い。欧米の大学では、大学全体に対する「マーケティング」担当理事と職員がいて、スポーツに限らず大学全体で卒業生や地域社会から積極的にマネタイズしているが、日本では、まだその意識が低い大学も多い。

スポーツは、地域社会や卒業生と在校生を中心としたコミュニティを一体化するもっとも使い勝手の良いシンボルの一つである。欧米では大学全体のマーケティングだけでなく、スポーツの循環に対するマーケティングについても「アスレティックディレクター」(アメリカ)「スポーツディレクター」(イギリス)のような専門職がいてスポーツオペレーションとビジネスアドミニストレーションのバランスをとりながら循環させている。

## 2 大学スポーツを「シンボル」「競技」「健康」の機能からみる

大学スポーツを「シンボル」「競技」「健康」の三つの機能からみてみる。

大学スポーツにも「シンボル」「競技」「健康」の三つの機能があり、その三つの機能がバランスよく発展することがスポーツの発展には肝要である。

しかし残念なことに、近年の日本における大学スポーツは、三つの機能がバランスよく発展しているとは言えない。前述したように日本における大学スポーツは体育会による種目クラブで行われているが、その機能はほぼ「競技」に集約されてしまっている。一部の戦績の良いクラブがメディアに取り上げられることで「シンボル」の機能を果たしている。体育会の種目クラブは「真面目」に「競技」を行うために、個人の「健康」のために体育会クラブに加入することには引け目を感じるのではないだろうか？　そのため、日本の大学では、体育会以外の一般学生がスポーツを行う機会が限定的である。一部の大学では一般学生の健康のためのフィットネスジムを用意するなど学生の健康のための施策を持っているが、一般学生がスポーツをする機会は「サークル」「同好会」と言われる学生の自治による機会がほとんどで、それらは大学から十分なバックアップをしてもらっているとはいいがたい。

日本の大学は、好成績を収める体育会の「競技」については、メディア露出による大学の「シンボル」機能を「知名度」「好感度」上昇のための広告手段として利用するために、費用や指導者、施設などのバックアップを行うが、一般学生の健康や、メディア露出の少ない「競技」については、「学生の趣味」として価値を低く見てバックアップをしない。こういった風潮は「大学によるスポーツの商業利用」と言っても良いくらいだし、日本の大学は、在学生に健康的で文化的な最低限の学生生活を提供する意識が低いように思える。

大学スポーツが盛んなアメリカの大学では、「シンボル」「競技」「健康」の三つの機能はどうなっているのだろうか？　アメリカの大学では、「シンボル」を担う「ヴァーシティ」（大学代表）、「競技」を担う「イントラミューラル」、そして一般学生の「健康」を担う「リクリエーション」と三つの機能ごとにシステム（組織）をもってスポーツに対応している。

メディアに取り上げられるのはやはり「シンボル」としての「ヴァーシティ」であるので、アメリカの大学スポーツ＝「ヴァーシティ」をイメージされがちであるが、豊かな「イントラミューラル」と「リクリエーション」の二つがあることが、アメリカの大学スポーツがバランスよく発展している理由である。

「ヴァーシティ」を日本の体育会と同一視してしまう人もいるが、大きな違いがある。「ヴァーシティ」は大学代表として、人数制限がある。基本的には出場機会を確保するためにベンチ入り人数程度が「ヴァーシティ」に選ばれる。つまり、日本の大学スポーツにおける「一軍」に相当する。日本では一〇〇人二〇〇人単位で部員のいる野球部、サッカー部、ラグビー部などもあり、二軍、三軍などがあるが、アメリカの大学「ヴァーシティ」制度ではありえない。「ヴァーシティ」に入れるのは選ばれた上限人数までである。

それでは、アメリカの大学ではスポーツの機会が与えられていないのかというと、そうではない。「ヴァーシティ」の選抜から漏れた学生に対して「競技」スポーツの機会として「イントラミューラル」、「健康」スポーツの機会として「リクリエーション」が用意されている。そのことが「健康的で文化的な豊かな学生生活」を提供する大学としての大きなセールスポイントとされている。

日本の体育会クラブは、二軍三軍があるように入部制限が基本的にはない。日本において大学体育会ができた当初、一般学生も含めたスポーツの機会として作られたからである。

アメリカの大学スポーツにおいて「学業要件」と呼ばれる一定の学業成績がないと「ヴァーシティ」として登録してNCAAの大会に出場できないルールがある。日本でもスポーツ庁が進める大学スポーツ改革において、UNIVAS（大学スポーツ協会）が、「学業促進」としてこの「学業要件」の導入を検討しているが、学業によって大学生のスポーツをする権利を一方的に取り上げることになるのではないかと心配している。

アメリカのように「リクリエーション」や「イントラミューラル」といったスポーツの機会をきちんと用意していない日本の大学は、健康で文化的な最低限の学生生活を提供できないことになる。「学業要件」は「リクリエーション」とセットで考えるべきであろう。

## 3　米国NCAAの発展の歴史から学ぶ、これからの大学スポーツの発展

二〇一六年四月に電通が文科省に提案した「スポーツ産学連携＝日本版NCAA」以降、大学スポーツの振興について、文科省、スポーツ庁において議論が積み重ねられ、二〇一九年三月に大学スポーツ協会（UNIVAS）が発足した。UNIVASは日本の大学スポーツ振興の重要な一パーツである。今後は日本の大学スポーツ振興の中心的存在としての役割を期待している。

気を付けなければならないのは、大学スポーツの振興の全てをUNIVASが行うのではないということだ。大

学スポーツの振興は、UNIVAS以外に各大学や学連などの大学スポーツに関わる全ての関係者の力を合わせることによって成立する。アメリカにおけるNCAAの歴史においても、「ルーズベルト大統領がNCAAを作った」と省略された歴史を言う人がいるが、正確にはルーズベルトがハーヴァード大学などの名門大学に命じて作らせたのはFRC（Football Rule Committee）である。一方でニューヨーク大学などの庶民派大学が中心となり各大学間の連携のためにIAAUS（全米大学体育協会）という組織も同時期に創られた。名門大学を中心としたFRCが権威主義に陥って機能しなかったかわりに、IAAUSはそれぞれの大学の意見を取り入れた結果、多くの大学の賛同を得て機能し、加盟大学を増やした。結局、FRC加盟大学の中からもIAAUSに移る大学も増えて、両組織を廃止、合併してできたのがNCAAである。実質的にはIAAUSがFRCを吸収合併したとも言えるが、名門大学を中心としたFRCのプライドを守るためにも吸収合併ではなく、双方を廃止し合併による新組織にしたかったのであろうと推測される。

UNIVASが「日本版NCAA」となるのか？　それとも「日本版FRC」になってしまうのか？ 今後のUNIVASの動向が注目される。アメリカの歴史を考えると、トップダウン式の組織ではなく、大学をはじめとした関係者の意見が反映されるフラットな組織になることが、UNIVASが「日本版NCAA」になる鍵なのではないだろうか。

更にアメリカの大学スポーツ発展の歴史を調べると、現在のアスレチックデパートメントや観客席を備えた競技場に観客を集め、「する」「みる」「ささえる」の循環を進める大学スポーツの形を作ったのはシカゴ大学のエイモス・アロンゾ・スタッグという人物だったことがわかる。

アスレチックデパートメントは一八二一年にアマースト大学に創られたものが最初とされるが、それは今の日本の「体育会」に近い組織だったのではないかと思われる。それをシカゴ大学のスタッグ氏が近代的なアスレチックデパートメントとして作り替えた。スタッグ氏自身もイェール大学でアメリカンフットボール、野球、さらにバスケットボール選手として活躍し、卒業後シカゴ大学に指導者として招かれるのだが、アメリカンフットボールでハドルや様々なフォーメーションプレイの発明や、野球のバッティングゲージを発明したりしているだけでなく、巨大な観客席を備えた競技場を建設し、シカゴ大学のブランディングを行い、チケット収入を得て、有望な高校生を招待する陸上競技大会を大学で行うなど、シカゴ大学のスポーツを強化した。その結果、シカゴ大学は新興大学であるにも関わらず、素晴らしい競技成績を達成し、他大学から羨望の的となった。さらには、ミシガン大学などを誘って、アメリカではじめてのカンファレンス＝ウェスタンカンファレンスを設立した。

日本とも関係が深く、早稲田大学のスクールカラーとして使用されている臙脂色は、早稲田大学野球部がアメリカ遠征に行った際にみたシカゴ大学のスクールカラー＝マルーンを真似たものとされている。当時、黒、白、紺といった色が中心だったスポーツウェアに赤に近い臙脂色を使用したシカゴ大学はその競技成績と共に、最先端のイメージを持ったチームだったようだ。日本の大学スポーツにも、シカゴ大学のような大学が現れ、他大学が羨み真似ることで大学スポーツが振興されるのではないだろうか？

スタッグがシカゴ大学で行った様々な施策の中で、「観客席を備えた競技場」「大学の理事会、教授会から独立した意思決定のできる組織」を持つことが鍵になるのではないだろうか。日本において、どの大学が「シカゴ大学化」するのかを見守りたい。

## 4　日本の大学スポーツの発展の鍵は、アクティベーション（活性化）

各大学が「シカゴ大学化」するためには、どうしたらいいのだろうか？

米国ＮＣＡＡ所属大学の様にアスレチックデパートメントを設立するところからスタートするべきだろう。私もそう考えていた。しかし、いくつかの大学でお手伝いをして分かったことは、大学というところは組織を立ち上げることが、とても難しいということである。

さらに、運よくアスレチックデパートメントが立ち上げられたとしても、前述したように、スポーツオペレーションとビジネスアドミニストレーションの区別もないまま立ち上げた組織は、ビジネスアドミニストレーションの担当者がいないままとなり、スポーツオペレーションの指導者中心の現状と大きな違いはない。その組織では新しいアクティベーションに取り組むこと自体が難しくなってしまう。そこで組織を立ち上げることを否定はしないが、まずはアクティベーションを行うことを目指してみてはどうだろうか？　大学コミュニティのための「する」「みる」「ささえる」が循環する具体的なイベントを企画し、大学スポーツの活性化を図ってみることが必要だ。

例えば入学式直後の時期に、新入生を観客にしてライバル大学と戦う試合を学内で行う。ただ試合をするだけでも、審判の手配や相手大学との調整を行う必要がある。それを行う担当者が学内にいるだろうか？　また、新入生を観客にするためには、どうすればいいだろう。学内で公式行事とするための調整、新入生への告知、会場の準備も必要である。

できれば新入生が「この大学に入ってよかった」と思わせるイベントにしたい。音響や照明はどうすればいいだろう。演出は？　応援は自発的に任せればいいのだろうか？　そもそも新入生が観客になることができる観客席はどうすればいいのだろう？

米国ＮＣＡＡ所属大学は、これらのアクティベーションを行っている。そして、それを実施できる担当者を抱えている。その担当者をつくっていくことが、組織をつくることと同様に必要である。いきなり完璧なアクティベーションを実施する必要はない。まずは、担当者を決めてチャレンジしてみることだ。そうすれば、何ができて何ができないのか、何をすることが必要で、何をしなくていいのかが徐々に理解できる。

大掛かりで完璧な組織をつくるより、まずは、アクティベーションにチャレンジする担当者を決めることである。大学という組織風土を考えると、理事、教員、職員に各一名担当者を置くことからはじめたい。すべてを機関決定する前に担当者がチャレンジして、その報告を理事会や教授会に行うところからはじめた方が、より早くより良い活性化が行われるだろう。

青山学院大学では二〇一九年四月から新入生を観客にした試合をアクティベーションとしてはじめた。このアクティベーションが大学コミュニティにどういう影響を与えるのか？ 四年間続けて行われれば、在学生全員が自らの大学を応援する経験をもつことになる。早慶ですら五〇％の応援経験がほぼ一〇〇％の大学が出現することになる。スポーツの力は、コミュニティにどんな影響を及ぼすのか？ 注目である。

また、最初は年に一回二回のアクティベーションが、月に一回になったり、大規模なアクティベーションだけでなく、小さな観戦イベントが毎週行われるキャンパスは、スポーツを「する」「みる」「ささえる」が日常的に習慣化したキャンパスとなる。まさに米国NCAA所属大学の姿が日本に出現することを期待したい。

アクティベーションを進める大学が増え、それが好影響を与えることが理解されれば、他の大学もこぞって追随するであろう。それはシカゴ大学に追随した米国大学スポーツの歴史に他ならない。

各大学スポーツの発展はアクティベーションにある。

## 5　日本のスポーツ発展の鍵を握る大学スポーツ施設

日本のスポーツ施設の三分の二は学校にあり、地域行政の保有が四分の一、民間の施設は残りの僅かでしかない。

日本のスポーツ発展のためには、大多数を占める学校スポーツ施設の活用が必須であるが、施設の老朽化や少子化の影響を受けて改修もままならない。本来であれば、学校スポーツ施設の代表的存在として、大学スポーツ施設の活用事例をもって、小中高の学校スポーツ施設の活用へと広げていきたいところであるが、大学におけるスポーツ施設も一九九一年に実施された大学設置基準の大綱化によって体育授業の必修化が外れて以降、施設の改修は後回しにされているようにみえる。

日本のスポーツは、マイナースポーツとメジャースポーツの間に大きな溝がある。その一因は施設の問題である。日本のスポーツ施設は「する」ためだけ施設が多く、スポーツを「みる」施設は極めて少ない。日本におけるスポーツを「みる」施設は、スポーツ黎明期に「みる」メジャースポーツとして確立した野球だけは当たり前のように観客席を備えているが、他のスポーツ施設には観客席は無いか、あっても使いにくいものがほとんどである。結果として、マイナースポーツがメジャースポーツになろうとしても、独自に観客席を備える施設を造らねばならず、もともと資金力に難のあるマイナースポーツとしては、よほどの僥倖に恵まれない限り適切な施設で行うことは難しい。

米国では、プロスポーツリーグやプロスポーツチームが資金力がない創設期に大学のスポーツ施設を本拠地として使う例が数多くある。MLBやNFL（National Football League）、NBA（National Basketball Association）、NHL（National Hockey League）といった四大メジャースポーツは各チームが独自に巨大なスタジアムやアリーナを保有しているが、集客力が弱かった創設期には、手ごろなサイズの大学スポーツ施設を本拠地に間借りして力を蓄え、メジャーになっていった事例は枚挙にいとまがない。

スポーツだけでなく、音楽コンサートやその他のイベントでも同様に巨大な施設を使うには集客力がないコンテンツは大学施設を使う。さらには、ハイスクールやエレメンタリースクールのスポーツ施設も少ないながら可動式観客席を備えており、小さなアマチュアイベントから巨大なプロイベントまで、サイズが途切れることなくつながって用意されている。この施設のあり方がスポーツをはじめ、様々なコンテンツの育成を促進している。

日本においてもBリーグ創設時に日立サンロッカーズが、青山学院記念館をホームアリーナとしてサンロッカーズ渋谷となった事例もあり、古くは立命館大学の衣笠キャンパスを松竹ロビンスが本拠地としていた事例もある。

日本でも、コンテンツの育成のためにも、「する」スポーツと「みる」スポーツに溝をつくらない施設を建設していく必要がある。その役目は、大学と地域行政が協力して果たすことになるであろう。

スポーツがコミュニティの重要なパーツとして認識されれば、小中高のスポーツ施設に観客席が設置されるだろう。それには、まず大学がスポーツをコミュニティの重要なパーツにしてみせることだ。そして大学スポーツ施設における観客席の重要性を認識する必要がある。前述の青山学院大学におけるアイビーグリーンマッチは、青山学院記念館というプロスポーツの利用も可能な大型アリーナがキャンパス内にあることが、大きなアドバンテージである。アイビーグリーンマッチを観た他大学関係者は、「自らも」と思うかもしれないが、いざやろうと思うと現在のスポーツ施設がいかに使いにくいものであるかを知り、愕然とすることになる。

これからは、各大学にアイビーグリーンマッチのようなイベントが可能な観客席を備えたスポーツ施設を造る必要がある。しかし、少子化に苦しむ大学はスポーツ施設の改修に手が回っていない。

今後、人口減に直面する日本社会では、人口増を前提に作ってきたスポーツ施設を学校や地域行政で協力して最適化する必要がある。大学と地域行政の両方で陸上競技場をそれぞれ作って、片方でJリーグを開催するのではなく、片方をJリーグが開催しやすいサッカー場に、もう片方を公認陸上競技場にするなど協力していく必要がある。たとえば、大学のキャンパス内に地域行政が総合体育館を建て、大学生だけでなく地域住民も利用可能にしたり、地域の公園内に大学がスポーツ施設を建てて地域住民にも開放したり、今までなかった協力事例をつくっていくべきだ。

それを実現するには多くのハードルが存在する。例えば固定資産税の問題である。学校施設は、固定資産税不課税という特権が認められている。しかし施設が一定以上、学業目的以外で利用されると学業目的として認められず、固定資産税が課税されてしまう。結果として、建設費、維持費が高くなるために大学内のスポーツ施設の整備が促進されない。

学業以外でも、地域体育館、地域アリーナとして利用されるのであれば、固定資産税を不課税にするなど、地域と大学が協力してスポーツ施設のストック適正化を促進するような体制が整備されることを期待したい。

# スポーツアドミニストレーション論の応用3
## スポーツ団体（協会・リーグ）

スポーツアドミニストレーション論の公理、定理を抑えることで、スポーツにおける諸問題に的確に考え、対応することができる。

本章ではスポーツ団体における諸問題をスポーツアドミニストレーション論の公理、定理を持って考えたい。

### 1　スポーツ団体の機能は三機能（「シンボル」「競技」「健康」）の割合で考える

スポーツ団体の機能もまた「シンボル」「競技」「健康」の三つの割合で考えることができる。ここで言うスポーツ団体は、別名「競技団体」と言われるように、三つの機能のうち、「競技」を主に司る団体であり、サッカー協会やバスケットボール協会などの「種目団体」、あるいはJリーグやBリーグのような「リーグ団体」を指す。

ＮＦ（National Federation）と呼ばれる全国協会では、「シンボル」としての日本代表の編成や強化、マーケティングを行っている。さらに、「普及」と称して、競技の初心者を増やす活動をしている場合も多い。ＮＦは、国際大会に日本代表を派遣することで、日本というコミュニティの代表をシンボルとすることができる。国際大会の中でも、オリンピックは多くのＮＦにとって最も重要な場となる。オリンピックは、日本のコミュニティを強く意識させる。その結果、多くの競技種目において、同じ種目の同じ選手で競われる世界選手権よりもオリンピックの方がコミュニティに対してのアピールが強く働くために、マーケティング価値が高くなる。オリンピック種目に入るか入らないかは極めて重要であるし、オリンピックの場でメダルを獲得しコミュニティにアピールすることはさらに重要である。

さらにNFは国内リーグを創設することで、国内での競技の「シンボル」とし、競技力を高めるとともに競技者以外にもそのスポーツを観戦する機会を増やし、競技に対する関心を高め、なんらかの形で競技に対して関わる人たちを増やすことを施策とする。

競技団体の活動は、その「シンボル」と「競技」「健康」をつなげて循環を進めることができるかに掛かっている。他のケースでも述べているように、スポーツの発展には、この三つの機能がバランスよく発展する必要がある。NFの場合は、その種目の発展を計画する。その際に、単に競技成績の向上だけを目標としてしまうと、早晩その種目、団体は行き詰まる。この三つの機能をバランスよく考えないと「する」「みる」「ささえる」が循環しない。「競技」を中心に、「シンボル」と「健康」をどう考えて提供していくのかがそのスポーツとスポーツ団体の発展の鍵と言える。

NFの下部組織、都道府県協会の場合はどうだろうか？　本来、都道府県協会であっても、国民体育大会などの「県代表」等を「シンボル」として編成、強化、マーケティングを行うことが望ましい。しかし、現実的に国民体育大会の「県代表」が県の「シンボル」として機能していない。「県代表」が「シンボル」として機能するためには、春夏の高校野球のように全国大会の場が提供されることが望まれる。そのためには、NFと協力して魅力ある大会を作る必要もある。

一部の種目では、Jリーグ（サッカー）、Fリーグ（フットサル）、Vリーグ（バレーボール）、Bリーグ（バスケットボール）、Tリーグ（卓球）などの「リーグ」が国内の「シンボル」として用意されている。最上位のリーグをトップリーグとして提供することで、各地域の参加チームを各地域の「シンボル」とする場を創っている。

地域スポーツにおける「シンボル」「競技」「健康」の循環を担うのは、都道府県や市町村の体育協会（スポーツ協会）だろうか？　あるいは種目団体、あるいはトップリーグのチームのいずれが担うのだろうか？　理想としてはそれぞれが連携・協力しながら分担して「する」「みる」「ささえる」の循環を促すことが求められる。しかしながら細分化された各団体は、それぞれの権益を固守することになり、なかなか連携・協力は難しい。解決するためには団体職員だけでなく、地域の人々がスポーツの「する」「みる」「ささえる」の循環や「シンボル」「競技」「健康」の三階層を常識として知るようになり、そこから外れて利益を貪る団体や人間を指摘できる環境になることが望ましい。実現には時間がかかるが、理想の実現のためには一歩づつ努力を積み上げることが必要である。

## 2　スポーツの団体はスポーツオペレーションとビジネスアドミニストレーションの二つの組織を持つべき

前項で団体が連携して「する」「みる」「ささえる」の循環と「シンボル」「競技」「健康」の三階層を発展させる必要性と難しさを述べた。この課題にもっとも効果的と考えられる解決策は、各団体が「スポーツオペレーション」と「ビジネスアドミニストレーション」の二分野の存在を認識し、それぞれの分野の担当者を持つことである。

「スポーツオペレーション」は種目内での競争があるが、種目間でも有望な選手を巡って競争がある。例えばバレーボールとバスケットボールは希少な長身のジュニア選手を巡って争う。しかしながら、ビジネスアドミニストレーションは、競争よりも協力する方がメリットが大きい。

「スポーツオペレーション」を考えると、特定の種目に特化しがちである。サッカーの監督がバスケットボールの監督になることは難しい。一部、基礎トレーニングの専門家などで複数種目を兼ねることが可能なケースもあるが、一般的には種目の専門に特化している。

一方、「ビジネスアドミニストレーション」は、基本的には特定の種目に特化することは無い。サッカーで通用した手法は野球でも通用する。もちろん、プレイが止まっている時間の長い野球と、そうではないサッカーにおいて、スタジアムフードの売り方や消費スタイルの違いなど、ビジネスオペレーションにおいて種目の特色に応じた違いもあるが、その違いはスポーツオペレーションにおけるものとは違って、ノウハウとして超えられるレベルの違いである。よって、ビジネスアドミニストレーションの人材は種目を超えての異動が可能である。

アメリカのスポーツビジネスにおいては、ＭＬＢからＮＢＡへの転職やプロスポーツチームから大学スポーツのディレクターへの転職も頻繁に行われる。

日本においては、種目を超えて転職するビジネスアドミニストレーション人材は、まだまだ少ない。競技団体において理事など経営に携わる人材は、高校や大学時代にその種目を選手としてプレイしていた人が占めている。いわば、スポーツオペレーションの指導者の余技としてビジネスアドミニストレーションが行われていると言える。結果としてビジネスアドミニストレーションの知見は種目を超えて共有できず、スポーツビジネスの発展を阻害している一因となってしまっている。

日本のスポーツ界が発展していくためには、まずはスポーツオペレーションとビジネスアドミニストレーションの二つの分野を認識し、それぞれの専門家を育てていくことである。そうすることで、ビジネスアドミニストレーション人材の異動が広まり、知見が共有されてスポーツの発展を促していくことになる。

## 3　オープン（ヒエラルキー）リーグとクローズドリーグ

スポーツ団体は、国内リーグや地域リーグ、あるいは「カンファレンス」と呼ばれるリーグを形成する場合がある。そのためにスポーツ団体の関係者は、オープン（ヒエラルキー）リーグとクローズドリーグを理解しておく必要がある。

オープン（ヒエラルキー）リーグとは、Jリーグの様に、一部、二部、三部と階層型のリーグ戦形態であり、階層間の「入れ替え」が行われる。ヨーロッパのサッカーリーグは各国とも基本的にこの形式で行われている。クローズドリーグとは、プロ野球の様に、固定されたチーム同士の対戦で構成されるリーグである。基本的に「入れ替え」は行われない。アメリカのプロスポーツや大学スポーツは基本的にこの形式で行われている。

一般的にはサッカーがオープン（ヒエラルキー）リーグ、野球がクローズドリーグであるが、野球においても東京六大学はクローズドであるが、東都大学は階層型のオープン（ヒエラルキー）リーグ形式である。

それぞれの形式にメリット・デメリットが存在し、一概にどちらが優れている劣っているということではない。二つのリーグ形式の比較については、ステファン・シマンスキーとアンドリュー・ジンバリストによる『サッカーで燃える国、野球で儲ける国――スポーツ文化の経済史』（田村勝省訳、ダイヤモンド社、二〇〇六年）が詳しいので一読されることをお奨めする。

一般的にオープン（ヒエラルキー）リーグは、入れ替え戦の存在が競争を促す。強いチームと弱いチームが同一リーグに存在することなく、弱いチームは下層リーグへと転落し、強いチームは上層リーグへと昇格する。よって、競技力の向上には向いているとされる。階層はアマチュアを含めて、下層に開かれている（オープン）。よって、新チームの参入は容易である。しかしながら、ビジネス面で考えれば投資した資産が回収される前に下層リーグに降格してしまい、観客数の減少や分配金の減額などによる収入減に直面するケースがある。場合によっては、資金が足りなくなり経営が破綻する場合もある。これは、ビジネスにおける「リスク」と捉えられ投資の促進を阻む要素とも考えられる。つまりオープン（ヒエラルキー）リーグは、「参入が容易だが、リスクが大きい」と言える。

一方、クローズドリーグは、入れ替え戦が無いため、常に同じチーム同士が対戦する。入れ替え戦の無いクローズドリーグである東京六大学では一九二五年の創設時から現在まで九〇年以上にわたって一度も優勝したことの無い東京大学が存在する。毎年のように多くのプロ野球選手を輩出する他の五大学と東京大学の実力差は歴然としてあり、実力差の少ない相手との対戦が競技力向上のために重要だとすれば、競技力の違うチームの存在を認めるクローズドリーグは、競技力の向上には向いていないと言える。しかしながら東京六大学における早慶戦のように人気のあるカードがあれば継続的な人気を保つことができて経営が安定する。

オープン（ヒエラルキー）リーグは、関西の大学野球リーグであったように、入れ替え戦によって人気チームの階層が分かれてしまうことによって、人気カード（同志社ＶＳ立命館）を失って観客数が激減してしまいリーグ再編のきっかけとなってしまうケースもある。結果的に人気が落ち、リーグもチームも収入が減ってしまうことでスポーツ環境が維持できずに競技力の低下を招くこともあるので、必ずオープン（ヒエラルキー）リーグにすることが望ましいとは言えない。よってクローズドリーグは「参入が難しいが、リスクが小さい」と言える。

クローズドリーグは、競技力に差がついてしまうと競技力の向上が望めないし、観ている観客にとっても一方的で最初から結果が決まっている、つまらない試合になってしまう。これを防ぐために「戦力均衡」が言われて、様々な施策が導入される。例えば「ドラフト」制度である。新戦力を自由競争にしていると、資金力のある人気チームが有力な新戦力を囲ってしまい戦力格差が開く。これを防ぐために前年の成績の悪いチームから順に新戦力を指名したり、契約金の上限額を定めたりする。オープン（ヒエラルキー）リーグは競技力を優先し、クローズドリーグは経営力を優先している様にみえるかもしれない。

競技団体は、自らの競技種目の発展のために国内リーグを整備する。その際にどちらのリーグ形態をとるのか？自らの置かれた環境とこれから進んでいく未来を見据えてそのリーグ携帯を考える必要がある。サッカーだからオープン（ヒエラルキー）リーグ、野球だからクローズドリーグを選んではいけないし、ましてや「ヨーロッパでは」「アメリカでは」と日本と違う社会環境の事例を無理やり当てはめるような愚策はもっての他である。

例えば日本の大学スポーツにおいては、春はクローズドリーグ、秋はオープン（ヒエラルキー）リーグを取り入れるのも一考の価値がある。春は大学にとっては新入生を迎え、新入生を大学の色に染めるために特定の大学同士の対校戦を中心としたカンファレンス＝クローズドリーグで運営し、秋は競技力を高めるためにカンファレンスを分解し、競技力に応じて一部から順に一〇部でも二〇部でも必要な階層型リーグを行うことも日本のスポーツ環境に合致しているのではないだろうか？ アメリカの大学は、種目ごとに「シーズン制」を敷いているために、年間を通じて二シーズン用意することはできないが、日本では可能である。

## 4　リーグ運営においてもスポーツオペレーションとビジネスアドミニストレーションの二つの領域を認識し分けるべき

クローズドリーグの考え方のベースは、一チームの発展ではなく、リーグ全体、全チームの発展を考える「シングルエンティティ」という考え方にある。

例えばA～Kの一〇チームが参加しているリーグがある場合、①の施策では、Aチームの利益が＋10となり、A以外のB～Kのチームが＋1となる場合、リーグ全体では＋19となる。②の施策では、全てのチームが＋2となる場合は、リーグ全体では＋20となる。この場合、①よりも②の方が全体の利益が拡大するので、②の施策を選ぶ。こういったリーグ全体を一つの共同体として考える手法が「シングルエンティティ」である。

しかしながら、そんな簡単なケースばかりではない。例えば③の施策でAの利益が＋10となり、B～Kのチームが＋2の場合、リーグ全体では＋28となるが、②よりも③の施策を選べるだろうか？ 多くの場合、リーグの意思決定を各チームの代表者からなる「実行委員会」形式で行っていれば、②の施策と③の施策では、Aだけが③を選び、B～Kの九チームが②を選ぶことになるだろう。多数決であれば②が選ばれてしまうし、全会一致でなければ合意としない拒否権のある会議であれば、③を選ばないことに腹をたてたAが拒否権を発動して②も③も選ばず、「現状維持」となる場合すらあるだろう。

さらに、各チームの資金力がAからKに順にA＝10、B＝9、C＝8…I＝3、J＝2、K＝1の時、②の施策を行うと、A＝12、B＝11、C＝10…I＝5、J＝4、K＝3となる。この状況はAやBにとって望ましいことであろうか？ 単純に勝敗が資金力と比例するとすれば、AとKが戦う時、A＝10、K＝1であれば、Aの勝率は10／11（九一％）である。これが②の施策後、A＝12、K＝3となると、Aの勝率は12／15（八〇％）となる。つまり②は上位球団にとって「不利」な条件とも言える。当然、上位球団はこぞって②の施策に反対する場合すらあるだろう。

少なくとも、スポーツオペレーションとビジネスアドミニストレーションを分けていれば、こういう判断にもブレーキがかかる。「シングルエンティティ」の考え方を持つアメリカのスポーツリーグでは、「フィールド（あるいはコートやピッチ）の上では敵同士だが、ビジネスでは仲間」という言葉が使われる。スポーツオペレーションとビジネスアドミニストレーションが未分化の日本のスポーツでは、スポーツオペレーションの問題もビジネスアドミニストレーションの問題も一緒くたに「実行委員会」で審議されるケースがある。当然、各チームから会議に参加しているメンバーも多くは競技成績＝スポーツオペレーションにしか興味のない人間も多く、ビジネス関係の課題については「持ち帰って検討する」となる場合も多い。

当然、競技成績＝スポーツオペレーションに興味の中心があれば、②のようにリーグの全てのチームにプラスの施策ですら「競技成績に悪影響を及ぼす」と判断して反対するメンバーも出るだろう。

これを解決するためにも、まずはスポーツオペレーションとビジネスアドミニストレーションを認識し、分けて運用すること。さらに、より「シングルエンティティ」を進めるのであれば、全てを実行委員会で決める形式ではなく、実行委員会が選んだビジネスアドミニストレーションの担当者に権限を委譲し、担当者が権限の中で「シングルエンティティ」を推進する形をとるべきだろう。

## 5　地域密着の理念と現実

スポーツ団体が国内リーグによって「シンボル」「競技」「健康」の三階層を循環させるときに、必ず掲げられる理念が、「地域密着」である。Jリーグが始まって以来、「地域密着」はスポーツビジネスの代名詞のように使われている。では「地域密着」とはなんだろうか。チーム名に地域名を入れること？観に来てくれる地元観客を大切にすること？　多くのスポーツ関係者は「地域密着」を口にするが、その具体的な内容をきちんとイメージできていないのではないだろうか。

振り返ってみると、Jリーグの制度設計はなかなか素晴らしいものだった。それまで「企業」が中心だったスポーツに「地域」という概念を持ち込むことで、それまでスポーツに冷淡だった行政を引き込むことを意図していた。日本では明治維新後、急速な欧米化を富国強兵という施策で推し進めた。その結果、行政にはスポーツや福祉に回す財源的余裕が無かった。また第二次大戦後も焦土と化した国土を復興させることに手一杯で、これまたスポーツや福祉は後回しとされた。その行政の代わりを担ったのが大企業である。終身雇用制を前提に、企業年金や社宅制度、そして実業団スポーツといった社会システムの特徴は日本や韓国、台湾といった東アジア諸国でみられるので、レギュラシオン経済学では、「アジア型資本主義」と言われる経済システムの一環と考えられる。こうした歴史的な背景から日本の行政は欧米に比べるとスポーツに対しての関与度が低い。Jリーグの制度設計は、「地域密着」という概念をあげることで、実業団スポーツシステム色の強いプロ野球を中心とした日本のスポーツ界に変革を起こし、企業に頼ったスポーツ界に行政を組み込むことを狙ったものと考えることができる。

Jリーグの制度設計では、クラブ名に「企業名称」を用いず「地域名称」を用いることが基本になっている。注目するべきは、Ｊリーグ開幕当初は、この「地域」を「基礎自治体」に限定しようとしていたことである。例えば、湘南ベルマーレは、「湘南」という基礎自治体がないため、Ｊリーグ参入時は本拠地を置く平塚市の名称を使用して、ベルマーレ平塚に名称変更している。

基礎自治体とは地方自治法二条三項で「基礎的な地方公共団体」とされ、ウィキペディアによれば、「国の行政区画の中で最小の単位で、首長や地方議会などの自治制度があるものを指す」とあり、市町村および特別区としての東京の二三区の事である。

地域名称を基礎自治体に限っているのは、「地域密着」のために地方自治体との関係を深め、スタジアム建設などの様々な援助を企業からではなく、行政から得るためと考えられる。Ｊリーグ開幕当初に「東京にチームをつくると人気が偏ってしまうため、当初は東京にチームを認めない」という報道があったが、そう言ったマーケティング的見地もさりながら、上記の「地域名は基礎自治体とする」という規約を考えれば、「東京」という基礎自治体は無いので「東京」を名乗るチームは作れなかったことになる。

しかしながら、吹田市を本拠にする「ガンバ大阪」を開幕当初から認めるなど柔軟な運用を進めたＪリーグは、開幕からしばらく後、一九九九年から二〇〇〇年にかけて、ＦＣ東京など基礎自治体ではない都道府県（包括的（広域的）地方公共団体）をホームタウンとするチームや、平塚市だけでなく藤沢市など神奈川県内の複数の市町村をホームタウンとして地域名称として「湘南」を冠する湘南ベルマーレなどを認める運用をしたことで、「地域名は基礎自治体とする」という方針は事実上意味をなさなくなってしまった。

結果的に「地域密着」は自治体行政との連携を深めるという目的は薄れ、地域住民の観客マーケティングのニュアンスが強くなってしまった。Ｊリーグ以来二〇年以上を経て二つめの「プロ化」を果たしたＢリーグにおいては、「東京」を名乗るチームが最初から多く存在している。いずれのチームも「東京都」のスポーツ施設を本拠地にしてはいない。

マーケティングとしての「地域密着」も重要であるが、行政との連携を深めることが「地域密着」の理念として重要であることも間違いない。

## 6 プロ化の理想と廃部の現実

スポーツ団体が、「シンボル」「競技」「健康」の三階層を循環させるために国内リーグを整備する時に、地域密着と同様に必ず「プロ化」がとりあげられる。

「プロ化」とはなんだろうか。チーム名から企業名を外して地域名にすること？ 選手やスタッフの契約がプロ契約になること？ 「化」がついているので「アマチュア」が「プロ」になることを指していると思いがちであるが、正しくは「企業アマが地域プロに変わること」と定義したい。

Jリーグ創設時の制度設計を行ったJリーグの意図は歴史的背景の下にアジア型資本主義経済システムがスポーツを大企業中心に行ってきた体制を、欧米の様に行政の力を「加える」あるいは「融合する」ことでさらにスポーツに力を与えることが本来はあったのではないかと推測される。例えば、開幕当初は参加チームに「責任企業」という制度があり、チーム運営に関しては「責任企業」が責任を持つことを求めている。アジア型資本主義経済システム下では、スポーツが企業の資本を使って行われることが当然だったので、「プロ化」しても継続的に「責任企業」が責任をもってチーム運営をすることを求めるのは当然だったと言える。

しかしながら、開幕当初に「従来とは違う新しいスポーツの形」を強く押し出すために、従来スポーツの要素である「企業スポーツ」と対比するプロモーション手法がとられたため、「企業スポーツ」要素を否定して、「地域スポーツ」要素だけが強調されてしまった。そのプロモーションは成功をおさめてJリーグは一気に市民権を得たのだが、副作用として「企業スポーツ」が強く否定されてしまったために、「企業スポーツ」と「地域スポーツ」のまった。

「融合」ではなく、「企業スポーツ」が「地域スポーツ」に変わることが「プロ化」と捉えられることになってし
Jリーグの求めた「地域スポーツ」の形は、行政がスポーツに関するコストを負担する欧米型の形であったのだが、その導入にあたって「企業スポーツ」＝「実業団スポーツ」は古い体制としてしまった。さらにJリーグは「責任企業」制度も廃止したため、企業スポーツと地域スポーツの「融合」という考え方は一歩後退し、地域スポーツが企業スポーツにとって代わるという考えが前面に出てしまうことになる。

この結果、実質的に企業が負担したチームに、ほとんど負担の無い自治体行政が「ただ乗り」するように思われ、サッカー以外の実業団スポーツは、「プロ化」に激しいアレルギー反応を示すことになった。このアレルギー反応が、Jリーグ以来二〇年以上にわたってどの種目も「プロ化」しなかった原因と言える。

それだけでなく、企業が実業団形式でスポーツと関わることに世の中の理解が得られず、業績が悪化すると株主総会などで「スポーツにお金を使うこと」を厳しく追及される。株式会社スポーツデザイン研究所調べ（二〇一四）をもとに日本政策投資銀行が発表したレポート「二〇二〇年を契機とした国内スポーツ産業の発展可能性および企業によるスポーツ支援～スポーツを通じた国内経済および・地域活性化～」（二〇一五年六月　株式会社日本政策投資銀行地域企画部）によれば一九九一年から二〇一四年一〇月時点で、延べ三五八の企業スポーツチームが休廃部となっており、一九九八年から二〇〇二年に集中している。日本政策投資銀行は、その理由を「経済不況の影響により」としている。もちろん「経済不況の影響」はあったと思われるが、その背景にJリーグ開幕による「企業スポーツを地域スポーツに変える」という思想の変化があったのではないかとも推測される。

企業スポーツについての理念は、荻野勝彦氏（発表当時トヨタ自動車（株）人事部担当部長）による「企業スポーツと人事労務管理」（荻野勝彦－日本労働研究雑誌、二〇〇七）を読むことを薦める。「広告宣伝効果のために企業スポーツを行う」とされていた企業スポーツに対して、従業員を中心とした企業コミュニティが帰属意識を高めること

で、労働意欲が高まり生産性があがることを、調査をもとに立証している。その考え方に基づけば経済不況になったからと言って企業スポーツをやめてしまえば、生産性が下がり経済不況を乗り越えられない。

企業スポーツを地域スポーツに変えても、スポーツの担い手が変わるだけで必ずしもプラスにならない。企業スポーツと地域スポーツを上手く融合できれば、二倍の力でスポーツを振興できるかもしれない。Jリーグ開幕時は企業スポーツとの対比がプロモーション上効果的であったことは認めるが、ほぼ三〇年経った現在では「企業スポーツを地域スポーツに変える」のではなく、「企業スポーツと地域スポーツを融合する」という方向に変えていくべきであろう。Jリーグが「プロ野球はもう古い」という対比によるプロモーションを仕掛けたように、「Jリーグはもう古い」という対比プロモーションを仕掛けるべきかもしれない。

# スポーツアドミニストレーション論の応用4
## スポーツマーケティング

スポーツアドミニストレーションに実際に携わる際に、マーケティングは極めて重要な役割を果たす。スポーツアドミニストレーションに携わる者は、スポーツアドミニストレーション論の公理、定理を抑えた上でスポーツにおける諸問題を的確に考え、対応することができる。その際に役に立ついくつかのマーケティング知識をここにあげておく。

### (1) ブランディング

スポーツマーケティングにとって、ブランディングは最も重要な知識の一つである。

ブランディングはマーケティング・コミュニケーションの手法である。「ブランド」は、名前やロゴ、マーク、カラー、さらには歴史的背景や評判などで構成されるイメージの集合体とでも考えれば良いだろうか。人が商品やサービスを選ぶ時、商品やサービスの機能や効能を細かく検討して選んでいるのだが、毎度細かく検討する時間と労力を割くわけではなく、手がかりとしてブランドを利用して商品を選んでいる。誰しも、このブランドなら安心。とか、憧れのブランドを持っているだろう。そこで顧客に対して商品やサービスの機能、効能を伝えるだけでなく、それらの機能や効能をブランドと関連して伝えることが必要とされる。ブランドと関連して伝えなければ、機能や効能への需要は喚起されるが、同様な機能や効能を持つ競合商品を買ってしまうかもしれない。

スポーツアドミニストレーション論ではスポーツの「シンボル」「競技」「健康」の三つの機能をバランスよく発

展させることが必要と繰り返しているが、この三つの機能をつなぐ手法がブランディングである。「シンボル」機能を果たす「みる」スポーツ、トップスポーツにおいて、それを顧客自らに「自分ゴト」として認識させ、他の「競技」「健康」機能に還元させるためには、ブランディングが必要である。

私が二〇〇九年のＷＢＣ（ワールドベースボールクラシック）にあたり、日本プロ野球機構（ＮＰＢ）に「侍ジャパン」を提案した当時、野球界には統括団体がなく、各競技団体がそれぞれ、「オリンピック日本代表」や「大学日本代表」「高校日本代表」などの名称で代表チームを組成・活動しており、ワールドベースボールクラシックにおいては「ＷＢＣ日本代表」という名称・ブランドで活動をしていた。ワールドベースボールクラシックは米国ＭＬＢが中心となった実行委員会がマーケティング活動を行っており、日本企業のスポンサーシップや放送権は実行委員会に集約されてＮＰＢには遠征費等の補助は出るものの、賞金等の配分しかなく日本野球界全体でみると金額的収支は支出が超過する環境にあった。もちろん、王監督の下で第一回大会を劇的な優勝で飾ったＷＢＣ日本代表チームのメディア露出は莫大であり、こういったメディア露出機会を金額換算すれば、野球界全体では圧倒的なプラスであった。

問題は、せっかく露出機会を得ても「ＷＢＣ日本代表」というブランドでは、その権利はすべてワールドベースボールクラシック実行委員会のものであるし、露出されたイメージはワールドベースボールクラシックの時にしか想起されないので、日本野球界としては活用できずに露出機会を無駄にしている。という点であった。

そこで考えたのが「侍ジャパン」というブランドである。

日本野球界のシンボルと言えるトップチームであるＷＢＣ日本代表に「侍ジャパン」というブランドを与え、将来的には大学日本代表や高校日本代表にも「侍ジャパン　U-23」や「侍ジャパン　U-17」などのブランドで括っていくことによって、ワールドベースボールクラシックで得た注目を、大会終了後も日本野球界全体で享受できるようにするためである。

「侍ジャパン」のブランドを得た原監督率いるWBC日本代表は、第二回大会も優勝を果たし、第一回大会を上回る注目を集め「侍ジャパン」のブランドは定着した。今ではNPB以外の野球団体でも「侍ジャパン」のブランドを使って活動し、WBC日本代表で得たイメージを野球全体で共有できるようになった。「シンボル」→「競技」「健康」という機能を「侍ジャパン」というブランドが繋いだというわけである。

日本の野球界は永年、競技団体が分かれており統合団体が存在しない。サッカーのように統合団体（組織・システム）を持つべきだという意見を持たれる方も多い。しかしながら、歴史的背景があって現状になっていることが多く、その理解なく、他競技の真似を押し付けてもうまくいかない。野球における統合団体は、すぐに実現するのは難しいかもしれない。「侍ジャパン」というブランドは、組織による統合ではなくブランドによる統合の一役を果たしている。

こうしたブランドは、顧客からの信頼のしるしとなり「蓄積」される。機能や効能は常に新しい技術にとって代わられる宿命ではあるが、人は自分が選択した商品やサービスに愛着を持ち、それが繰り返されることで蓄積される。多くのスポーツチームが小学一年生に帽子などのチームグッズを無償で配布するのも、「自分の応援するスポーツチーム」を意識するのがこの年齢ぐらいであり、帽子を配った小学生がそのチームのファンになれば、その後長い期間ファンとしてチームに貢献が期待できる。もし、一〇〇〇円程度の投資でその人間がその後六〇年以上チームを応援してくれれば、十分元がとれるだけでなく多大な収入が期待できるだろう。

ブランドへの信頼の蓄積は「のれん代」として価値評価される。蓄積することでさらに価値を高めていくことができる。ブランドの価値を高めることをブランディングと呼ぶ。

ブランド価値を高めていけば、顧客は増え、より深い信頼を得られるが、ブランド価値を毀損するような不祥事などが起きれば信頼は失墜し、ブランド価値は下がる。その回復には長い時間と労力が必要となる。

一般企業では商品やサービスに対してブランディングを行うことが重要であり、場合によってはブランドマネジャーという役職者が責任をもってブランディングを行う。日本のスポーツビジネスでは未だにブランドマネジャーという存在は見当たらないが、スポーツアドミニストレーションに関わる人たちは、自らのスポーツやチームや選手のブランドマネジャーとしての役割を担っている。

どうすれば顧客から信頼を得てブランドの価値を高めることができるのか？ ブランディングの手法は様々に詳細に研究されている。ここでその全てを語ることなど到底不可能だが、スポーツマーケティングを目指す者はブランディングについて学んでおくべきである。ブランディングに関する書籍は数多く出版されており、どの本を読んでも得るものは多いが、まずは基本的な知識を得るためにデービッド・A・アーカーによる『ブランド優位の戦略』（陶山計介・小林哲・梅本春夫・石垣智徳訳、ダイヤモンド社、一九九七年）をお薦めする。ブランディングの教科書とも言える書籍であり、二〇年以上前に発刊された本であるが、今でもブランドマネージメント（管理）のマニュアルとしても使える。

ブランディングをスポーツマーケティングに実践した実例書としては、元ＩＯＣマーケティング責任者であったマイケル・ペインが著した『オリンピックはなぜ、世界最大のイベントに成長したのか』（保科京子・本間恵子訳、グランドライン発行、二〇〇八年）をお薦めする。ブランディングの理論をスポーツマーケティングに丁寧に実践した実例が描かれている。理論は分かるが実際は上手くいかないという言い訳をしないためにも、スポーツマーケティング担当者には是非読んでいただきたい。

### （2）コミュニケーション・メディア（宣伝・広告）

ブランディングの実践に欠かせないのが、コミュニケーションとメディアの知識である。

コミュニケーションの基本は、誰に（Who）いつ（When）どこで（Where）何を（What）なぜ（Why）どうやって（How）伝えるのかである。これまた数多くの研究がなされ、数多くの書籍が発刊されている。ここで全てを説明することは不可能なので、簡単にさわりだけを説明する。スポーツアドミニストレーションに携わる者はなるべく多くの書籍を読まれることをお奨めする。

スポーツマーケティングの場合は、簡単に置き換えて説明をすれば、

誰に（Who）は、顧客となるコミュニティにとすればよい。

何を（What）は、ブランドを考える。

なぜ（Why）なら、スポーツを「する」「みる」「ささえる」のいずれかの行動を促すためである。それが、コミュニティの信頼を深めブランド価値を高めることになる。

コミュニティの信頼を深め、ブランド価値を高めるために顧客となるコミュニティにブランドを伝える、ということなのである。

残りのいつ（When）どこで（Where）どうやって（How）はコミュニケーションとメディアの知識と考えることができる。いつ（When）どこで（Where）どうやって（How）が正しく行われれば、もっとも効果的かつ効率的にコミュニケーションが行われる。

一つは、コミュニケーションのターゲットとなる「誰に（Who）」が理解されていれば、誰に（Who）＝コミュニティに効率的に届くメディアが選ばれる。ターゲットであるコミュニティの人々が、いつ（When）どこに（Where）居るのか、またいつ（When）どこ（Where）で伝えるのが効果効率的なのかを考えることになる。

メディア（Media）はミディアム（Medium）の複数形である。AからBへコミュニケーションする際に中間（Medium）にあるものという意味である。新聞・雑誌・テレビ・ラジオのマス四媒体とそれ以外の媒体に分類される。

マスメディアは、一度に多くの人たち（マス）に伝達される。不特定多数が対象ではあるが、それぞれ特徴を持っているので、それにあわせて選ばれる。他のメディアの中で注目されるのは、ネットやウェブと呼ばれるイン

ターネットや携帯通信によるメディアである。マスメディアとは異なり、一対一で双方向のコミュニケーションが可能でありながら、今まで個人では利用できなかった動画やデータのやり取りが可能になっている。ウェブはコミュニケーションの在り方を変えている。今後はウェブコミュニケーション、ウェブマーケティングに精通することもスポーツアドミニストレーションに関わる者には必要な知識である。

もっともよいコミュニケーションをすれば、ターゲットとなった人たちが望まれる行動（「する」「みる」「ささえる」）を起こす。しかも、最終的にはそれが単発で終わらず、習慣化していくことが狙いである。

的確なコミュニケーションは、ブランド価値を高める。そこで欧米の人気コンテンツの入札では、単純な放送権料の金額入札ではなく、放送権料の金額にプラスして、そのコンテンツの宣伝プロモーション計画を入札対象にする場合がある。単純な金額の大小だけでなく、放送局ならではのコミュニケーションを入札対象にすることは、そのコミュニケーションによって得られるブランド価値の向上を視野に入れてこそ可能になる。「テレビ局は放送権を売る相手で、こちらが番組枠を買う相手ではない」という考え方では、自らのブランド価値を高めることができない。短期的な売り上げ増は見込めるかもしれないが、長期間での価値向上を犠牲にしてしまっている。

### （3）権利販売

通常の権利販売では「バイアウト」と「ミニマムギャランティー＋レベニューシェア」を理解しておく必要がある。

バイアウトはAが保有する権利をBに一〇〇で売った場合、Bがその権利を使って得る収入はBのものとなる。例えば一一〇で売れれば一〇がBの利益になる。二〇〇売れれば、一〇〇がBの利益になる。もし、九〇しか売れなければ、Bは一〇の損失となる。一般の方は「権利の売買」というと、このバイアウトを思い浮かべる人が多いかもしれない。しかしながら、Aが一〇〇で売った権利を、Bが努力して二〇〇で売った場合、それはBの努力だったかもしれないが、Aは、「一〇〇で売って失敗した」「最初から二〇〇で売れるものを一〇〇で買い叩かれた」とBに反感すら感じるかもしれない。さらにAは権利を売ってしまった後はいくらプラスで売れても自分たちの利益は増えないので、権利を売った後の協力を渋ることになる。Aはできる限り高く権利を売ろうとするし、Bはなるべく安く権利を買おうとする。本来AとBは協力してスポーツを盛り上げるべきパートナーであるべきだが、AとBは利益相反の関係になるため、良好な協力関係を結ぶことは難しい。

ミニマムギャランティー＋レベニューシェアは、それらを解決するための手法である。Bはまずミニマムギャランティーとして Aに五〇を保証（ギャランティー）する、五〇まではバイアウト同様、収入はBがとる代わりに損失はBが被る。しかし五〇以上売れた場合に利益をAとBで配分する契約をする。例えば利益をA七対B三で分ける契約であれば、一〇〇売れた場合Aはミニマムギャランティーの五〇＋三五（五〇以上売れた五〇の七割）＝八五を受け取り、Bは五〇以上売れた五〇の三割＝一五が取り分となる。二〇〇売れた場合は、Aはミニマムギャランティーの五〇＋一〇五（五〇以上売れた一五〇の七割）＝一五五を受け取り、Bは四五（五〇以上売れた一五〇の三割）を受け取る。

利益配分の割合を段階的に変える契約にすれば、さらに細かな対応が可能である。

バイアウトは、リスクが高くなるが収入が多くなればなるほど利益が大きい。

ミニマムギャランティーを高くすれば、レベニューシェアの割合を低くするなど、交渉手法を複数設定することが可能なので、一方的な利益相反での契約ではなく、協力関係の契約をすることを可能にする。

ミニマムギャランティー＋レベニューシェアはリスクを減らして、AとBの利益相反を無くしパートナーとしての協力を可能になる手法である。

# 講義録の前に

二〇一七年九月より（一社）アリーナスポーツ協議会が青山学院大学経営学部で行った寄付講座「スポーツアドミニストレーション論」では、現実にスポーツアドミニストレーションに関わる人々を招いて講義をしていただいた。初年度は、前半に「種目によるスポーツアドミニストレーションの違い」、後半に「職種によるスポーツアドミニストレーションの違い」をテーマに様々な人をお呼びしてお話ししていただいた。

二年目は、「大学スポーツにおけるスポーツアドミニストレーション」をテーマにして様々な人をお呼びした。

一年目と二年目で重複して講義をしていただいた方も数人いらしたが、約二〇名の方々に忙しい時間を調整して学生たちのために講義をしていただいた。

お話しいただいた方は、スポーツアドミニストレーションというスポーツの中でもビジネス分野でかつ、アドミニストレーションというミドルマネジメント領域で、具体的な現場を統括した戦略戦術を考えて実施されている精鋭の方々である。裏方として、さらに現場のオペレーションというより、さらに一歩下がったところで仕事をされている人たちなので、滅多にメディアにも登場しないしお話を聞く機会はないが、日本のスポーツは彼ら抜きでは回らない。トップマネジメントがかっこよく語る理想と現場のオペレーションがぶつかる現実を繋げて回すのが彼らの役目である。

理想と現実の狭間にあって上手くいかない責任の矢面に立ち、苦悩しながら理想を現実化していく方法を探している。そんな方々を中心にお呼びしてお話をしていただいた。

## モデルケースとしての成功事例を語らない理由

彼らの話を聞いていて、一つの共通点に気が付いた。それは、彼らのほとんどは「モデルケースとしての成功事例」を語らないということだ。彼らが成功していない訳ではない。彼らの多くは、スポーツアドミニストレーション領域の専門家として成功している。しかし、例え自らの仕事が成功していてもそれを彼らが「モデルケースとしての成功事例」として語ることは少ない。なぜならそれは既に過去の出来事であり、常に進化、変化する現状においては「乗り越えていかなくてはならないハードル」でしかないからだ。

さらに彼らの多くは、モデルケースありきの演繹法的思考ではハードルを乗り越えるソリューションを導くことが難しいと経験的に認識しているからではないだろうか？ 彼らの話は「モデルケースとしての成功事例」を語る人たちと違い、現状認識としての事象を積み重ねソリューションを絞り出す帰納法的思考を示している。

「理論は現実に従う。われわれにできることは、すでに起こったことを体系化することだけである。」とP・F・ドラッカーは述べている（『マネジメント［下］』P・F・ドラッカー著　野田一夫・村上恒夫監訳、ダイヤモンド社）。スポーツアドミニストレーション論は、スポーツビジネスやスポーツマーケティング、スポーツマネジメントに関して実践していく人たちのための理論でありたい。理論が確立していなければ、その実践が暴挙となってしまうだろうし、実践が無ければ机上の空論で終わってしまう。

「理論」とは広辞苑によれば「個々の事実や認識を統一的に説明することのできる普遍性を持つ体系的知識」（『広辞苑第五版』・岩波書店）とある。また同じ広辞苑によれば「学問」とは「一定の理論に基づいて体系化された知識と方法。哲学・史学・文学・社会科学・自然科学などの総称」とされている。学問は理論に基づいているし、キーワードは「体系」のようだ。さらに「体系」を広辞苑で調べると「体系」は「一定の原理で組織された知識の統一的全体」とされている。
知識を一定の原理によって体系化し、それを理論としてさらに体系化したものが学問と考えられる。

## スポーツアドミニストレーションの体系化にむけて

スポーツアドミニストレーション論では、知識を一定の原理によって体系化し、それを理論としてさらに体系化することに挑戦している。そうすることで無謀な実践を行うことなく、効率的にスポーツが良い方向へと進化できるはずである。それではスポーツアドミニストレーション論を体系化された学問にするためにはどうしたらよいのだろうか?

それぞれの学問は独立した存在ではなく、体系化された学問体系の中にあると言える。そもそも「理論」を構築するためには「論理学」や「哲学」が必要とされる。「文学」「史学」「数学」「経済学」はそれぞれ影響を与え合っている。「経済学」と「経営学」は隣り合って隣接学問領域として捉えられるし、歴史的に「経済学」は「マルクス経済学」や「行動経済学」を生んだ「親学問」といった領域としても捉えることが可能である。スポーツアドミニストレーション論が学問であるからには、独立して存在することはない。当然、「論理学」や「史学」の影響を受け「経済学」「経営学」とは隣接した学問領域の一つとしても捉えることが可能である。

数千年の歴史を持つ学問体系の中で、スポーツビジネス、スポーツマーケティング、スポーツマネジメントはわずか数十年の歴史しか持たず、まだまだ未開拓で体系化が遅れた学問分野と言える。この分野の知識の体系化を進めていくためには、独自な体系化を図るよりも隣接した学問体系を参考にすることが体系化の第一歩であろう。

スポーツマネジメントについては、経営学から外れる体系化よりも、まずは経営学の学問体系をスポーツに当てはめることが必要であるし、スポーツマーケティングについても、マーケティングの学問体系に則った知識をもって考えることが望ましい。もちろんすべてが適用できるわけではないが、スポーツが他の分野と何が違うのかを知ることができるし、何よりスポーツ独自のマネジメントやマーケティングをゼロから立ち上げるよりも早く正しい理解を得られるはずである。

近代哲学の創始者、フランシス・ベーコン（一五六一〜一六二六）は、経験論的思考から学問や科学を正しく認知する方法として帰納法を唱えた。ベーコンは人間の陥りやすい偏見、先入観、誤りを四つのイドラ（idola 幻像）として、それまでのスコラ学的な議論のように一般的原理から結論を導く演繹法よりも、現実の観察や実験を重んじる「帰納法」を主張して近代合理主義の道を開いた。

理論は、仮説を証明する演繹法の方がシンプルに理解され多用されるが、演繹法だけに頼っていると間違った仮説や間違った証明を産みやすくなり、それを回避するためにも帰納法的思考を併せ持つことが必要である。例えば、明治時代の「先進国に追いつき追い越せ」という維新直後の日本政府は、欧米先進国の仕組みを、和服を洋服に替えるように、モデルケースをそのまま移植する演繹法的思考による政策を行った。その政策方針は、日本が急速に先進国の仲間入りを果たす成功をおさめ、未だに影響を与えている。

苅谷剛彦オックスフォード大学教授は、二〇一九年四月一日の日経新聞朝刊で「根深い演繹型思考背景」というタイトルで政府主導の大学改革が迷走する原因を指摘している。苅谷教授は、政策決定には社会学的アプローチとして演繹型思考と帰納型思考のバランスが本来必要であるが、日本の政策がモデルケースに頼る演繹型思考によるアプローチに偏っていることを鋭く指摘され、約五〇〇年前にフランシス・ベーコンが唱えたように帰納型思考を加えることでバランスの取れた政策立案ができると提案されている。

確かに「スポーツの街づくり」の隣接領域である「街づくり」においても、『地方創生大全』（木下斉著　東洋経済新報社）では「モデルケース」偏重の行政に対して批判的である。

スポーツに関しても、多くの「成功事例」を「モデルケース」として演繹的思考で著述されるケースが多くみられるが、「成功事例」をあくまでも事象の一つとして冷静に捉え、帰納的思考を加えてバランスのとれたアプローチが望まれる。「成功事例」を「モデルケース」としても同じ成功を得られるとは限らない。通常は「モデルケース」を超える成功も得られない。なぜなら成功事例は偶然生まれることは稀であり、関わった人たちが周辺環境について帰納的思考で考えに考え抜いて産み出した施策である場合が多いので、周辺環境が異なれば打つべき施策も異なるからである。

「成功事例」はあくまでも事象の一つであり、演繹型思考と帰納型思考を組み合わせたバランスのとれたアプローチによって理論を組み立て実践していくことが望まれる。

# II

# スポーツ
# アドミニストレーション
# 講義

# Part 1

# 職種／競技による
# アドミニストレーション

Part 1
職種／競技によるアドミニストレーション

# スポーツビジネスは可能性広がるこれからの学問

## スポーツアドミニストレーションとはなにか

岡田 浩志
MIL Sports Institute　代表

おかだ　ひろし　1973年愛知県豊田市生まれ。愛知県立岡崎高等学校卒。早稲田大学大学院スポーツ科学研究科・スポーツクラブマネジメントコース修了。現在、早稲田大学スポーツビジネス研究所（RISB）招聘研究員。Jリーグクラブなどでの勤務経験と修士論文『スポーツ組織におけるビジネスオペレーション』の理論体系をベースに、現場に即応できる教育の実現を目指し、研究活動や教育活動に取り組む。

### ■「巨人の肩の上に立つ」という話

私も三年前は皆さんと同じ（社会人）学生でした。その頃を振り返りながら、先生というよりは皆さんに身近な立場でお伝えできればと思っています。まず入学すると研究テーマ探しが悩みどころ。自分自身はスポーツにおけるグッズやチケット、マーケティングといった分野の仕事をしてきたのですが、この業界に海外を舞台に活躍する人や政策提言されるようなマクロな世界があるとすれば、私はどちらかと言うとミクロな分野で生きてきています。それで、いろいろ悩んで当時の大学院の先生に「僕、どこへ向かったらいいのでしょうか」と。すると先生が「今まで生きて来た世界でいいんじゃないの、あなたはそこで生きて来たんでしょ」っておっしゃった。その時は腑に落ちなかったのですが、後になってこの分野にこだわって良かったな、という話です。

理由は、スポーツ界でこの僕が通り過ぎてきたようなミクロな分野を愚直に研究している人がほとんどいないということなのです。それが分かってから教科書やいろんな文献を読むのがものすごく楽しくなりました。また都内の専門学校で私も少しスポーツの授業をやるようになって、自分の居場所はスポーツにおけるミクロな末端分野だと教えてもらえたおかげで、自分はスポーツのこれからの現場戦力を育てたいと思いました。「スポーツビジネスの現場要員育成」は、明確に自分のテーマであり続けています。

皆さんこれから論文を書く人もいると思います。「巨人の肩の上に立つ」という言葉をメモしてください。今日は、グーグルスカラーというサイトを紹介しますね。たとえば「マネジメント」を研究しているなら「マネジメント」と入れて検索すると、そのキーワードで引っかかる論文が出てきます。このグーグルスカラーのトップページにあるのが「巨人の肩の上に立つ」という文字です。今まで積み上げられた諸研究の山を登って、その登った所から世界を眺めなさい、という話です。先行研究の把握。今までその分野で蓄積されてきた研究成果は、一通り目を通さなきゃいけない。自分自身はスポーツの現場をカリキュラムにしたいという思いを持っていて、スポーツ分野で書かれた本を一通り読みました。プロスポーツ、主にサッカービジネスですけど、いろいろ自分が実際に経験してきた現場のことをどれくらい書いているかなと思って。でも「これを読んだらすぐ職員になれるな」って思うような本が全然見当たらない。生々しくスポーツ現場を書いてある本ってあんまりないですよね。

それでも「あ、この本は良いな」と思った本がありました。二〇一一年に帝京大学の大坪正則先生が書かれた『プロスポーツ経営の実務』（創文企画、二〇一一年）という本です。ただその前書きにこんなことが書いてあります。

スポーツ経営の教科書を作りましょう、と気楽に合意したが、実際に着手してみると意外と難儀だ、と。実務についての文献、しかもそれを総論というのかな、きちんと全体像として見せてくれるものはないに等しい、と書いてあるのです。だったら、これは本当にそうなのかな、ということを一年間でしらみつぶしに調べて論文にしたらいいと思いました。

またスポーツ分野と関係のない経営書ってありますよね。僕は文学部出身だから、そういった勉強をしてないわけです。仕方がないのでＷＢＳ（早稲田大学ビジネススクール）が出している『ビジネスマンの基礎知識としてのMBA入門』（日経BP、二〇一二年）という本を買って読みました。その第六章が素晴らしい。それはオペレーションというテーマでした。経営の三要素である「ビジョン」「戦略」そして最後末端の「オペレーション」。でもこの末端のオペレーション分野こそ自分が通って来た世界だな、と思ったわけです。さらに読み進めたら、オペレーショナルエクセレンスという言葉がある。偉い人が頑張るよりも、現場の人が生き生きと働いて会社の強みを作っていく。オペレーションが勝るスポーツの経営をどうやって作ったらいいのかがテーマになってきまして、それで「スポーツ組織におけるビジネスオペレーション」という論文を書きました。

図1の三角形の一番上「トップマネジメント」、この部分の教育、これがマネジメントにあたります。真ん中の「ミドルマネジメント」に「アドミニストレーション」という文字があります。末端のお仕事、チケットやグッズを売るようなお仕事を「オペレーション」「ロアーマネジメント」と言います。僕がやって来たお仕事はこの一番下の分野になります。トップ・ミドル・ロアーとあって、その隣にマネジメント・アドミニストレーション・オペレーションと書いてください。このアドミニストレーションには、「資源の組織化、事業の管理」とあります。

ちなみにこの表は、二〇一三年に書かれた『スポーツチームの知識創造』（スキージャーナル、二〇一三年）という本の五五ページに載っていたものです。ここからは研究する皆さんは、ぜひこういう作業もやってみてください。巻末の参考文献を辿る作業です。たとえば二〇一二年に岸川善光先生が書かれた『スポーツビジネス特論』（学文社、二〇一二年）という教科書には参考文献がいっぱい書いてあります。こういう本に出会うと、ものすごく楽です。辿るだけで、どこから参照してきた話かがわかりますので。この本にはこんなことが書

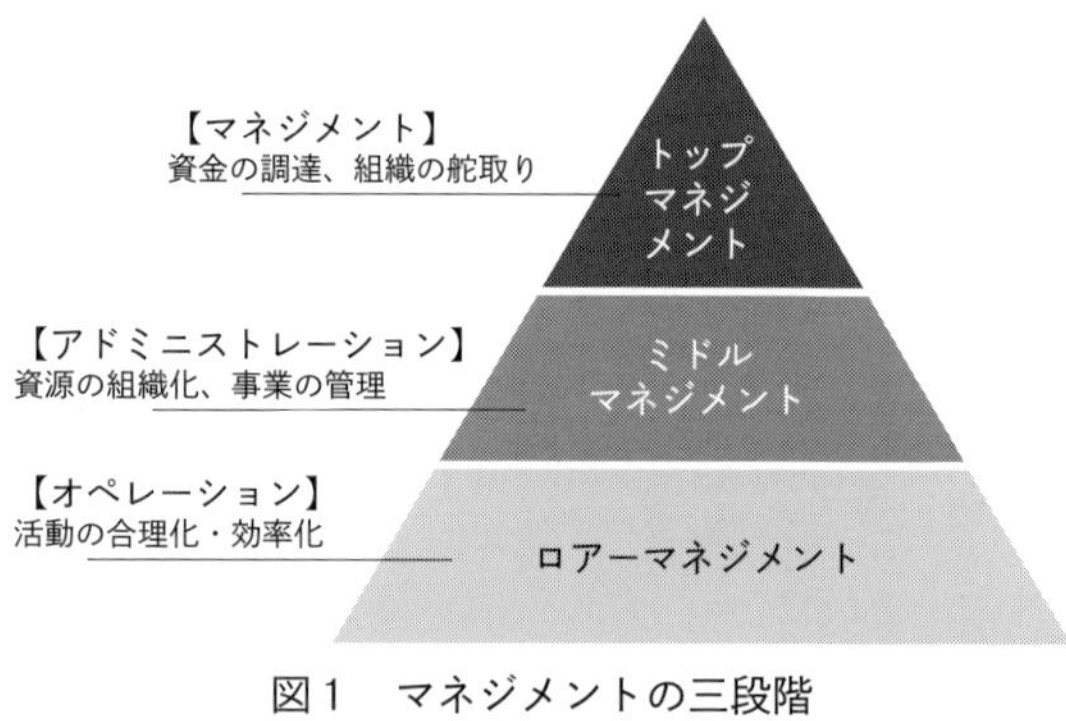


図1　マネジメントの三段階

出典：簗瀬ら、2013、スポーツチームの知識創造：スキージャーナル社、p. 55

いてありました。戦略的意思決定、管理的意思決定、業務的意思決定という話です。トップマネジメントが戦略的意思決定。真ん中のアドミニストレーションが管理的意思決定。業務的意思決定が三つ目の階層のオペレーション。

そして、この文章の元は、イゴール・アンゾフという経営学者が書いた『企業戦略論』（学校法人産業能率大学出版部、一九六五年）が元になっている、とわかってきました。

ちなみにアドミニストレーションとは、最適度の業績を上げる為に企業の資源を組織化する。資源の組織化、調達、開発、あとは組織機構、情報、権限、及び職責の組織化とか、いろいろ書いてあります。あ、こういう機能をアドミニストレーションと言うのだなと。

皆さんは「抜き書き」をしますか。自分が読んで「あ、この文章ひっかかるな。自分の伝えたいことを書いてくれているな」と思った時、すぐにデータに残しておく。なんていうタイトルの本で、どこの出版社で、何ページに書いてあると常々整理しておく癖をつけると、最終的に先行研究をまとめようという時には助けになる気がします。

ちょっと話をぼやかしますけど、STAP細胞ってありましたね。それがあるかないかが問題というより、論文を書く手続き上のことで世の中の問題になってしまった。人の文章、語句、説を断りなく引用せずに書く。これを「剽窃（ひょうせつ）」と言います。注意しましょう。

## ■アドミニストレーションとは？

オペレーションという言葉は辞書で「運転、作動、運行、運営、経営」って書いてありますね。アドミニストレーションは「管理、運営、経営、統治」と書いてあります。二つ見ると「運営」「経営」はどちらにも入っているのですね。オペレーションはどちらかと言うと運転、作動。アドミニストレーションは統治とか管理。それがちょっと違いになるのかなと。スポーツ界のいろいろを調べ物していたら、中央大学の河田弘道客員教授がアドミニストレーションをきちんと定義した文章を載せてらっしゃいました。

「専門分野、部門、部署をトータルマネージメントする行為の総称のことをアドミニストレーションと言う」
（「Chuo Online」https://yab.yomiuri.co.jp/adv/chuo/research/20101028.html）

そこから僕はアドミニストレーションの語源を調べました。「アド」と「ミニストレーション」で分かれるらしくて、アドは「方向」。ミニストレーションは「奉仕」とか

「援助」という意味らしい。それをラテン語で分解すると、「小さい」の「ミニ」と「ストラーデ」に分かれるそうです。ストラーデの語源を辿ると、英語で言う「serve」です。仕える、奉仕する、という意味が語源とわかりました。なので「小さく」「仕える」。管理というと強く周りに影響を与えるイメージかもしれないのですが、実際は会社の中で、上司の方、部下の方、そういった方に対して小さく仕える、奉仕する考え方がアドミニストレーションという言葉の根っこにあるのかな。

あと、次にビジネスアドミニストレーションという言葉ですけど、経営学をお学びの皆さま方は聞いたことありますよね。先程『MBA入門』という本を読んだって話をしましたが、MBAは「Master of Business Administration」の略です。

## ■スポーツの世界の「ビジネスアドミニストレーション」

さて、スポーツの世界でビジネスアドミニストレーションって言ったら一体どういう言葉なんだ。ここはあまりイメージないと思います。

図2はメジャーリーグのチームの組織図です。二〇〇五年の『図解スポーツマネージメント』（大修館書店、二〇〇五年）という本でメジャーリーグの典型的な組織の形が書かれています。チームの中で組織は大きく二つに分かれます。ビジネスアドミニストレーションとスポーツオペレーションがあります。ビジネスアドミニストレーションの組織は具体的にどういうものなのかというと、たとえばチケット関連のお仕事、グッズ関連のお仕事、あとスポンサーのお仕事、TV、ラジオ、メディア関係のお仕事、プロモーション。後はファイナンス、税務関係、人事総務、法務、広報のお仕事。それ以外にも球場のお仕事とかいろいろ書いてあります。こういう末端のオペレーションの仕事を束ねる役割がビジネスアドミニストレーションです。

日本の組織図ではあまりビジネスアドミニストレーションという言葉は出てこないのですね。実際に名古屋グランパスとかFC岐阜といったJリーグの世界で働いていましたけど、ビジネスアドミニストレーション組織、チームオペレーション組織なんていう言い方を聞いたことがありません。これは主に海外のスポーツ組織で言われている呼称だと思います。

よく三本部と言ったり四本部と言ったりする組織図。これはプロスポーツクラブの典型的な組織図として書かれたものです（図3）。まずフロントと現場の大きく二つに分

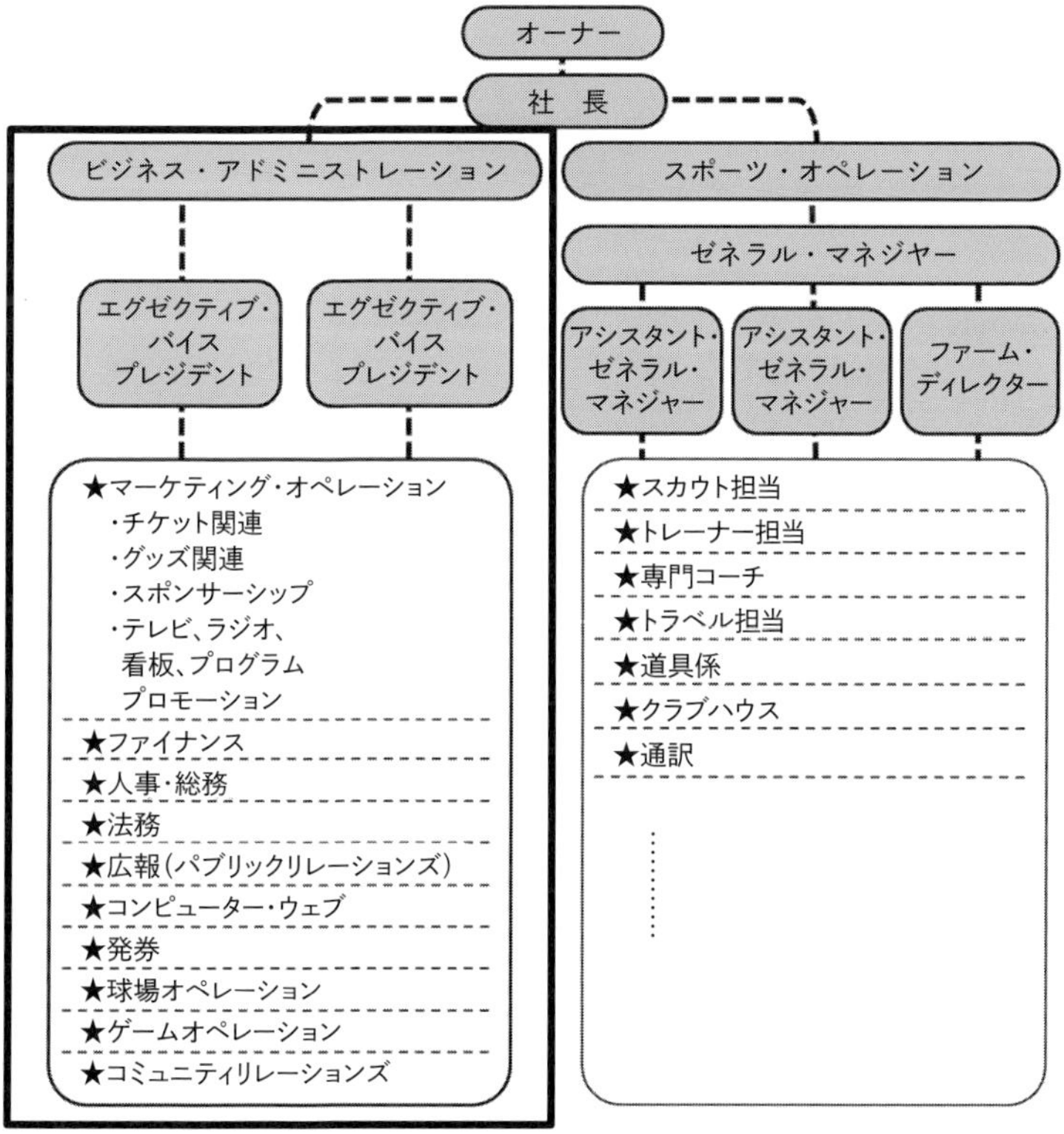


図２　MLB の組織図

出典：松岡ら、2005、図解スポーツマネジメント：大修館書店、pp. 30-31

かれていまして、日本でフロントと呼ばれている部分が、海外ではビジネスアドミニストレーションと言われているのだ、ということです。

スポーツ以外の世界を目指している人にとってはあまり関係しないかもしれないですけどね。スポーツの世界でビジネスアドミニストレーションって何だろう、という話になると、プロスポーツにあるいわゆる事業組織、お金を稼ぐ側ですね、フロント側の組織をいうんだなと皆さまに伝わればいいと思います。ビジネスアドミニストレーションとは、日本の場合、チーム以外のフロント業務全般を指します、というニュアンスです。

### ■スポーツ組織の違い

こちらの寄付講座のマスター・花内誠さんがスポーツ庁の会議に出られたときに、大学スポーツ、日本版ＮＣＡＡ創設という話で出された資料の話をします。

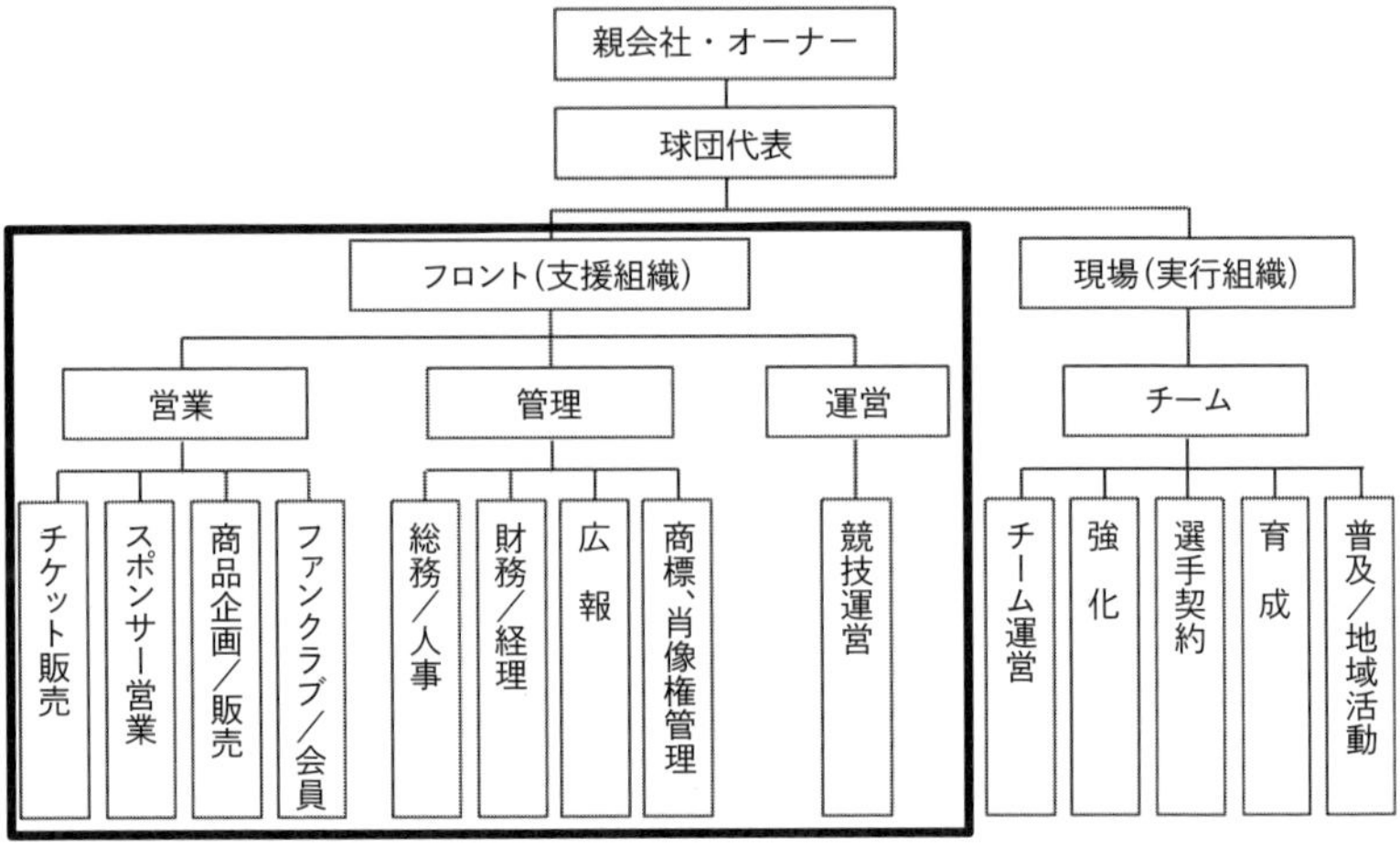


図3　スポーツ組織の構造（機能別組織）

出典：岸川、2012、スポーツビジネス特論：学文社、p. 134

今スポーツ庁のホームページから普通にダウンロードできる状態なので、僕も拝見しています（「大学スポーツの振興に関する検討会議（第一回）配布資料（資料5）」https://www.mext.go.jp/sports/b_menu/shingi/005_index/shiryo/_icsFiles/afieldfile/2016/05/25/1370914_05_1.pdf)。

日本の場合、いわゆる競技を支える、選手が練習をしたり試合に行ったり、そういったところを支えるマネージャーの世界がまず一つある。それはアメリカではスポーツオペレーションといわれる世界になります。

ビジネスアドミニストレーションと言われる組織は日本にないというわけではないが、この組織を持っている競技団体は実は非常に限られていまして、自分が過去に働いていたJリーグの世界では、それがあります。プロ野球の世界にもあります。バスケットボールの世界も、bjリーグが先にプロ化していて、そういうチームに関してはこのビジネスアドミニストレーションという組織を持っているのですけど、実は去年くらいに慌ててこの組織を作りましたっていうチームもたくさんあります。青山学院さんでホームゲームをやっている日立さんもそうなんです、実は。もともと企業の部活動でもあります。

スポーツオペレーションと言われる部門は、バレーボールの世界でもあります。アマチュアスポーツでも必ず持っている組織ですけど、反対側のビジネスアドミニストレーションの組織は、実は持っているリーグ・チームが非常に限られます。

日立サンロッカーズさんと同じBリーグにいる千葉ジェッツというチームのイヤーブックがあります。市販されているものですが、両チームにどれだけスタッフがいるか、写真付きで一目見てわかる表になっております。

企業部活動でない、クラブチームの千葉ジェッツさんの場合、チームのマネージャー、監督、コーチといわれるチームスタッフが六人いまして、またメディカルサポートスタッフが六人書いてあります。それ以外に医学の勉強をして支えているトレーナーさんが四人いる。これがチームオペレーションに関わる人たちです。ほかには役員が三人、それ以外に九人の職員がいるんですけど、こちらの方々がビジネスオペレーションのスタッフなのですね。いいですか。この人数規模が、プロがやっていく最低限必要な人数なのです。それでは、二年前の日立サンロッカーズさんはどうだったのかという話です。まずヘッドコーチ、監督ですね。そこからストレングスコーチ、アシスタントコーチ、アスレチックトレーナー、チームドクター、あとマネージャーが二人います。監督入れて七人。これが、日立サンロッカーズが企業部活動だった時のチームを支える体制です。

じゃあビジネス関係は誰がやっているのかという話で、一番上に部長がいます。部長はバスケットボールの予算を会社から確保する人ですね。その下に副部長がいて、もう一人副部長がいて、統括、広報、オペレーションディレクターがいます。この三人で試合を開催します。

二年前の日立サンロッカーズには私の知人がいて、人数不足であたふたしながら一生懸命やっていらしたイメージです。日立サンロッカーズは株式会社日立サンロッカーズというバスケットボールの会社になった段階で、若い女性スタッフが三人くらい増えたなと思います。これらの二つのクラブを比べていただいて「全然人数違うよね」と気付いていただけたと思います。

■バスケットボール界のリーグ変遷

バスケットボール界はビジネスアドミニストレーション組織を慌てて立ち上げる形でプロ化してきました。もともとはバレーボール界などと一緒でアマチュアスポーツの運営の仕組みでやっていて、試合はチームでなくリーグのほうが大会を運営してくれて、各チームは大会に参加するだけで良いという感じでした。試合会場でのいろんな準備は、いわゆる「中央」がやってくれる。

そこからプロ化を目指しましょう、とまあ先にｂｊリーグが立ちあがってしまって、スーパーリーグからＪＢＬという新リーグができた時に「各チームでホームゲームやりましょう」「ゲーム主催の権利はチームに預けます」となりました。ただ日立さんみたいなチームは人数が少ないし、部活動でやって来たから自分たちで大会開くのはちょっとつらい。そのようなチームは主催の権利をリーグに戻してもいいです、というルールでやっていたのがＪＢＬです。

その後、ＮＢＬというリーグの時代が二〇一三年から始まります。この段階になったら、もうリーグに主催権を戻すのは駄目です。それぞれのチームさんで必ず試合を主催してください、という流れになりました。そしていよいよＢリーグになると、もう親会社がリーグ組織に参加する形は駄目で、それぞれバスケットボール事業を主業とする会社を作って独立しなければ駄目という話になって、日立も株式会社を作りましたし、トヨタも分社しましたし、三菱電機も分けました。

いわゆる実業団の仕組みでやっているところは、チーム管理の機能はある。バスケットボール界がプロ化に向かってＮＢＬの組織が変わりますが、そこから徐々にビジネスアドミニストレーションの機能がいるなという話になったのです。そうすると営業、管理、運営といった部署の職員が埋まってくるわけです。しかしそういう人たちが指揮したい末端戦力はその段階ではまだ会社に雇われていません。今Ｂリーグができて、どのチームもそこを補うために必死です。ビジネスオペレーションの職員がほんとに足りない。だから今、バスケ界は求人だらけなのですよ。ここにいらっしゃる皆さんがどこまで応募したいと思うかはわからないですけど、経営の勉強をした人がスポーツの世界を変えてほしいなと思います。

## ■スポーツ経営人材育成とマネジメント教育

スポーツの世界にいろんなお仕事があることはわかったと思うのですけど、じゃあ一体何を勉強すればいいのか。最終的に自分は社長になりたい、という方であればマネジメントやファイナンスの勉強も今のうちにやっておくべきだと思います。管理とかチームの強化というよりはお金を稼ぐところで頑張りたい、という人はマーケティングを勉強していただければいいのかなと。もうちょっと言いますと、一番下のロアーの部分を丁寧に説明しているスポーツの教科書は一切ないに近い状態なので、ここを僕はまとめなければいけないな、と思っています。

具体的に言うと、たとえば「どういう勉強したらバスケットボールチームの広報になれるのですか」という質問を受けたら「これを読めばいいよ」と渡せるものがないのですよ。仕方がないので「広報・PRの基礎」みたいな一般的な本を買ってきて、それを資料に授業をやったりするので、スポーツの世界もスポーツ界に特化した広報の本があっていいのかなと。

チケット販売は、アメリカには『チケットオペレーションズ』(*TICKET OPERATIONS-AND SALES MANAGEMENT IN SPORT*)(Reese, James T. jr., Fitness information Technology, 2012)というタイトルの教科書があります。日本にはありません。自分はFC岐阜というクラブでチケット担当をやっていたので「チケットってこういうお仕事だよ」と自分の中ではわかっています。だけど「これを読んだらわかるからね」という本が実は全くなくて、これは作らなきゃいかんな、となります。

スポンサーつけるための営業ってどうやったらできるのかな。スポーツの世界でグッズ販売やりたいけど、どういう仕組みになっているのだろう。会員事業、ファンクラブ、後援会とかの事業運営はどうしたらいいのか。こういう教科書が実はない。不親切ですよね。毎年一〇〇人規模の専門学生が僕のところに来ているのに、現場行ってこい、みたいな話になるわけです。現場で学んだことを教室で共有してくださいね、なんてお話をするのですけども、二〇一七年の現状ではスポーツ教育はそんなレベルかな、という気がしています。

経営学はもう一〇〇年以上の歴史があって、非常に蓄積があるけれども、スポーツという分野で切り取るとまだ立ち上がったばかり。一九八四年のロサンジェルスオリンピックから発展してきた学問と言われています。

## ■スポーツアドミニストレーションの研究者

最後に、スポーツアドミニストレーションの研究を日本で展開されている方を紹介します。まず中央大学にいらっしゃる河田弘道先生。主に大学の体育会をテーマにスポーツアドミニストレーションの分野を研究されているようです。二〇〇五年に初めてスポーツ科学の授業をやり、二〇一六年四月から初めてスポーツアドミニストレーションという科目を担当することになりましたという文章が残っています（「Chuo Online」前掲）。

アドミニストレーションの教科書という話では、『スポーツMBA』（創文企画、二〇〇六年）というテキストがあります。故広瀬一郎氏の著作で、スポーツマネジメントスクールを運営されるなど活躍された方です。著作がいっぱいあります。

早稲田には武藤泰明先生がいらして、Jリーグの経営諮問委員会に所属された経験から、二〇一三年に『プロスポーツクラブのマネジメント―戦略の策定から実行まで』（東洋経済新報社、二〇一三年）という本を書かれています。法人格、法務、移籍、代理人関係、組織、人事、マーケティング、あとは無体財産といったお話です。

私の母校の早稲田はスポーツMBAというプログラムを作りまして、プログラムリーダーがスポーツツーリズムやスポーツマーケティングの分野で有名な原田宗彦先生。ただノンディグリーと書いてあるので、この課程で勉強してもスポーツ経営学修士という学位はもらえません。ちなみに自分も学位は持っていますが、スポーツ科学修士です。ゆくゆくはスポーツビジネス分野の学位もできたら嬉しいです。

まだスポーツの学問は、本当にこれからの学問で、非常に可能性の広がっている所だと思いますので、この世界で勉強したいということであれば頑張ってください。経営学の学びのバックグランドが薄かった僕よりも、皆さまのほうがずっと素晴らしい成果を残せると思います。ご清聴ありがとうございました。

Part 1
職種／競技による
アドミニストレーション

# 現場で起きた事象と向き合いどう判断するか

## サッカーのスポーツアドミニストレーション


村林 裕

一般社団法人アリーナスポーツ協議会
代表理事

むらばやし　ゆたか　1953年東京品川生まれ。慶應義塾大学商学部卒業後、東京ガス入社。1998年、FC東京法人創設と同時に常務取締役。2008年よりFC東京社長（2011年1月退任）。2005年より慶應義塾大学総合政策学部教授（2019年3月退任）。現在、横浜商科大学商学部教授。


### ■はじめに

私は一九九七年にFC東京の準備を始め、九八年に会社をつくって、九九年にリーグに参戦して一六年間クラブの役員をやってきました。ということで、私なりのお話ができると思います。皆さんはたぶん「スポーツビジネス」という言葉に違和感がないと思いますが、私が皆さんと同じ年の頃、今から四十年以上前に「スポーツビジネス」という言葉は一般用語ではなく、就職でスポーツビジネスを考えた人はいなかった、とは言い切れないでしょうが、私の周りにはいませんでした。Jリーグが始まるのが一九九三年です。日本でスポーツビジネスがある意味で定着するのはJリーグからですから、そういう意味での歴史はまだ二十数年。トム・クルーズ主演の『ザ・エージェント』という映画を観た人はいますか。あの映画が一九九六年です。

爆発的にヒットしました。当時若者が、これで世の中にはサッカーのエージェントという仕事があると知りました。今から一五年くらい前に慶応ＳＦＣで将来スポーツビジネスに関わる仕事に就いてみたいかと質問したら、クラスの半分が手を挙げ、しかもその多くがエージェントに興味があると言いました。しかし今同じ質問をしたところ数人のみであり、エージェント志望はいませんでした。

なぜかというと、やっぱりスポーツビジネスで稼げるイメージがつくれないからだと思うんですよね。日本でスポーツビジネスを育てなきゃいけない立場にいる我々が、それをできなかった。若い人たちが関わりたくなる土壌をつくれていないことに、本当に申し訳ないと責任を感じます。ただ、スポーツには力があると思うし、魅力はあるはずなので、なんとかこれを伝えたいなと思っています。

私が生まれたのは品川という町で、大学では応援部にあり、その後は縁あって東京ガスに入社しました。皆さんの中で都市対抗野球を見たことがある人はいますか。一人もいないかな。あるいは野球が好きで、例えば青山学院大学の野球部員がプロに行かずに社会人野球に入って、その選手を見に行こうとは思いませんか？　東京ドームができる前には後楽園球場があり、都市対抗野球があると球場が満員になったんです。プロ野球や六大学野球より、都市対抗野球が人気という時代があったんですね。社会人野球としての企業チームはピークで二三七チームありましたが、現在は一〇〇を切っています。プロ野球以外のトップレベルの試合環境が、昔と比べて半数以下に減っている。野球はメンバーが九人、ベンチが二〇～二五人という基本は変わりませんから、チーム数が半数になれば、トップレベルの競技人口も半数になることになります。

私が東京ガスに入ったとき、毎試合二万人以上が集まるわけです。日立製作所、東芝、日本石油、松下電器、三菱重工、そういう企業から社員と家族が集まりました。今はもうチームが激減し、会場自体も満員にならない。さらに言うと、ここにいらっしゃる一〇〇人のうちの誰一人行ったことがない。

当時日本のスポーツ界をリードしたのは、学校スポーツであり、企業スポーツです。オリンピック選手はほぼ企業スポーツ所属だったと思います。一方世界ではエリート選手を育成するのはスポーツクラブです。スポーツクラブの定義がヨーロッパと日本では違い、スポーツクラブが日本には育っていないと言えます。もう一つ、会社には組合運動会があったんです。今の若い社員の人たちは、土日に運動会なんてとんでもない。あるいは平日の仕事が終わった後、「組合運動会があるから練習しよう」と言っても「何それ」だろうと思います。いい悪いではなく、以前は組合運動会で社員と家族が集まって一日を過ごすことを、多くの会社がやりました。ただし最近は、また復活している会社がある。特に新しいIT関係企業が社内運動会をやっていると見聞きしています。それも一つの歴史だなと思います。

新宿のザ・コンランショップに行ったことがある人、いますか。ここのショップをつくったのは私です。FC東京を始める前、インテリアショップのマネージャー、役員をやっていました。そしてFC東京をつくることになります。その後、Jリーグはサッカーだけじゃないと宣言しているのでバレーボールもやろうと、FC東京バレーボールチームを「つくった」というと偉そうになります。サッカーはつくったと言い切れますが、バレーボールは東京ガスのチームを受け皿につくりました。それからFC東京をしながら慶応の教員をやって、FC東京を辞めて、慶応でバレーボール部長。これが私の第二の人生です。

## ■スポーツの力

慶応にはバレーボール日本代表で大活躍している柳田将洋がおりました。私は去年（二〇一六年）、ハンドボールリーグの委員長になり、今は慶応の教員とハンドボールリーグの委員長と二足のわらじです。ただしハンドボール協会は内紛のまっただ中でして、そんな人間が若者の前で話すのは本当に恥ずかしいんですが。自己紹介を続けます。私のゼミ生の土居愛実という選手は、二〇二〇年オリンピック、セーリングの金メダル候補です。一人乗りヨットの目立たない競技ですが、これからどんどんメディアに出ると思います。彼女は大学一年生でロンドンオリンピックに出て、四年生でリオデジャネイロオリンピックで順位が上がり、今二〇二〇年に向けて頑張っています。彼女は学生のときから、ある意味でプロです。土居さんに個人スポンサーがついて、世界を転戦するためには、自分で大会に申し込み、自分で艇を手配し、初戦の日に運び込んで、一週間レースをして日本に帰ってくる。学生時代は日本滞在時は授業に出席し、課題を提出し、そしてまた海外の大会に参加するを繰り返していました。卒業した今はだいぶ環境がよくなったと言っていましたが、そういうスポーツ選手がいます。

私のゼミ生でもう一人、山縣（亮太）君ですね。先日、桐生（祥秀）君が九秒九八を出して、先を越されて非常に悔しかったと言っていましたが、メンタル的に再び二〇二〇年に向かっています。それから高桑早生さん。彼女はリオのパラリンピックに出場しました。彼女は大学入学直後に陸上競技部に来て「自分も入部できますか」と尋ねたところ、その場で「今日からすぐ一緒にやろう」と入部許可をもらって、それから四年間部員として活動しました。断られるんじゃないかと思ったにもかかわらず「一緒にやろう」と言ってもらえたことで、自分の人生が大きく変わったと言っていました。二〇二〇年は障害者スポーツが健常者と全く同じ環境になれるかどうか、これからの日本社会にそれができるかはすごく大事なことです。

残念ながら日本でスポーツというと、基本的に健常者のスポーツです。スポーツクラブは健常者のスポーツクラブです。ヨーロッパは基本的に、スポーツの世界に健常者や障害者という区別はないんです。スペインのスポーツクラブは視覚障害の人の伴走として何秒のタイムで走れる人が何人いるかというのが、クラブへの補助金支給の一つの条件になっている。日本はこれができていない。ここを乗り越えないと日本のスポーツ界は変わりません。ちなみに、競走部の部員たちは高桑さんと一緒に練習をし、ともに活動をしたことで、たくさんのことを学んだと言います。ぜひとも一つの例として覚えておいてください。

青山学院大学体育会の学生は、基本的には青山学院という名前を背負ってプレーしていると思います。では体育会の方が自分の友達に見に来てほしいと、どこまで思っていますか？　それをどう日頃の行動で表しますか？　私は慶応の学生に頻繁に問います。面と向かって聞くと「見に来てほしいです」と一〇人中一〇人が答えます。でも行動にできていない人が多いように思います。体育会の学生には義務がある。なぜかというと、我々は卒業して四〇年もたつのに、同期や友達で活躍した選手をいまだに自慢するからです。「僕は誰々と同期なんだよ」「友達なんだよ」と、誇りになり得る。スポーツはそういう力があります。

合わせて、これからちゃんとやりたいと思っているのが、知的障害者のサッカー教室の取り組みです。何も知らないでこれを始めて、私が体験した衝撃はものすごく大きく、それが自分に対しての誇りになりました。今日はたまたま障害者について二回ほど強調しましたが、スポーツにはそういう力、そういう面があると気づいてくれたらと思います。

さて、Jリーグが創設された一九九三年、いまから二四年前までは地域密着という言葉は、一般用語ではありませんでした。もちろん「地域」という言葉はありましたが、今ほど「地域」が大切だと言われてなかったように思います。ところがJリーグ以降、「地域密着」、「地域との関係」、「コミュニティーとの関係」という課題・テーマが頻繁に叫ばれるようになりました。スポーツはするだけではなく観る、支えるが基本といわれています。大学スポーツは是非応援する喜び、応援される喜びにつながるということを忘れないでほしいですね。これだけは言わなきゃいけませんね。青学の体育館がVリーグのホームとなっています。大学と地域の関係は一〇年、二〇年、もっと前から言われてきました。でも慶応を例にとっても、自らの教育施設であるとしての稼働率が高く、地域における役割という考え方はほぼできていません。

今後、大学は地域で生きていかざるを得ません。Jリーグは当時そんな考えがない中で、地域に生かされることを条件としました。大学は、口では言っても、できていない。そこに青山学院が踏み込んだことに、僕は本当に敬意を表したいと思います。

## ■チームアドミニストレーションは企業経営

さてサッカーのアドミニストレーションを言うときに見ておかなければならないのはJリーグの志です。一〇〇年構想について調べていただくと分かるんですが、「地域の人が芝生の上でスポーツを楽しめるクラブ」というものです。今Jリーグには五三のクラブがあります。地域の人が芝生でスポーツを楽しめるクラブがあるでしょうか。ないです。少なくとも一、二あれば掛け算できますが、ゼロは何年かけてもゼロですから、本当に実現できるのかどうか。中学生のスポーツ環境は一九九三年に比べてよくなっているか。サッカーはジュニアユースと称する中学生サッカー選手が非常に強くなっていると言われます。でもそれは「中学生のスポーツ環境」とイコールでしょうか。全く違うと思います。中学生のスポーツ環境、特に部活の劣悪化。その受け皿にスポーツクラブがなれているか。受け皿になる地域のスポーツクラブとなっているJリーグのクラブは残念ながらありません。我々がなんとかして皆さんに引き継がなきゃいけないのに、皆さんは中学時代にどういうスポーツ環境を過ごされたか。たぶん青山学院の選手たちは、いい環境で中学時代を過ごしたと思います。しかし本当に希少ですね。多くの人がスポーツをしたくてもできなかった。あるいは自分がやりたい種目を教えてくれる人がいなかった。あるいは指導者に恵まれず、楽しくその種目をできていない。中学生のスポーツ環境整備は、日本の最大の課題と思います。

さらにJリーグができて二五年。「総合型地域スポーツクラブ」という言葉をご存じだと思いますが、Jリーグは総合型地域スポーツクラブですか？ 違いますよね。これを解決する人が、アドミニストレーションという立場の人です。どのクラブもできていないということは、Jクラブの中にプロのアドミニストレーターが一人もいないということになります。今日の話で、そういうことをやってみたいと思う人がいたらと思います。バレーボールでは、石川祐希君という中央大学のスーパー選手によって人気が突然上がったんですね。すると体育館に人が入れなくなって、あふれたんです。そのとき「そういう施設になっていませんから、観客を入れずに試合をします」というんですね。ここにバレーボールの学連の人がいたら大変申し訳ないけど、全く見る人のことを考えず、ともかく試合をすることしか考えられていない。この体制に愕然とします。

バレーボールの試合は、一日に一コートで三試合。ですから六チームが同じコートで試合をします。次の試合の人が観客席に荷物を置くんですね。ひどいことには、前の試合が終わった人が戻ってきて、観客の目の前を遮るように座って、コートに背中を向けておにぎりを食べだす。その姿を見て、誰がファンになりますか。自分たちのプレーを見てほしいって本当に思っているでしょうか？ 私が今リーグの役員をしているハンドボールも情けないくらい人に見てもらう体制になっていません。スポーツアドミニストレーションは基本的に人に観てもらうことをどうチームに意識づけるか、人に来てもらうかです。お金を稼いでチームを育てていくための基本は見てもらうことです。

サッカーのスポーツアドミニストレーションは、基本的に三つあります。チーム、リーグ、協会です。協会をさすがにビジネスという言葉で置き換えるのは、少し言い過ぎかもしれません。しかしリーグとチームは、まさにビジネスです。ビジネスとは、責任を持って続けること、繁栄させることです。リーグって何でしょうか。チームを構成するメンバーがいて、チームがリーグの発展を考える気持ちがあるかどうかです。何かあると「リーグが悪い」というようでは駄目ですね。リーグはチームの集合体です。Jリーグとハンドボールリーグには、一つ大きな違いがあります。Jリーグはサッカー協会とは別法人。バスケットボールのBリーグもそうです。しかしハンドボールリーグは協会の一組織で任意団体です。法人格のない団体には責任感がないと言い切っていいと思います。

もう一つ、リーグについて「プロ化」を考えるのは、なかなか面白いテーマだと思います。オリンピック憲章から「アマチュア」という言葉がなくなって、いわゆるプロ選手が今は出場していますよね。スポーツの世界では、何をもってプロというのか。例えばセーリングの土居愛実さんをプロとは言いません。でも彼女にはスポンサーがいて、コーチを雇い世界を転戦する。それってプロとどこが違いますか。アドミニストレーションでプロという言葉をどう考えるかは非常に大事な要素です。

次にチーム・アドミニストレーション。これは企業経営だと思います。役割は、きちんと理念を持って株主を集めること。広い意味でのマーケティングレベルをどこまで上げるか。お金の安定なしに企業経営はありません。さらに、例えば育成コーチも含め、プロ契約をしている人がチームにはたくさんいます。そういった人たちの意識が、チームのアドミニストレーションの基本の基本だと思います。もう一つの基本がサポーターとの関係です。よきサポーターはよきクラブを育てます。上下関係でもなく、契約でもない彼らとの関係をどう育てあげていくかがアドミニストレーターの非常に大きな役割です。

僕のクラブ経営の楽しみは、中学生を育てること。FC東京にはトップチームの選手がいるんですが、彼らは社長の言うことなんか聞きません。でも関東大学リーグに行くと、一〇以上の大学にFC東京ユース出身選手がいて、彼らが試合に出るのを見たり、試合前後に会える機会があれば挨拶などします。これはお金集めやマーケティング、サポーターという役割の余禄です。もちろん中学生を育てるのは責任も大きいし、保護者との関係、地域との関係、学校との関係、諸々あります。ものすごく手間もかかります。でも人を育てる、人と関係する。久々に挨拶をしてくれたりするとやっぱり嬉しい。こういうことはクラブ経営の基幹にある部分だろうと思います。

アドミニストレーションとは、経営です。経営なので理念が必要で、理念をつくるのはアドミニストレーションの最初です。Jリーグで言うと、監督が持つ部分以外はアドミニストレーションと呼んでいい。監督とどういう関係でいるかは含むでしょうが、いざ監督に任せた以上は、私の考え方としてはアドミニストレーションから外れます。企業経営とは、きちんと収入を得て、それをどう投資して、どう使うか。大事な言葉は「規律」です。規律なき経営はないとすると、アドミニストレーションの基本も規律になると思います。

## ■リーグアドミニストレーション

長友（佑都）や武藤（嘉紀）は四年生で大学サッカー部を退部してプロ契約をしました。だから大学生でもプロはいます。新聞によると、体操の内村（航平）選手がプロ宣言をしました。でも彼はコナミと契約して相当額をもらっていたと思うんです。体操からお金を得ていたはずですが、プロ宣言ということは、それまでプロでなかったことになります。プロ野球がプロというのはいいでしょう。社会人野球の社員は、最近はほとんど野球が仕事と言われます。野球で給料をもらっている。でも社会人野球の選手をプロとは呼びません。

バレーボール。日本のリーグでは、現実としてほとんど仕事をしません。バレーボールをしています。でもまだプロ化していないことになっています。ハンドボール選手は、ほとんど仕事をしています。一部契約をしている選手はプロと言えます。もらっている金額は、社員と大きく変わらない。だから本人はプロだと言いづらいみたいですが、プロです。

基本的にはプロとは、プレーをする、あるいは監督などの役割によって報酬を得る。それを「プロ」と呼ぶべきでしょうが、残念ながら日本の場合、プロスポーツ選手を支える体制ができていないので、なかなかプロを定義できない。でもプロ化をきちんと考えていく経済的基盤をつくらないと、日本のスポーツの発展は難しいと思います。

先日、慶応のアイスホッケー部がカナダのトロント大学に一週間行きました。トロント大学の運動部を統括というより、まさに経営しているスポーツアドミニストレーション部局があります。大勢のスタッフがいます。これってプロの世界ですよね。アドミニストレーションとは経営ですから、経営者はプロであるべきという意味において、迷うことなくトロント大学のアドミニストレーションはプロです。

二〇二〇年はスポーツにとって、すごく意味が大きいと思うんですね。二〇二〇年を日本や東京はどう迎えたらいいか、ぜひ考えてみてほしい。例えば、暑い中にマラソンとかやっていいんですか。皆さんの中から、夏にスポーツができる環境をつくろうと思う人が出てくれるといい。あるいは東京のバスが足りないらしいです。するとインフラ、システムを考える。あるいは障害者のスポーツをどう考えるか。これをきっかけに皆さんの将来につながることがあってほしいと思うし、日本社会がこうなったらいいと考えるきっかけに、二〇二〇年は願ってもない大事な機会ではないかと感じます。地方出身の方がいるならば、自分の地域をスポーツを通じて、どうやって元気にできるかを考える人が出てくれると嬉しいと思います。二〇一七年、プロ野球ではソフトバンクがパ・リーグ優勝しましたが、強化部長の三笠杉彦さんは野球経験者ではなく、ラグビー部出身だそうです。彼の話は、ITをいかに使って野球経験のない人間が強化本部長をやるかということでした。彼は「これで優勝しなかったら、単なるバカって言われるだけですよね」と言っていましたが、優勝した。こういうところにスポーツ界はヒントがあると思います。

アドミニストレーションは経営と言いましたが、大事なことは現場とどう向き合うかです。現場と向かい合うとき、判断が必要です。Jリーグの試合で問題が起きたときに、アドミニストレーションの立場にいる社長がどう判断するか。ろくな対応ができない社長は信頼を失うし、辞めざるを得ません。皆さんが社会で生きていく中で、同じテーマが出てくる可能性は十分あります。皆さんはどういうスタンスで臨むのか。もし皆さんにお子さんができて、子どもが学校に行って、学校で問題が起きたときに親としてどう対応しますか。アドミニストレーションの基本は、現場で起きた事象とどう向かい合い、どう判断できるかです。そういう意味では若い人たちが考えるのにいいテーマだと感じています。

Part 1
職種／競技による
アドミニストレーション

# オールジャパンで取り組む日本財団パラリンピックサポートセンターの取り組み

## パラリンピック・パラスポーツのスポーツアドミニストレーション

前田 有香

公益財団法人日本財団パラリンピックサポートセンター
推進戦略部プロジェクトリーダー

まえだ　ゆか　1987年生まれ、神奈川県横須賀市出身。2009年立教大学文学部卒業。３年間特別支援学校に勤務後、立教大学大学院文学研究科で教育哲学・特別支援教育を研究。趣味で始めたパラスポーツのボランティアがきっかけで、14年より日本財団パラリンピック研究会研究員に着任し、パラアスリートの練習環境等の調査を担当。15年より現職。競技団体支援やマイパラ！　Find My Parasports、パラスポーツメッセンジャー、地域拠点事業などを担当。

### ■パラリンピックサポートセンターの活動理念[*1]

日本財団パラリンピックサポートセンター（以下、パラサポ）とは、二〇一五年五月に設立された団体で、二〇一五年から二〇二一年度末まで日本財団から一〇〇億円の支援を受けて活動する組織です。設立の背景としては、二〇一三年に東京オリンピック・パラリンピックの開催が決まったとき、国内のパラリンピック研究は調査も論文も少ない状態でした。そこでパラリンピックの意義やレガシーを研究する組織として日本財団パラリンピック研究会が二〇一四年六月に立ち上がり、そこでの調査を進めていく中で、二〇二〇年の成功のためには、パラリンピック競技団体の運営を支援する必要性や、パラリンピックの成功だけでなく大会を通じてパラリンピックスポーツ環境の発展やインクルーシブ社会を実現していくことが重要であると考えて設立されました。

東京二〇二〇パラリンピック大会に向けて活動する組織は多数あります。スポーツ庁や内閣官房オリンピック・パラリンピック推進本部事務局、公益財団法人東京オリンピック・パラリンピック競技大会組織委員会、東京都オリンピック・パラリンピック準備局は、大会運営に関わる部分をそれぞれ担う団体です。日本スポーツ振興センター、日本オリンピック委員会、日本パラリンピック委員会は選手強化を担当します。

パラサポは、大会運営や選手強化ではなく、これらの関係する組織と連携しながら、パラリンピックの普及啓発事業やパラリンピック競技団体の基盤整備事業を行っています。普及啓発事業は一般の方々に多く触れる部分ですが、私が担当する競技団体の基盤整備は足場になる部分です。「パラリンピックで社会を変える」という活動理念を掲げ、二〇二〇年を契機に皆さんに関心を持っていただき、パラリンピックスポーツ環境の発展とインクルーシブ社会の実現に向けて活動しています。

パラサポのミッションは「誰もがいきいき過ごせる社会の実現のために、人々が気づき、考え、行動できるようになる」です。大会成功だけではなく、パラスポーツを通じて気づきを得られる機会にしたいと考えて事業を行っています。ミッションを達成するために目指すゴール像を二つ掲げています。一つがパラスポーツ界に対して、競技団体の運営が自立し、障がいのある人たちが気軽にスポーツができ、パラアスリートが人々から尊敬される存在になること。もう一つが、パラスポーツが人々にとって身近になることです。日本社会全体として、障がいのある方々が積極的に社会参加する姿勢を持つことと、皆さんのような健常者の方々の障がいへの理解が進み、当たり前の配慮ができることを目標に、啓発や教育を中心に行っています。

＊1　本内容は、講義当時のものです。最新の事業内容等は、パラサポ公式サイトをご参照ください。https://www.parasapo.or.jp/

## ■楽しむ人は強い

活動理念以外に、「i enjoy! 楽しむ人は、強い」をキーメッセージとして発信しています。「スポーツの原動力は理屈より、体と心が楽しいと感じること。楽しいから夢中になれる。もっとうまくなりたい、もっと熱くなりたいと願う。だから「楽しむ人は、強い」。年齢、性別、障がいの有無に関係なく、アスリートが、サポーターが、この瞬間を全力で楽しむから応援したくなる、知りたくなる、伝えたくなる」。そういった想いが込められています。

二〇一二年のロンドンパラリンピックでは、イギリスのチャンネル4という公共放送が「Meet The Superhumans」というテーマでプロモーションCMを流し、多くの方々がパラリンピックに関心を持ちました。二〇二〇年もパラアスリートが〝超人〟としてリスペクトされることは重要ですが、それ以上に彼らは競技を楽しんでいるからこそ強く、そして競技者だけではなくトレーナーやサポーターも楽しいからそこ支え、応援しているということをメッセージとして発信しています。もちろん私たちスタッフも、開催まで残り三年で非常に忙しい日々を送る中でも、「楽しむ人は、強い」を忘れずに楽しく仕事することを心掛けています。

## ■パラサポ事業について

①教育事業

教育事業には、「あすチャレ！　スクール」「I'mPOSSIBLE（アイムポッシブル）」という二つがあります。「あすチャレ！　スクール」とは、小中高を対象にパラスポーツ体験や講話を通じて学びと気づきを得るパラスポーツ体験型出前授業です。パラリンピックに出場した車いすバスケットボールの選手と、ゴールボールの選手が、全国をキャラバンの形で回ります。初年度は一〇〇校を回り、二〇一七年度は二五〇校。二〇二〇年までに一〇〇〇校での実施を目標にしています。毎年二倍ぐらいの応募があり、残念ながらすべての学校を訪問はできないのですが、子どもたちが実際にパラアスリートやパラスポーツに触れることは、単純に魅力が伝わるだけではなく、ご家庭で話題にすることでご家族も一緒に教育できる点で非常に効果があります。

『I'mPOSSIBLE』は国際パラリンピック委員会（IPC）公認の教育プログラムで、内容を日本向けにローカライズし、『I'mPOSSIBLE』日本版として二〇一七年四月に発行、全国の小学校二万三〇〇〇校に配布しています。この『I'mPOSSIBLE』は、「impossible」という単語にアポストロフィーをつけることで、不可能なことも考えて工夫すればできるようになるということをコンセプトに、学校現場でパラリンピックの魅力を伝えています。

ローカライズした点としては、海外はウェブにデータがあればタブレット端末などを使って授業が行われますが、日本はＷｉ-Ｆｉ設備が普及していないことも多く、現場に合わせて紙芝居形式のものや映像のDVD等を付属しています。指導教本も合わせて作成し、先生がそのまま授業に取り入れられる仕様になっています。二〇一八年度に向けて中高生版の作成を進めており、全国どこでもパラリンピックの魅力が学べるように取り組んでいます。

②研修事業

さらに一般の方々にも「あすチャレ！ アカデミー」と「あすチャレ！ 運動会」を随時開催しています。「あすチャレ！ アカデミー」は障がい者のリアルを実感できるセミナーとして、聴覚障がい者、視覚障がい者、車いすユーザーの方々が講師になり、実際のサポートやコミュニケーション方法のレクチャーや、受講者同士のグループワークを通して学びます。「あすチャレ！ 運動会」は企業や自治体で実施する運動会の種目をパラスポーツにするもので、シッティングバレーボール、ボッチャ、車いすリレーなどが体験できます。最近、福利厚生の一環として運動会をする企業が増えており、怪我をしにくいプログラムに設計しているので、楽しく親しみながらパラスポーツからの気づきを得られるプログラムになっています。

③啓発事業

二〇一六年からパラスポーツに関心のなかった層にも魅力を知っていただく機会としてパラスポーツと音楽を融合した「パラフェス」を開催しています。二〇一六年は代々木体育館で観客は五〇〇〇人でした。出演アーティストのファンとしてご来場された方もウィルチェアーラグビー（現在は車いすラグビー）、パラ陸上、車いすバスケットボールのデモンストレーションを会場で直接見ていただくことで、パラスポーツの魅力や迫力を体感して観戦へとつなげていくことが目的です。第一回は一一月に行われ、翌月には多数のパラスポーツ大会が実施されましたが、パラフェスをきっかけに大会観戦に行かれた方々も多くいらっしゃいました。

次に「パラ駅伝」というイベントも開催しています。特徴は一区から八区まで、健常者だけでなく知的障がい者、視覚障がい者、聴覚障がい者、車いすユーザー、義足や上肢障がいなどの立位の肢体不自由の方が一つのチームになりタスキをつなぐことです。二〇一五年と二〇一七年の二回開催し、障がい者スポーツ大会としては異例の一万人以上の観客にお越しいただきました。駒沢の陸上競技場で開催し、応援ゲストは一回目がSMAP、二回目はAAAの皆さんで、多くのアーティストのファンの方々にもご来場いただきました。実際に選手の走る姿を見て応援したりパラスポーツのデモンストレーションを見たりすることで、その後にパラスポーツのファンになる方は増えています。

パラスポーツはまだ身近でないからこそ、0を1にするステップに大きなハードルがあります。たとえば野球ですと、観に行こうと思えば三月から九月ぐらいまで試合がありますしテレビなどで情報をたくさん目にすることができます。しかし、パラスポーツの場合は、各競技の大会が年に二、三回の開催だったり、情報が届きにくかったり、観戦しようと思うまでのハードルが高いです。パラサポのこれらのイベントを通して様々な角度から接点を作ることで、パラスポーツやパラアスリートの魅力を知り、二〇二〇年の本番は会場で観たいと思ってもらえたらと思っています。

■競技団体の基盤整備

私は、パラリンピック競技団体の基盤整備とパラアスリートの総合力向上をメインに担当していて、今日は主に「競技団体の基盤整備」をご説明します。先ほどのビジョンとミッションを達成するには、各競技団体のガバナンスがきちんとしていることが大前提です。バスケットボールだと日本バスケットボール連盟があるのと同じように、パラリンピック競技の場合、日本車いすバスケットボール連盟があります。日本ウィルチェアーラグビー連盟（現在は日本車いすラグビー連盟）、日本ブラインドサッカー協会など各競技で統括団体があり、その競技団体の運営を私たちはサポートしています。

二〇一五年にパラサポができたとき、競技団体の現状とどのような支援が必要かを把握するヒアリング調査をしました。その時挙がった課題は、①オフィス、②専従スタッフの人数、③活動資金です。

二〇一五年当時、競技団体の中で専用オフィスを持つのは二八団体中一六団体。それ以外は自宅や大学の研究室を事務所にしていたり、専用のオフィスを持っていても打ち合わせに不向きのワンルームマンションなどのケースが多数ありました。専従スタッフの数は「〇人」が二六団体中一八団体。多くのスタッフがボランティアベースで、本業の仕事の終わった夜間や土日に対応している状況でした。活動資金も、年間四〇〇〇万円以下が半分を超え、一番規模の小さい団体は年間約三〇〇万円、大きくても一億円。収入のほとんどは国の助成金や強化費で、会費や協賛金など団体が自由に使える資金は一〇〇万円以下が多数でした。強化費などは厳密な精算処理を求められるため、その処理が競技団体には大きな負担になり、その他の広報活動やスポンサー営業などが手薄になり、若手育成や選手発掘に充てる資金も十分ではない、など様々な面に課題があるという状態でした。

この状態だと、スポーツを「する」「みる」「ささえる」という三点を考えたとき、すべての点に課題があるという状況です。「する」点においては、十分な練習環境が確保できず、スタッフや指導者も少ない、強化費の処理が正しくできずに予算を削減されている団体もあるという状況でした。「みる」点においては、国内で国際大会を開催したケースはほとんどなく、皆さんに日本代表の試合を見てもらう機会がありません。小さい規模の大会を開催しても広報活動に手が回らず、家族、関係者を除くと一般観客数がほとんどいない状況で、観戦に関する体制が整っていない状況でした。「ささえる」点では、事務局員がいなければPRも、若手の育成もスポンサー獲得もできないという状況で、団体の足場を支えることができていない状況にありました。

そこでパラサポは、競技団体の基盤整備が必要と考え、次の三つの事業を行いました。①共同オフィスの運営、②助成金、③キャパシティービルティングです。港区赤坂にある日本財団パラリンピックサポートセンターには、パラサポと二八の競技団体の共同オフィスとして運営し、事務所スペースを無償で提供しています。日本パラリンピック委員会、日本パラリンピアンズ協会、各種メディアも利用し、関係各所と連携しやすい体制になっています。まずは専用オフィスの確保という課題をクリアし、企業やメディアとの連携もスムーズにしつつ、競技団体同士が横のつながりをつくるという意味でも機能しています。

次に、自己資金の少ない団体がほとんどなので、法人のガバナンスが担保できるように、事務局員の人件費を始め、経理アウトソーシング、弁護士や税理士、会計士の顧問料、ホームページのリニューアル費用、普及イベントの開催費用、競技の審判員を養成する人材育成講習の開催などに使用できる助成金を支給しています。二〇一五年度で約八〇〇〇万円、二〇一六年度で約二億七〇〇〇万円。二〇一七年度は約四億円と、年々予算を増やして団体運営をサポートしています。

また会計処理や翻訳などをサポートするバックオフィスを置いています。翻訳のバックオフィスでは、国際機関とコンタクトするときのメールや国際大会の要項を翻訳しています。また、強化費の処理にあたって報告書に記載する業務を経理バックオフィスで担当しています。その他、パラサポで顧問契約した弁護士や税理士と団体運営に関係する事項を個別相談できる体制を整えています。

このように各競技団体で共通化できる業務をバックオフィスとして提供し、団体独自で実施する体験会や選手強化、スポンサー獲得などに専念できるシステムをつくっています。これら以外にも、広報インターンの派遣、各種ビジネススキルのセミナーも、自立に向けた基盤強化として主催し、競技団体のスタッフにノウハウを提供しています。

二〇一五年度から支援を開始し、二〇一六年度は一気に状況が変わりました。パラサポには支援対象となっている三一団体中二八団体が入居し、未入居の三団体も含めて全団体が専用オフィスを持ちました。専従スタッフも全体の三分の二が〇人だったところ、三分の一まで減っています。予算規模は若干微増していますが、増加分はパラサポからの助成金であり、実際の自己財源はこの一年間で大幅には変動していません。足場が少しずつ整ってきているため、今後のさらなる発展には、マネジメントや広報の専門人材の増員、運営資金の増加などが重要であり、助成金の予算増額や広報インターンの派遣などで、新しい支援を行っていきました。

二〇一六年度の一年を終えると、パラサポの入居状況に変化はありませんが、各団体の専従スタッフは増加しました。二九団体がパラサポの助成金を使用し、〇人の団体は二九団体中五団体まで減りました。マネジメント層が少ない状況は続いていますが、事務局に専念する人がいることで競技団体の運営はとてもスムーズになりました。一方で、スポンサー獲得状況は二極化し始めます。スポンサーが一社も付いていないのが一〇団体。五社以上が一三団体。二〇二〇年が近づくにつれ、事務局員を入れて運営がスムーズになった団体からスポンサーが増え、一方で専従スタッフのいない団体はポンサーを獲得する人材がおらず運営資金における団体間格差が広がっているというのが現状の課題です。

二〇一七年度にかけて競技団体のスタッフ向けのセミナーやサービスを提供していましたが、競技団体の特性や組織の運営体制によって画一的なサービスではニーズに応えられず、団体規模や状況に合った支援を個別にする必要があると分かってきました。たとえば競技人口を増やすことを検討した場合、対象となる障がい種が限られる競技と健常者も対象になる競技があり、対象となる人数や属性が異なるため対策も異なってきます。また、競技に必要な用具やその値段も競技によって異なるため、スポーツを始める初期コストという点でも課題は異なります。企業がスポンサーする場合は、競技実績も大きく影響するため、団体の現状に即して適したサービスが提供できるようセミナーという形を取らず、個別に必要な支援を提供していく形へと変化しながら支援を行っています。

### ■二〇二〇年以降の支援課題

パラサポの活動期間が二〇二一年度末までとなっているため、二〇一七年度からは二〇二〇年以降の競技団体の自立運営に向けた支援を検討する上で、競技団体のポテンシャルや競技の特性を踏まえて、ステージ1からステージ3に大きく分けて考えています。

ステージ3は競技人口が多く、スポンサーを獲得する基盤を既に持っている団体を想定し、バックオフィスや人的機能のリソースでの支援よりも団体の発展に繋がる事業に助成金を多く投入し、活動資金を増加させることを第一に支援しています。

ステージ1、2は、競技特性上、競技人口が少ない・増えにくい、国内の練習環境が整っていないなどの理由で規模が小さく、急激な競技人口の拡大が難しい団体を想定しています。たとえばパラアイスホッケー。健常者でも練習場所が少なく、パラの場合はさらに車いすユーザーの方も使用できるリンクである必要があります。関東圏内で使えるアイスリンクは二つしかなく、代表クラスでも月に二回程度しか練習ができない状態ですし、アイスリンクを貸切にできる深夜帯に練習するケースが多く、アイスリンクの貸切費用も高額のため競技を行う点でハードルが少し高いという状況です。ステージ1、2は、規模の大きさで段階を分けていますが、いずれの場合も助成金に依存して二〇二〇年以降に資金繰りが難しくなる状況を避けるため、団体運営で共通部分はどんどんアウトソースして事務局をシンプル、ミニマムにし、少ない人数のスタッフでも運営できる形を目標にして支援しています。

目指す形としては、複数の小規模なパラスポーツ団体の運営を、法人としては独立しつつ業務を共通化していくことで、経理担当者や翻訳、広報などを団体間でシェアしている状態です。各団体に一人ずつ担当者を置くとどんなに小規模な団体でも運営コストが膨らんでしまいますが、共通化することで運営にかけるコストを縮小していくことを目標に、少しずつ共通化できる業務をまとめてサポート体制を作っています。

　ここまで二〇一七年までのパラサポの支援についてお話しましたが、改めて「する」「みる」「ささえる」の点を振り返ってみると、「する」においては、パラサポの支援の対象ではありませんが、二〇二〇年に向けて強化費の増額、競技別ナショナルトレーニングセンターの認定、専任コーチ制度の導入など強化回りは充実してきています。「みる」では、専従スタッフの増加や広報インターン制度などにより二年前に比べて発信する情報量が増加しています。「ささえる」では、助成金や共同オフィス、セミナーなどで競技団体の運営の足場が整ってきました。

　ただし、パラサポは二〇二一年度までの時限組織ですので、支援の継続や団体運営の自立化が今後の課題になります。二〇二〇年は東京としては二回目のパラリンピック開催ですが、五〇年前とは世の中の状況が全く変わっており、パラサポの活動がはたして正解なのか失敗なのかは、やってみなければ分からない状態です。競技団体支援という活動は、これまでに類似の事例がないからこそ日々模索しながら活動しています。幸いにも多くの方々が興味を持ってくださり、企業の支援が得られたり一般の方のボランティアやプロボノで参加を得られたりしています。大学生が、インターンとして競技に関わりたいと言ってくださるケースもあるので、パラサポとしてはいい形で支援が循環していくよう仕組みをつくっています。

　課題の多い現場だと思われたかもしれないですが、二〇二〇年のレガシーに繋がる部分のためやりがいがあり、私自身にとってはすごく楽しい仕事です。学生の皆さんも自分が何か力になれるかもしれないと思ったら、ぜひアクションしてみてください。活躍のチャンスが多い現場です。絵が得意、写真が得意、プレゼンが得意、そういったことも現場で活躍できると思うので、まずはパラスポーツに関心を持ってパラスポーツの現場に足を運んでもらえたらすごく嬉しいです。二〇二〇年は日本でパラスポーツが発展する契機になります。オールジャパンで取り組む振興体制に、皆さんの若いアイデアをいただけたらと思います。ありがとうございました。

Part 1
職種／競技によるアドミニストレーション

# スポーツチームの大原則は「ロイヤルファン」を増やすこと
## バスケットボールのスポーツアドミニストレーション

宮野 陣
サンロッカーズ渋谷　事業統括部　部長

みやの　じん　立教大学卒業後、カリフォルニア州立大学フラトン校大学院で広報を専攻。現地広告代理店にて約７年勤務。帰国後、外資系広告代理店にて政府観光局、外資系石油元売などの担当を経て、2015年７月に日立サンロッカーズ東京のバスケットボールオペレーションディレクターとして日立製作所入所。2016年の B. LEAGUE 開幕年から現職。スポーツチームが提供する新たな価値創造をめざして事業運営を行なっている。

### ■地域をつなぐ魅力のあるパートナーとして

サンロッカーズ渋谷では、一一名のプロ選手を抱えています。広瀬健太が青山学院大学出身で、バスケットボール部が連覇したときの主将。いま三二歳ぐらいかな。頑張ってくれています。レイカーズにいたロバート・サクレがセンター。二〇一六年新人王を取ったベンドラメ礼生、彼は東海大学出身の期待の星です。日曜日に学校に来ていただければ試合をしています。お客さんからも「バスケをやっているね」というのがよく見える状態です。

サンロッカーズは、もともと縁もゆかりもないところから渋谷にきて、これからどうしましょうかというところです。渋谷は何でもある町ですが、なかったのがスポーツです。スポーツをエンターテインメントとして、しっかりコンテンツにするのが我々のコンセプトです。新しい街のコンテンツとして映画や音楽と同じようにエンターテインメントをしていきましょうと。

観戦して応援してもらえる機会をつくり街のコンテンツを協創する、またエンターテインメントを提供して感動や喜びを共有して絆を醸成することで地域社会に貢献したいという思いでチームを運営しています。理念は「サンロッカーズ渋谷はバスケットボールを通じて全ての人々に夢や希望を与え、地域やコミュニティへ新たな価値を創出する、日本を代表するクラブをめざします」ということ。活動指針は「感動や喜びのあるスポーツエンターテイメントの提供に努めます」「勝利の喜びを届ける魅力のあるチームをつくります」「地域でのバスケットボール振興・普及に努めます」という三つがあり、これらをしっかり追い求めながら支援活動をしています。

サンロッカーズにはサンロッカーガールズというチアリーダーがいます。NBAのオクラホマシティ・サンダーで日本人として初めて踊った者がディレクターです。チアリーダーは一〇人いまして、それぞれ日中は社会人として仕事を持っています。応援だけではなく、お客さまをしっかりと迎える、とても重要なエンターテインメントの一つです。チームの成績は悪くても彼女たちのおかげで盛り上がったりして、お客さまが「よかったよ」と言ってくれます。

またサンロッカーズのマスコットが「サンディ」というキャラクターです。もともと日立のエアコン「白くまくん」が由来。これがかなり踊れる、愛教のあるマスコットです。彼の誕生日を祝ったりもして、チームでは選手以上に重要な感じです。他チームではマスコットだけ、チアだけで魅力を出すのは難しいのですが、サンロッカーズはサンロッカーズ渋谷になる一〇年近く前から、こういったマスコットやチアリーダーがいてくれたおかげで、最初からエンターテインメントの素地がありました。

## ■新聞からウェブメディアまでニュースになるチーム

試合は土日で、土曜日は午後六時から、日曜日は午後二時から開催しています。青学は建学の精神でアルコールを販売できないんですね。スポーツの試合なのにビールを一切出せない。ですからみんな、土曜日午後七時四〇分ぐらいまでの試合後に外で飲んでおられます。あるいは飲んでから来る。青山学院の立地のおかげですが、そういった感じで土曜日を楽しんでいただいています。日曜日は午後二時からですので、ベビーカーを押しているようなお客さんが増えています。

アンケートを見ると「家族で観戦しやすい」「都会的で明るい」「ファンが優しい」といった感想です。東京にはもう一つ、立川の方に「アルバルク東京」というチームもありますが、こちらは都心の表参道で利便性がよく、一回見てみようとトライアルで来る方が非常に多いんです。Bリーグを見たこともないという方が一回見てみようかというとき、サンロッカーズの試合に来てくれています。ツイッターを見ていると「初めてサンロッカーズを見に行った」とは言ってくれていなくて、「Bリーグを見に行った。面白い」という感じなんですね。ですからファンじゃなくて、試しに見る人がたくさん来ています。たぶんしばらく続くと思います。

渋谷というところはファンづくりが非常に難しくて、確固たるファンが出るには時間がかかると思っています。一方で、ちょっと見に行こうかというお客さんはずっと流入してくる。他の三六チームにはないビジネスモデルです。二〇一六年は一試合で平均二二八三人の観客が来ています。チケット購入の九割がインターネット経由で、六割はアプリを活用した電子チケットです。Bリーグはスマホでチケットを買って、スマホで入場できるんです。誰がどこで購買して、何回購買しているかというデータを把握しようというコンセプトがあるので、なるべくそれができるデジタルチケットを推進しています。

これは地方だと結構難しくて、紙のチケットが欲しいという方がいる。紙だと「もらった感」が出ます。ですので電子チケットができるチームと、できないチームがあります。都市型のチームはみんなスマホで決裁してもらって、データを見ながらプロモーションを考えていくという環境です。

入場者数で言いますと、新潟や秋田のチームでは四〇〇〇～五〇〇〇人の観客が入っています。ただ全員チケットを買っているかというと、招待だったりの人数が多いと聞いています。そういう傾向の中で、サンロッカーズでは皆さんの九〇％ぐらいはチケットを買ってくれています。逆に言うと配っていない。これはビジネスとしては非常にありがたい話です。有料来場者数の男女比では、五七％が男性ですが、実際の会場は女性が多いんです。男性は平均二枚ぐらいチケットを買うんですね、男が二枚買うのは、大抵は彼女と一緒に来るからです。年齢層でいうと二〇歳代～三〇歳代です。

また都会にあるもう一つのメリットは、スポーツ新聞の一面に出してもらえるなど、メディアに取り上げられやすいことです。

二〇一七年一月にロバート・サクレ選手が入団したときは、ヒカリエで記者会見をしました。すると記者が簡単に集まってくれます。同じようにNBA経験者が豊橋、三遠の方に入ったときには記者が誰も来なかったという話がありました。ですから東京でやるメリットはあると思っています。

また今シーズンからは、看板をなくしています。昔の実業団スポーツでバレーボールなどご覧になると分かりますが、コートサイドをぐるっと看板が囲んでいます。これ、なぜだろうとずっと思っていました。テレビにも映らないし、どういうメリットがあるのかよく分からない。ですから今シーズンはやめましょう。お客さまに売れない、テレビにも映らない看板はやめて、見に来ている人がもっと臨場感を得られるようにと全て外しました。こういったことも割とメディアに取り上げられやすく、やったことに対して反応をもらえるチームでもあります。

サンロッカーズは日立時代のサンロッカーズと、サンロッカーズ渋谷で大きなギャップがあるんですね。もともとは工場の人たちがやっていた企業スポーツ、企業の部活だったものが、さてこれからはクラブチームとしてやっていきましょうというのは大きな変化、ジャンプです。

## ■『日立』サンロッカーズ『渋谷』

僕が最初にサンロッカーズというチームに入ったときに思ったのは「永遠の部活が続いている」ということです。僕に言わせれば永遠の部活なんですよ。選手も大学のトップで、そのまま実業団に入りました。生活が本当に部活で、それを支える人も全員、選手を支えるためのマネジャーみたいな世界だったんですね。

それが際だっているのが、事業活動でどのぐらいのことをやっているかです。テレビ中継はNBL時代はありませんでした。昔はなくて、今はあります。他に宣伝・販促、地域活動、広報活動、スポンサー、各種マーケティングデータ分析は、以前は全くしていませんでした。Bリーグになった途端、全て手がけています。リーグ内でもそれぞれの委員会があって、担当部会がしょっちゅうミーティングをしています。

ですから僕は最初に入ったときに驚いた。本当に「部活」が集まって試合をしている。ド派手な部活の世界でした。ところが、いきなりビジネスをして金を稼いでくださいとなりました。日立だけではなく、アイシン、東芝、トヨタなどもそこを変えるのは非常に大きな作業だったと思います。

日本のスポーツ組織は、基本的に競技者のみを向いてきました。マネジャーはあくまでも競技者をサポートする存在で、それらの組織は競技者の下で一元化される「スポーツオペレーション」でした。

海外では、これが協議中心の組織になります。組織が外側に向いて、マーケティング・コミュニケーションを行う。ビジネスアドミニストレーションとしてお金を稼いでいきましょう、発信していきましょうというのが二系統も存在します。ですから日本のスポーツ組織には外向きの目線を持ったスタッフが必要なんです。

僕が入ったときは全く内向きで、まず言葉が通じませんでした。何を言っているのか分からない。「これはやらないんですか」と聞いたら、「いや、それはやらなくていいです」などと返ってくる。宣伝広告というと「それも社内でチケットを配るので大丈夫です」。何のためにやっているんですか、という話でした。

もともとの部活のための部活、会社のための部活というのは社員の士気が上がればいいわけで、悪いことではありません。それはそれで目的がありますが、極端にスポーツをずっとその世界だけでやってきた人たちなので、いざ新しいビジネスをやりましょうといったときに、かなり難しかったんですね。僕も現場に行って一年間マネジャー統括をやって、ビジネスをやりましょうとなったとき、人が全くいませんでした。

今のサンロッカーズ渋谷はどういう組織になっているか。とても小さい超零細企業です。社長がいて、GMがいて、事業統括部と強化・育成部がある。

僕が担当するのは事業統括部で、マーケティング、法人営業、広報、チケット、試合運営を行う。一〇人ぐらいの会社です。営業は社長と僕、残り五人ぐらいでやります。他のBリーグチームと比べると、三～四人少ないかなという印象です。

事業統括部の中では、まずゲームオペレーションマネジャーがいます。これは興業の運営と管理。青山学院の皆さんとも安全管理課、学生課といったいろんな組織の皆さんのご協力を得ています。次にチケット、ファンクラブ。チケットを売ってファンクラブの運営をして、グッズ販売と管理もします。マーケティング兼広告宣伝では、マーケティング戦略やデータを見る人、あるいは宣伝企画をする人というポジションがあります。営業。これは営業企画です。提案したり、スポンサーを取ってきたりで、団体チケットのセールスをします。広報・地域活動担当は、ウェブサイトの管理やメディア関係の対応。また行政の地域活動であるお祭りに協力したりしています。

今、スタッフが五人いてバスケ運営の経験があるのはゲームオペレーションマネジャーだけです。彼女はアメリカの大学を出てbjリーグというバスケットボールチームにいて長く運営を行っていました。他はみんな僕も含めて外部の人間です。

チケット・ファンクラブ担当の彼女も、直近はバスケットボールチームですがもともとは飲料メーカーに勤めていて、その後航空会社に転職して、スポーツに行き着いています。マーケティング広告宣伝は広告代理店出身です。特にデータを見ることのできる人間を呼んできました。営業担当も今僕の下にいる者はもともと富士ゼロックスの法人営業をやっていました。広報担当は、直近では千葉ジェッツというチームの広報ですが、もともとは大学卒業後に丸井グループに入社して、店頭でエポスカードの加入促進をしていたスタッフです。

やっぱり新しいことを進めていくとき、同じことしか知らないのは危機的だと思ったので、いろんなバックグラウンドを持つ人を選びました。知っている世界があまりにも狭すぎると、渋谷では勝負にならないなというのがマーケッターとしての僕が思ったところで。いろんな経験を持った人の入った組織にしようと考えました。

## ■「渋谷」で「バスケ」

「渋谷」で「バスケ」と言えばかっこいいですが、とても難しい話です。渋谷は昼夜人口が全く違いますし、そもそも駅前に住民票を置いている人が二人ぐらいしかいない。じゃあ、どこにいるんですか。笹塚だとか幡ヶ谷、京王線の方で、彼らは渋谷のアイデンティティーを持っていないんです。渋谷区だと思っていないので、営業に行っても「うちは恵比寿なんで」などと言われる。渋谷という街は非常に発信力があって競争も激しいので、マーケティングしていく上で魅力はあるけど難しい場所です。

その中で「バスケなんかいいよ」「日本のバスケなんか面白くないから知らないよ」という人たちを、どうやって振り向かせるかが、まだ二年目なのでオープンチャレンジであります。今の渋谷区長は長谷部健さんというとても若い方で、頑張って二〇二〇年に向けて町づくりを変えておられます。渋谷区の基本政策方針というものがあって、非常にきれいな絵本みたい冊子があるんですけど、渋谷区が何を考えているかというと「思わず身体を動かしたくなる街へ」というテーマがあります。

渋谷区は幸いにも「スポーツに関われない人はいません。できる限り多様な種類のスポーツを受け入れ、応援する町を目指します。種目のメジャーかマイナーかを問いません。誰もがプレーヤーとして、あるいは観客として、何らかのかたちでスポーツに参加できる機会をつくりたい。これによって渋谷区を祝祭性と高揚感の絶えない町にしていきます」という、スポーツに関する基本方針を立ててくれました。

スポーツがあり、見てもらう人、支える、誰でもスポーツをすることを支えましょうという概念が渋谷区の方にも投影されています。そういった意味では、渋谷区を補完するスポーツ事業の方向性とは、まさにスポーツアドミニストレーションである「する、見る、支える」の循環で、発展性を持っていく基礎をつくってくれているんだなと思います。

日本・地域・学校・職場の代表を観戦・応援する。選手を育成・強化する。こういったことは実は全てのレイヤーで起こっていることです。どういうことかというと、渋谷区のレベルで言うと「する」というのは中学校で部活をする、ランニングをするという身体を動かすということです。見るというのは、渋谷のチーム、自分の子どもの中学校チームを応援しようという大底辺のところのアクションです。スポーツは結局自分がやるか、あるいは見るのもスポーツという人もいます。そしてもちろん支える。ボランティアであったり、教えてあげるコーチといった形。これらがぐるぐる回っている。その上でスポーツチームであるサンロッカーズ渋谷も、実は同様のことをしている。

どういうことかというと、我々はスポーツチームなのでもちろん興行として試合を頑張ります。すると、やります、見に来てくださいね、サンロッカーズを応援しようという雰囲気づくりをしないといけません。それが地域活動であったり、お祭りに行ったり、あるいは小中学生による将来性を確保したりです。

支えるというところでは、サンロッカーズを支えますというボランティアの方が増えています。支えることでチームが強くなればいいし、お客さんが楽しんでくれればいいと思ってくれてやっています。そういう循環が起きていないと、地域の人には全く響きません。「勝手にやれば」という話になってしまう。そういう意味では、渋谷区は理念をよく咀嚼して支援してくれており、サンロッカーズにとっては非常にやりやすい環境であるのは間違いないと思います。

そういう大前提の話がありつつも、どうやってサンロッカーズを、全く無関心な人たちに後押ししようかというのは、正直、いまでも模索中で結論が出ていません。

僕はあと何年この仕事をやれるか分かりませんが、渋谷でのマーケティングというのは誰も回答を持ち得ない、何をもって成功かも分かりませんし、世の中の広告代理店なりマーケッターなりの人が一生懸命、渋谷の人を振り向かせようとしても、これをやればうまく行くという方程式がなく、回答がないという状況がずっと続くと思います。

その中で、サンロッカーズ渋谷を知らない、青学でやっていることさえも知らない、そもそもバスケットボールに無関心、あるいは「ＮＢＡなら見るけど」という人をツイッターで見ます。ＮＢＡを見る人からすると、日本のバスケなんて見てどうするの、とも言われてしまいます。

先ほども言いましたが、渋谷は地域意識が非常に希薄なので、他の町のようなブースターだとか、サポーターみたいな組織がつくりづらいこともあります。ですからまずサンロッカーズの試合を見に来てください。一度見てもらえれば、そこで面白いかどうか判断してもらえる。おそらく「まずは一度見に来てください」というのが当面の戦略というか、大方針になってくると思っています。その中で、実際の会場に来て、どういったことを体験してもらうか、見てもらった後にどう思ってもらいたいかといったマーケティングだったり、観測だったり、戦略というものが出てくるのかなと思います。

方向としては、まず新しい人に来てもらいましょう。サンロッカーズの試合を二階の自由席で初めて見たよ、行ってみたら結構面白いじゃん、面白いから次はもうちょっと近くで見てみよう、一階席で見てみようかと思ってもらえれば、我々としては成功なんですね。新規獲得した後に、再来場をしっかりと促していく。一回来てもらったら二回目も来てもらうようなインセンティブクーポンをあげます。そういった形で、とにかく二回目を来てもらう。さらには一階にいた人には、また来てもらって、やっぱり一階席で見たけど、もっと近くで見たい、選手の横に座ってみたい、もっとコートサイドで見てみたい、来年からもっとチケットを買っちゃおうかな、シーズンシートを買っちゃおうかなと思わせればもう固定化といって、ロイヤルファンになります。

このロイヤルファンが増えると、我々が宣伝しなくても彼らが「サンロッカーズは面白いんだよ」と宣伝して友達を連れてきてくれるようになります。これはスポーツチームの大原則です。こういう流れで、早く強いロイヤルのファンも増やしていきたいというのが、まず基本的な戦略です。

という感じで、もともと日立というお堅い会社が持っていたバスケットボールチームが渋谷という縁もゆかりもないところに来ました。なぜ渋谷に来たんですかという話をしょっちゅうするんですが、渋谷という魅力的な町で何とかバスケットボールを見てもらう本当のエンターテインメントの一つになっていきたいなというのが、我々の思いでもあります。もっともっと認知度を上げていかなきゃいけません。一番難しいのは、トヨタも日立もともに上場企業でバスケットボールチームを持っています。もしかしたらみんなアルバルク東京なら知っているかもしれません。でもサンロッカーズ渋谷は知らなかったよということになります。これは何が違うかというと、ＢtoＣの会社と、ＢtoＢの会社の違いなんです。つまりアルバルク東京はトヨタの子会社で、トヨタは車を売っているからマーケティングに強い会社なんです。ところが日立はＢtoＢの会社なので、宣伝になかなか意識が向きません。

僕はもともと広告関係の出身だから「宣伝を打った方がいいですよ」と言いますが、「宣伝を打って、お客さんが来るんですか」みたいな返事になる。なかなか相いれない壁があって、もしかするとそれが若干、知名度の差として出てきているのかもしれません。

そういう中でもしっかりと渋谷で、一人でも多くの人たちに試合を見てもらって、サンロッカーズというところが、「面白いね、一年に一回ぐらい行ってもいいじゃん」と思えるぐらいになればなと思っています。以上です。ありがとうございました。

Part 1
職種／競技によるアドミニストレーション

# 日本の卓球選手七〇万人を一つに束ねるTリーグ構想
## 卓球のスポーツアドミニストレーション

松下 浩二
一般社団法人Ｔリーグ　チェアマン

まつした　こうじ　1967年生まれ、愛知県出身。愛知県桜丘高等学校—明治大学卒業—早稲田大学大学院スポーツ科学研究科修士課程修了。ヤマト卓球株式会社代表取締役社長（2009年～2017年）。株式会社VICTAS取締役会長（2017年～2018年6月）。現在、卓球の新リーグ、Ｔリーグのチェアマン。日本人初のプロ卓球選手として、国内だけでなく欧州３大リーグ（ドイツ、フランス、スウェーデン）、中国超級リーグで活躍。４大会連続で五輪出場を果たす。

### ■私の卓球歴

私は現役時代、卓球の選手でした。私のスタイルはちょっと特殊でして、カットマンと言われるもの。相手が打ってくるのを守って、隙を見つけて攻撃をしていく。卓球をやりたい人は、宣伝になっちゃうんですけど、渋谷にT4という卓球レストランがありまして、タワーレコードの近くにあります。ぜひ来て卓球してください。よろしくお願いします。

年齢は五〇歳で、愛知県出身です。卓球で明治大学に行きまして、その後もう一回勉強したいなと早稲田大学大学院のスポーツ科学研究科に行きました。この研究科は意外にアスリートが多くて、巨人軍の桑田（真澄）君や、競輪の長塚（智広）や、いま参議院議員をやっている朝日健太郎や、エグザイルのTETSUYAさんがいたり、アルビレックス新潟の池田弘会長がいたりと、いろいろな方々が集まっているゼミでした。

そのとき三三歳で、選手をやりながら株式会社チームマツシタという、海外に行く選手とチームの間に入っていろいろ卓球のマネジメントをする会社を立ち上げました。水谷隼をマネージメントしておりました。卓球選手を引退した後、ヤマト卓球という会社を買収して、その社長を七年ぐらいさせてもらって、今は卓球Tリーグの代表をしております。

学生時代は中途半端な選手でして、一回も全国大会で優勝したことがない。特に中学高校の六年間で四回決勝へ行って四回とも渋谷というライバルに連続で負けてしまいました。大学生になったら、たまたま世界選手権でメダルを取っている中国人選手が留学してきて、その選手に三年連続で負けてしまい、タイトルのない選手でした。大学四年生のとき、当時一番強かったスウェーデンリーグへ。

なぜかというと、大学三年生のときに卓球に冷めて、卓球ではお金を稼げないし、自分は本当に卓球をやっていていいのかなと思っていました。しかしスウェーデンにはプロリーグがあると聞いて、卓球をやめる前にという軽い気持ちで行きました。その後、帰ってきて協和発酵に入社しました。実業団でわりと強くて、仕事をさせてくれる会社だったんです。定時まで仕事して、練習がだいたい六時半から九時半までというところ。日産自動車だと午前中だけ仕事で午後から練習だったので、日産では出世しないな、なんて思って協和発酵に行きました。

その後、社会の厳しさを味わいます。卓球をやってきた人間が大会社でなかなか戦えず、社長になってやろうという、今思うと馬鹿げた気持ちで入ったのに、隣は東京大学の先輩で、前には早稲田大学や慶應義塾大学の同僚がいて、社長どころか部長にもなれないなと。調べたら先輩が誰も部長になってない。自分は何ができるのかと思うと、卓球しかない、卓球だったら負けないなと思いました。当時はプロ登録がありましたが、まだプロ選手がいませんでした。そしてプロ契約をするため、大学のときに断った日産自動車に頭を下げて移籍して、日本人初のプロ卓球選手になったと同時に運よく日本チャンピオンとなって、その四年後、一九九七年から二〇〇八年まで海外に行きます。ドイツのブンデスリーガに四年、フランスリーグ、中国の超級リーグにトータルで九シーズン行きました。ブンデスリーガは当時世界一強くて、一番お金のあるリーグでした。しかし最初は強い選手が集まり過ぎていたので二部でプレーして、頑張って一部のデュッセルドルフというクラブにオファーをもらって三年プレーしました。

その当時からプロの卓球リーグをつくりたいという夢を持っていて、ドイツで三～四年やったのである程度仕組みが分かって、次はフランスのリーグはどんなかなというところでワインで有名なボルドーのチームに入りました。フランス人とドイツ人は全く違って、ドイツだと試合前にすごいプレッシャーをかけられる。今日の試合で勝たなかったらスポンサーが逃げちゃうとか、頭が痛いとか足が痛いとか関係ないから絶対に試合に勝てと。しかしフランスは自分なりに頑張ればいいよと、全く温度差がありました。

結局、自分は優しいところには向いていなくて、より厳しくないといけないと思って、その後ドイツに一シーズン戻って、ちょうど中国のプロリーグが立ち上がって中国選手から声を掛けてもらって中国のリーグに行きました。中国は驚くことばかりでした。私たち選手や関係者が泊まるホテルの一フロア全部、貸し切りなんですよね。公安と言われるセキュリティーの方がエレベーターの前で二人ぐらい守ってくれる。試合に行くときは、今はそんなのないんですが、警察の先導でノンストップで行って体育館の裏口から入る。試合はたくさんの観客がいて、テレビが入る。終わるとまた警察の先導でノンストップでホテルまで戻る。中国では本当に、いわゆる国技と呼ばれるスポーツだなと感じました。

日本のナショナルチームは、一九九二年のバルセロナオリンピックから二〇〇四年のアテネオリンピックまで四大会連続で出場しております。当時はメダルがなかなか取れなくて、私は四回挑戦して一つも取れなかった。今の選手はメダルを取ってくるので本当に強いなと感じています。一つだけプチ自慢があるんです。ボール競技で四大会連続出ている男子は私だけという珍記録を持っていました。それを水谷（隼）君が、今度東京に出ると四大会連続で、この感じだと五大会行くのではと思います。私はナショナルチームに二三年在籍して、世界選手権に一二回出場し、その中でダブルスの銅メダル、団体でも銅メダルを一五年ぶりに取っています。そして二〇〇九年に引退しました。

### ■日本卓球界の歴史、現状、今後

次に、日本卓球界の歴史、現状、今後というところです。世界選手権には一九五二年から参加して、一九五二年から一九七九年ぐらいは卓球日本と言われた時代です。団体は五連覇を含む七回優勝。女子団体は四連覇を含む八回優勝。男子シングルスは九回、女子シングルスは七回優勝、ダブルスもミックスも優勝という輝かしい成績を収めていたんですが、一九八一年の世界選手権からぽつぽつと三位や二位があるというような感じです（図1）。私の初出場が一九八七年で、そこからメダルがなかなか取れない。ひどいのは、一九九一年に男子が一三位。そこからみんな頑張って三位まで行きますが、二〇〇一年にまた一三位。二〇〇四年、一二位。二〇〇六年、一四位。全部、私が出ている。

何で落ちたのかというと、卓球は一九八八年ソウルオリンピックから正式競技になったんですね。オリンピックが始まる七年ぐらい前に開催国が決まって、そこから各国がオリンピックでメダルを取ることに力を入れ始めます。専任コーチや専任監督を付けてフルタイムで練習ができる環境を整えていく。残念ながら日本は、実業団リーグが一九七七年に発足して学生の受け皿は多くなったんですが練習環境が全く整っていなくて、仕事をした後に六時か七時ぐらいから練習をする選手が一〇〇%。そんな環境と、朝から晩までやっている選手ではやはり追いつかれて追い越され、一三位、一四位というひどい成績になりました。

現状はリオで皆さんご存じの通り、男子が団体で銀メダル、シングルスでは初めて水谷が銅メダル。女子はちょっと残念でしたが、それでも二大会連続でメダルを獲得しました。今年（二〇一七年）四月のアジア選手権は平野美宇が世界ランキング一位、二位、三位を準々決勝、準決勝、決勝で破るという快挙で、オリンピックでメダルを取るよ

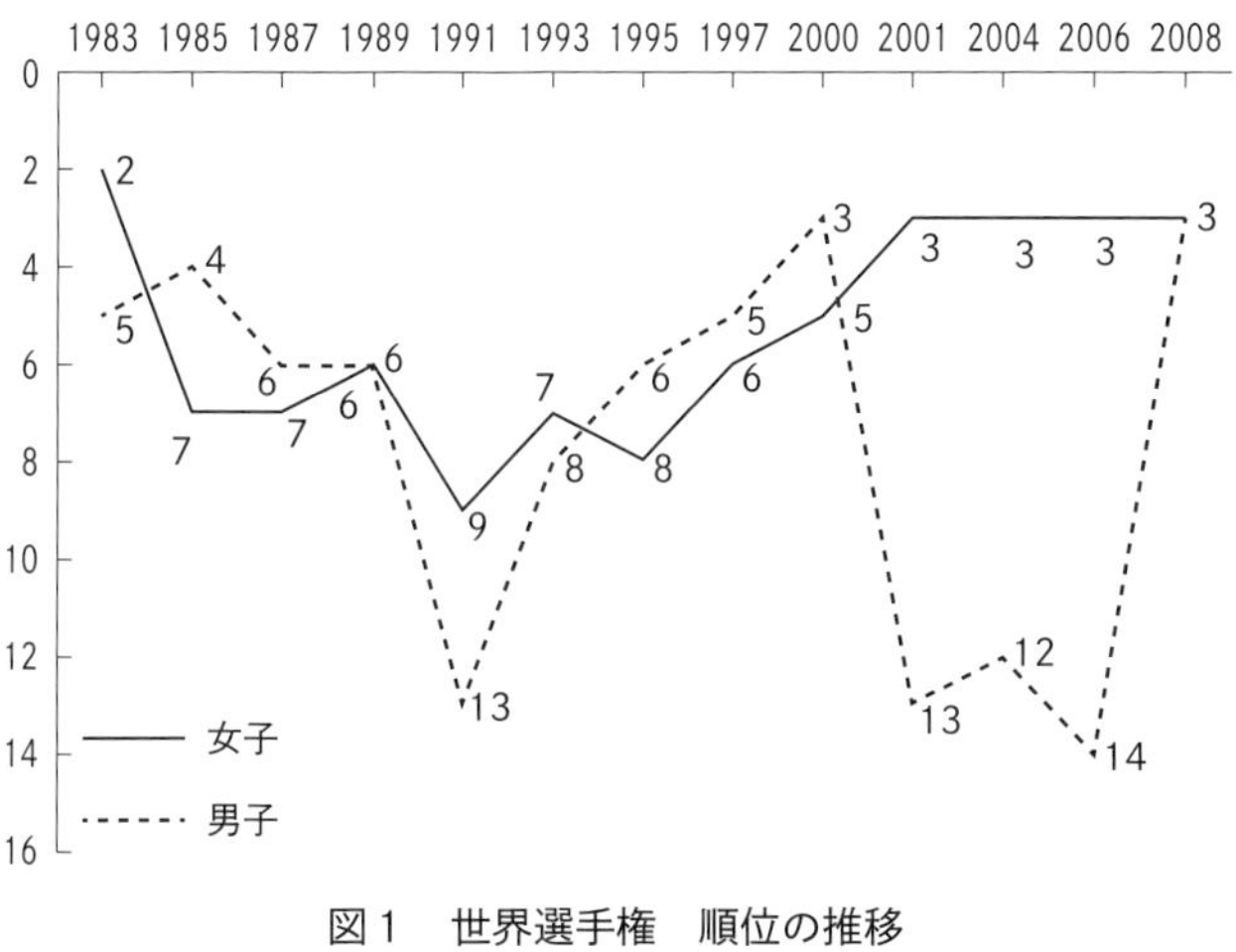


図1　世界選手権　順位の推移

りも平野美宇のアジア選手権優勝という方が、卓球界としてはすごく評価されております。

現在の世界ランキングで、日本の選手は三〇位以内に七名入っています。水谷が七位で丹羽（孝希）が八位、卓球界のマツケンと言われる松平健太が一一位。最近テレビに出ている一四歳の張本（智和）が一八位で層が厚いと思います。女子はさらに多くて、三〇位以内に九人も入っている。石川（佳純）、伊藤（美誠）、平野の三人は非常に強くて五、六、七位。それ以外も一三、一四、一五、二一、二四、二九位にもおりますので、東京オリンピック代表は熾烈な争いではないかなと。日本のレベルは上がってきていると思います。ちなみに中国出身のドイツ選手といった帰化を含む中国選手は、三〇位以内で一五名もいます。日本の選手を足すと三〇位以内に二四名もいる。ほとんど中国と日本の選手というのが世界の卓球女子の図式となっております。

なぜ日本の卓球は復活したのか。一九八〇年代からどんどんレベルが下がって二〇〇一年世界選手権で一三位という記録を出したとき、日本卓球協会が今の選手を育てても八位か七位になる程度で、自分たちが昔取った一位、二位に行けないとやっと気付きました。やはり小学生から育てないといけないと、小学生のナショナルチームをつくって毎月合宿しました。その中から出てきたのが水谷です。今は小学一年から三年も多く入れてナショナルチームのトレーニングセンターで大人に交じっています。エリートアカデミーというナショナルチームでやっている学校がありますが、以前は同年代の中学生なら中学生、高校生なら高校生でしか練習できなかったんです。今のトップは練習場を持たない、チームに属さない選手ばかりなので、ナショナルチームのトレセンで練習するしかない。それで張本もその中に交ぜてもらって急激に強くなりました。

男子は二〇〇二年から才能のある選手を中学生からドイツのプロクラブに送って、ドイツに住ませて強化したんですよね。一期生は当時中学三年生の岸川聖也と、高校三年生の坂本竜介で、ドイツのデュッセルドルフというヨーロッパで一番強いクラブに行きました。そこでヨーロッパで一番優秀なコーチのマリオ・アミズィッチが日本のコーチになりました。二期生が水谷隼で、一四歳からデュッセルドルフに六年間住んで強化しました。

女子はやっぱり愛ちゃんの影響がすごく大きいですよね。福原愛が二〇〇四年のアテネオリンピックに出たとき一五歳。それを見てお父さん、お母さんが愛ちゃんみたいにということで卓球を始めた選手が多くて、その中から出てきたのが、平野、伊藤、早田（ひな）という強い選手です。強くなった選手の特徴は、みんな家のちゃぶ台を卓球台に替えて、お母さんが血眼になって教えた選手ばかりです。ですから最初から卓球クラブや卓球場で育ったのではなく、家の中で育ったところが共通点です。

ですので、このTリーグを立ち上げる一つの理由として、組織的にシステムで育てたわけではない。Tリーグのシステム的に三歳から五歳のスクールをたくさんつくって、そこから育てていく。ですので、一生懸命教えるお母さんがいなくなった瞬間、日本の卓球は弱くなるのが現実です。今後、女子は二〇二四年まではメダルを取り続けます。もしかしたら中国とも互角にと思っていますが、一六歳、一七歳ですでに伊藤や平野に勝つ選手を育ててきていて、一六歳、一七歳が世界ランキング一〇位、一一位といぅ。やはり中国は手ごわいです。男子は水谷が東京で三一歳になって一つのピークを迎えるかなと。しかし張本が出てきましたので、メダルは取れるのではないかなと見えてきました。

## ■Tリーグ設立の背景と目的

本題のTリーグ構想というところで、Tリーグ設立の背景と目的についてです。二〇〇八年北京オリンピックでメダルを逃しました。そのとき男子は水谷が頑張って、ドイツと対戦して準決勝で大接戦で、残念ながら三対二でチームとしては負けました。そのショックで順位決定戦も結局負けて男子は五位に終わってしまった。女子は準決勝まで行って、結局メダル決定戦で韓国に敗れて四位という悔しい思いをしたんです。

当時の会長は大林組の会長さんで、メダルを取るためにはプロリーグが必要ではないかとおっしゃいまして、それをもとに二〇一〇年三月に日本卓球トップリーグ発展プロジェクトチームを立ち上げました。ここに日本実業団リーグの方、学生連盟の方、元卓球選手など、いろいろな関係者、有識者が集まって話し合い、さらに話を詰めるために日本卓球協会の中でプロリーグ設立検討委員会というものにしてもらいました。そこで壁が出てきて卓球関係者だけで話しても進まないねと、二〇一五年四月にプロリーグ設立検討準備室という名称に変え、実際にBリーグ、Jリーグに関わってきた方々に入っていただきました。そして昨年一二月に日本卓球協会理事会でTリーグ設立の承認をいただき、今年三月に一般社団法人Tリーグを立ち上げて今に至ります。

実際この法人を立ち上げるまで七年ぐらいかかっているんですね。既存の日本実業団リーグとの調整がすごく長引いてしまいました。既存の日本リーグが衰退してしまうという心配や、また自分のポジションを奪われてしまうということで、なかなかプロリーグ立ち上げに「うん」と言ってくれないまま、もやもやとしたところで進んでいます。新事業をやろうというとき、外の意見を聞き過ぎてしまうと私みたいになるので、自分の信念を持って貫き通す方が近道ではないかなと思います。世界では、ロシア、ドイツ、中国といった卓球の強豪国はみんなプロリーグを持っています。いまだにないのは日本だけなんですね。世界二大リーグはドイツのブンデスリーガと中国の超級リーグです。しっかりしたリーグがあるところが成績に結びついています。

強化、普及、育成については、今の日本卓球界は二四時間三六五日卓球に打ち込む環境がなくて、ナショナルチームのトレーニングセンターに任せっぱなしです。そこでTリーグがそれぞれプロのクラブを立ち上げ、環境をつくっていく。サッカーがなぜ六大会連続でワールドカップに出られているか。きっかけは一九九二年、一九九三年にプロリーグをつくって強化したからこそだと思います。卓球も厳しい競争をつくって、選手もコーチも強くなっていく。中国と同じ形ができればと思います。

普及では、Tリーグのクラブは地域と密着します。しかし来年秋に開催されるTプレミアは、どちらかというと野球型の強い選手が集まったリーグに特化します。ただ地域と全く密着しないわけではなくて、野球と同じようにホームタウンを持って、そこで普及も同時にやります。今のところは一社から予算として二億五〇〇〇万円から三億円というお金を出していただいて、そこで運営していきます。私も沖縄に卓球クラブを持っておりまして、五年前に一般社団法人沖縄総合スポーツクラブと、琉球アスティーダというクラブを日本リーグに初参戦していますが、お金を集めるのに苦労しています。

一社で五〇〇万円や六〇〇万円というところもありますが、一〇万円や五万円という細かいお金を集めてチーム運営をやっているところで、新しい形で企業名を出すことによって大きなお金をまずは落とす方向性を出して、その中で地域の方々にスポンサーとして出資してもらって、さらに大きなマーケットをつくっていきたいというところが狙いです。来年、再来年にはT1、T2と下がっていく。そこはBリーグやJリーグと同じような普及型で全国に広めていきます。予算としては、皆さんご存じのとおり野球が一番大きく、サッカーで、その次にバスケットボール。卓球はそのバスケの半分ぐらいの予算でプロのトップチームが持てるのがいいところですので、その下のT1、T2、T3ぐらいならさらに低い予算で行けます。その中で夢を持って選手を育てていけるのではないかなと考えています。

私事ですが、最初にドイツに行ったとき、人口一万人の村でプレーしたんです。そのチームは今もブンデスリーガのトップで、観客のほとんどがその街や村の人たち。それで卓球は成り立つところを見てきました。どちらかというと日本の方がお金は持っていますので、何とか私が生きている間に一〇〇〇ぐらいチームをつくることを目指しております。セカンドキャリアというところは、実は卓球界の大きな問題でして、一九八三年から現在まで世界選手権に出て引退したOBは、私を含めて五二人いるんですね。卓球に携わっている方は三分の二で、三分の一は普通のサラリーマンなど違うことをやっている。その三分の二の中で現場を見ている人が半分なので、一七人ぐらい。その中で高校の先生とかは卓球を教えていてもプロではなくて、卓球だけで食べているのは五、六人です。それも卓球場を経営して子どもたちを教えているというレベルですので、ほとんど自分たちがやってきたことを後輩たちに伝えきれていないのが卓球界の現状です。

私もプロリーグがあれば、たぶん現場でコーチなり監督なりを望んでやっていたと思うんですが、今は卓球に関わる仕事として、卓球メーカーやTリーグに関わっているところです。水谷隼が普通のサラリーマンをやるとか、石川佳純さんが引退して普通の主婦になっちゃうイメージがあまりないので、何とか彼らを生かせる場所をつくってあげたい。

国際交流は、中国とかいろんなところでリーグがありますので、五年以内にアジアのチャンピオンリーグをつくって国際交流をしていきたい。卓球だけではなく人の行き来をそれぞれの国で行ってもらう。どちらかというとTリーグはインバウンドを狙っていまして、アジア、特に中国の方々を日本に招き入れて卓球の試合を見てもらって、観光をしてもらって、買い物をしてもらって帰っていただく。アジアや中国に売れるリーグをつくらないといけないと考えています。

## ■Tリーグが目指すもの

Tリーグが目指すものは、もちろん地域と密着したクラブづくりや、ピラミッド型の普及、強化チームをつくっていくなどですが（図2）、私が一番の目標とするのはやっぱり世界一のリーグをつくることです。ですので参入要件、応募条件が非常に高くて、世界ランキング一〇位以内の選手、もしくは同等の実力のある選手を一人入れないとTリーグに参戦できませんというルールをつくっています。そうしないと既存の日本実業団リーグとあまり変わらず、やる意味がありません。

海外には今三〇人ぐらい出ていますが、その選手を呼び戻して日本でプレーをさせて、日本の方々に見て楽しんでもらって、プレーしてもらって、また選手たちも高い給料をもらいながら一生懸命ラケットを振るということを目指しています。コンセプトは、日本国民の皆さんに希望と健康を提供する。競技水準の向上による日本社会への貢献というところで、オリンピックで金メダルを取ることで日本の方々に勇気と希望と活力を与えて、また卓球をやっている子どもたち、選手に対して夢とモチベーションを与える。三歳から一〇〇歳までできるというスポーツとして、地域スポーツ推進によって日本社会に貢献する。今卓球人

Tリーグは身近なものから、世界最高峰まで。

世界トップレベルの競技をできる・観戦できるレベルのものから、身近なところで気軽に参加し楽しめるレベルまで、それぞれのレベルに合った活動の場と、上を目指せるしくみがシンプルにわかりやすく整備された状況をめざします。

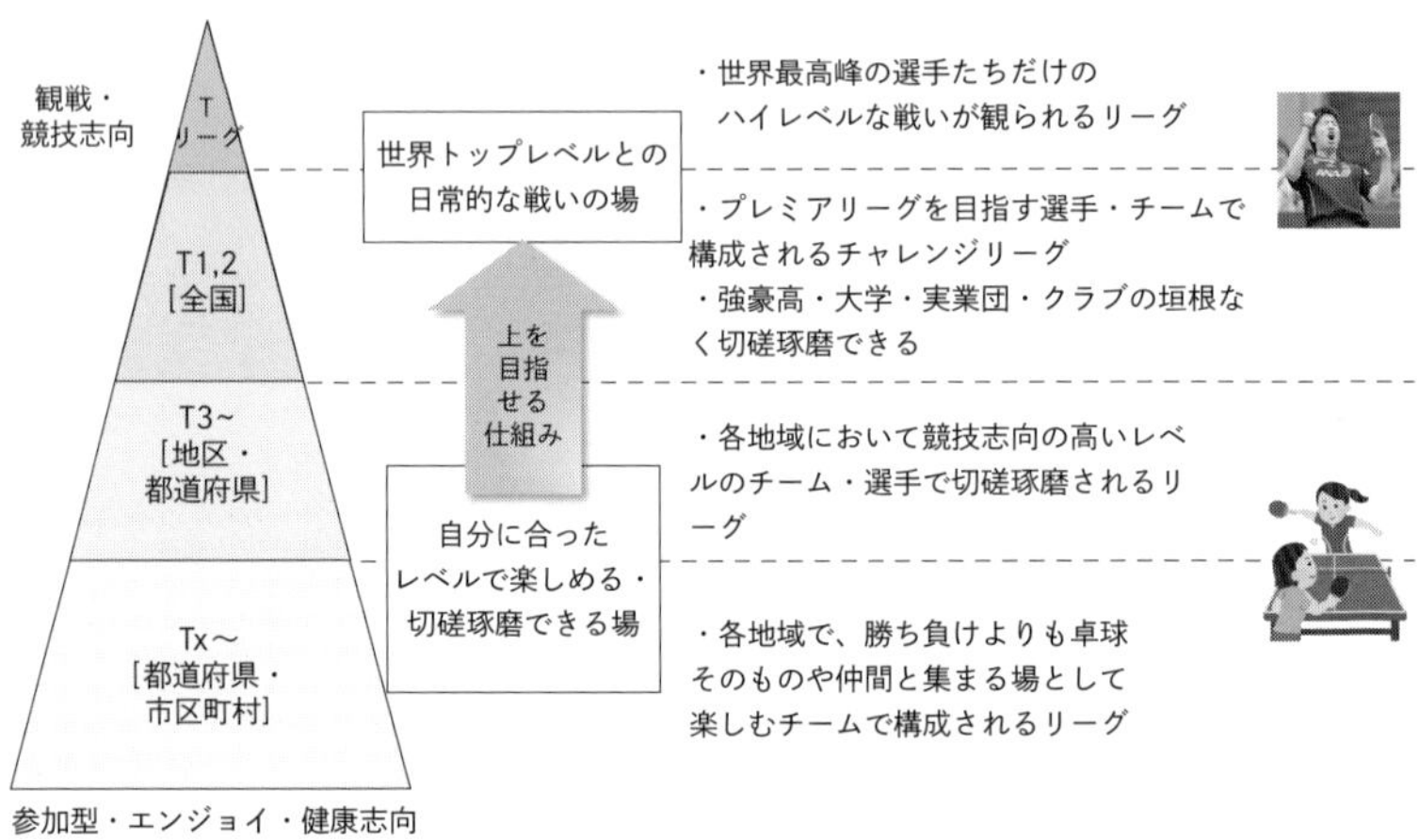


Copyright (c) 2017-2018 T LEAGUE ALL Rights Reserved.

図2　Tリーグが目指す構想

口が増えているのは、五〇歳以上の方が卓球をやられているところが一因なんです。中学生が卓球人口の半分ですが、中学生はどちらかというと微増で、五〇歳以上がすごく増えている。より多くの国民に卓球をする機会を提供して、健康による地域創生に貢献していく。卓球というスポーツ、ツールを使ってコミュニティーを形成したり、また健康スポーツとして卓球をやってもらったり、またTリーグを見て、楽しんで、やって健康になってもらう。Tリーグは卓球選手全てを束ねるリーグ構想で、日本卓球協会に登録している人口は約三三万人。入っていない方々も含めると七〇万人と言われているんですが、その七〇万人を全部一つに束ねちゃうのが、このリーグ構想です。Tプレミアムリーグは来年秋に開催されて、段階を追って下に落としていきます。

Tリーグの組織は大きく分けて、アドミニストレーションとゲームのオペレーション、ビジネスのオペレーションと三つあります。今は恥ずかしい話ですが専任が三人で、ハーフタイムでやっていただいている方が四人。七人ぐらいで立ち上げ作業をやっているんです。実際、人数的には二〇人ぐらいいないと立ち上げは本当は難しいんですね。それを七人が一人で何役もやる形なんですが、徐々に専任で入れていって、来年の一〇月までにはしっかりと立ち上げたいと考えております。

Tリーグは二〇一八年秋スタートで、卓球の場合、本当は東京体育館で開催がいいんですが、オリンピックで改装に入って使えないので今は国技館でやりたいなという話で進んでいます。ぜひ皆さんにも見に来ていただきたいですので、よろしくお願いします。以上で私の話を終わらせていただきます。ありがとうございました。

# 殻を破って飛び出す準備は整っている

## プロ野球のスポーツアドミニストレーション

小林 至
桜美林大学 教授
博士（スポーツ科学）

こばやし いたる 1968年生まれ、神奈川県出身。1992年、千葉ロッテマリーンズにドラフト8位で入団。史上3人目の東大卒プロ野球選手となる。93年退団。翌年から7年間、アメリカに在住。その間、コロンビア大学で経営学修士号（MBA）を取得。2002年より江戸川大学助教授（06年から20年まで教授）。05年から14年まで福岡ソフトバンクホークス取締役を兼任。テンプル大学、立命館大学、サイバー大学で客員教授、一般社団法人大学スポーツ協会（UNIVAS）理事。

### ■スポーツ興行ビジネスとは？

私が孫正義さんと王貞治さんの下で実務に携わった、プロ野球ビジネスの世界についてお話をします。野球もサッカーもバスケットも、興行と言われるスポーツビジネスです。試合をして発生する権利をお金に替える。チケット、放映権、スポンサーシップ、マーチャンダイジング。この四つが主で、需要と供給が価値の根拠で、売りたい価格と、相手が納得する価格のせめぎ合いがビジネスの醍醐味ですね。

一つ目はチケット。試合を見るために入場料を払う。この入場料を取る興行を世界で初めてやったのが室町時代の大相撲と言われています。チケットはスポーツ興行の原点です。二つ目が放映権。スタジアムが満員になると、次に、もっと多くのヒトに見てもらう価値、つまりメディア

スポーツ（興行）ビジネスとは？

- 試合から派生する権利を換金するビジネス
- 権利ビジネス〜需給だけが価値の根拠

- スポーツ興行の4大収入源
  1. チケット
  2. 放送権
  3. スポンサーシップ
  4. マーチャンダイジング

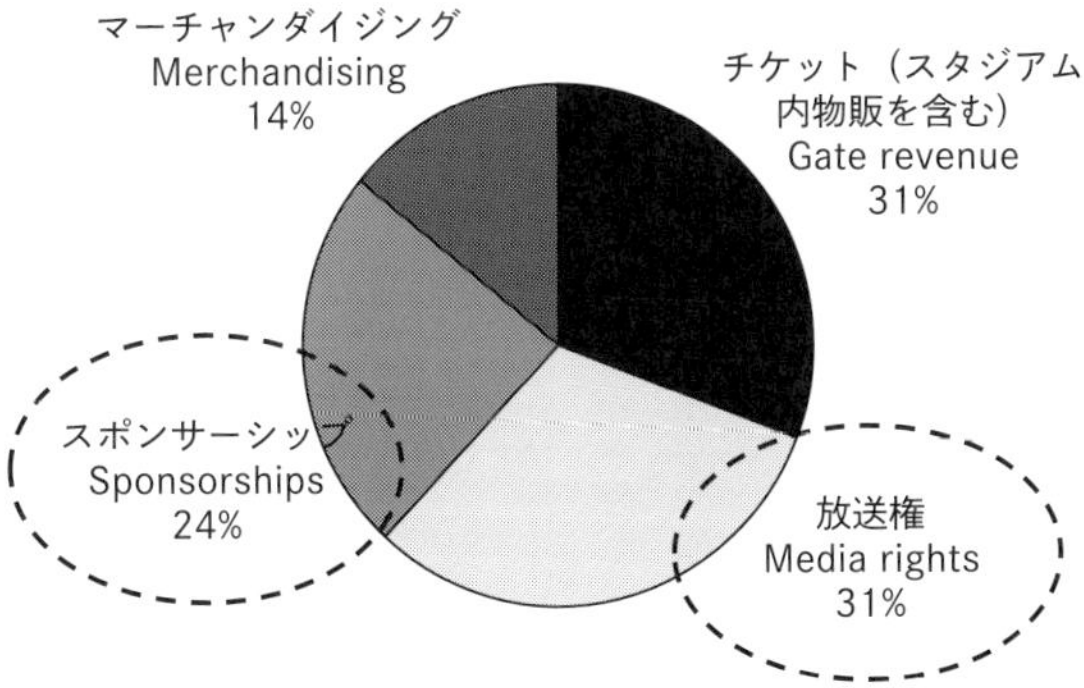


価値が生じます。スポーツ興行は、マスメディアが取り上げるようになると桁違いのビジネスになります。世界で一番大きなメキシコのアステカスタジアムでも、収容人数は一〇万人です。しかし、これがテレビで中継されるようになれば、たとえば日本で視聴率一％でも一〇〇万人の方に見てもらえることになります。

　世界最大のスポーツイベントであるFIFAワールドカップ、二〇一四年はブラジルで開催されましたが、総入場者数は三〇〇万人でした。一方、テレビで見たのは、その一万倍の三〇〇億人でした。FIFAワールドカップやオリンピックなど、世界中が注目するスポーツイベントの売り上げの大半はテレビの放送権料になるというのも、直感的にお判りいただけるでしょう。一方で、テレビはとても影響力が大きい媒体ですから、売り手と買い手が入れ替わるのも面白いところです。つまり、テレビで見てもらえるから人気が出るという側面もあるわけで、電波、通信の側からすると、宣伝してあげているという見方もできる。たとえば日本の男子ゴルフの試合。土日の昼間に中継されていますが、その多くはスポンサーが放送時間を買って、放送してもらっています。

　昔、巨人戦は、全試合七時から九時まで、毎日、全国に生中継されました。場合によっては七時から一〇時まで。ですから当時は、プロ野球ファンは、とどのつまり、みんな巨人ファンだといわれました。なぜなら、巨人を応援するか、巨人の対戦相手を応援するか、どちらにしても巨人が軸だからという。

三つ目がスポンサーシップです。企業名や商品名の宣伝や告知。たとえばヤンキースタジアムのカシオの看板もその一つです。マンチェスター・ユナイテッドのユニホームには自動車メーカーのシボレーのマークが掲出されていますね。どちらが高いかというと、シボレーがずっと高い。なぜなら、シボレーのロゴは、テレビやネットなどの映像を通して、選手と共に、世界中の人にコンスタントに露出する。スポンサー料は年間八〇億円ぐらいです。カシオの看板は巨大ですが、テレビに始終映るわけではない。一億円いかないぐらいです。スポンサーシップはテレビやインターネットなどのマス媒体を通して、映像・画像が世界中に露出されることによって価値が飛躍的に高まります。

四つ目がマーチャンダイジングです。スポーツチームや選手のロゴや肖像を使用するライセンス料のことです。プロ野球のグッズの多くがこれに該当しまして、グッズを作成・販売している業者が、球団に使用料を支払っています。売値の一〇％程度が相場ですね。応援グッズの定番にタオルがありますが、仮に売値が一〇〇〇円だとすると、そのうち一〇〇円が球団に入るということです。

このグッズの企画から製作、販売まで、自社で内製化すると劇的に利益が上がります。一〇〇〇円のタオルの例でいえば、原価はせいぜい一五〇円ぐらいです。業者にロゴを許諾する場合だと一〇％の一〇〇円しか球団の利益にはなりませんが企画から販売まで自前でやれば、粗利は八五〇円ともものすごく大きな利益になる。ということで、ソフトバンクは二〇〇六年から、中国に自前の工場を持って自社で開発から製造まで行っていますが、いまもって自社製造はホークスだけですね。なぜみんな自分でやらないのかというと、在庫の管理が難しい。アパレルは流行もので、あっという間に在庫の山が膨れ上がります。このリスクを取れるかどうか。ソフトバンクの場合も、当初は在庫の山に苦しみましたが、ほどなくして親会社が携帯電話事業に参入して、「お父さん」グッズなどの製造を受託できたことなどもあり、割と早くに軌道に乗りました。

### ■スポーツ興行はグローバル化の申し子

スポーツビジネスの世界は今、平均五％ぐらいで成長しています。インドネシアのGDPより大きい。これからも成長すると思います。テニスの世界最高峰の大会であるウィンブルドンの賞金は、三〇年間で一〇〇倍になりました。私が中学の頃の優勝賞金は三〇〇万円でしたが、今は三億円です。背景にあるのはグローバル化の進展ですね。昔、発展途上国の人がウィンブルドン大会をテレビで見るなんてできなかった。今はスマホでライブで見られる。世界中の人々が親しむスポーツ、チーム、そしてその試合は、広告宣伝ツールとして非常に高い価値があります。スポーツビジネスは、コンテンツビジネスであると同時に、広告宣伝のツールとしてのビジネスでもあります。

こうして、グローバル化の進展とともに、スポーツビジネスが、とても大きくなっていますが、日本の影は薄いんですね。一位はアメフトのプロリーグ、NFL。二位がアメリカ大リーグ、NLB。日本のプロ野球は一〇位。Jリーグは一九位。経済規模はイギリス、スペイン、ドイツよりも大きいのに、スポーツの世界ではとてもかなわない。

ただこれも昔からではないんです。Jリーグとヨーロッパの五大リーグを比べると、二〇年前は売り上げが変わらなかった。一方、Jリーグの売上は、ここまでは基本的に横ばいでした。DAZN（ダゾーン）というインターネット中継の会社が大きな金額で放送権を買いましたから、これからどのように伸びていくかは楽しみですね。一方、イングランドのプレミアリーグは、その間で一〇倍になっています。野球も一九九五年、大リーグの売り上げは一四〇〇億円。日本のプロ野球は九〇〇億円。一球団ごとにすると大リーグは五〇億円、プロ野球は七五億円で、むしろ日本の方が売り上げは大きかった。ところが二〇年後、MLBは九〇〇〇億円に成長しました。NPBの成長は当時の九〇〇億円から現在は一五〇〇億円程度で、成長はしていますが、MLBに大きく水を開けられています。

欧米のトップリーグの特徴はテレビ、インターネットを通した放送権収入が大きい。日本はそんなに大きくない。一方、日本はスポンサー収入が大きい。ここには親会社も含まれていますが、日本は、スポーツ観戦がまだまだ日常になっていないということもあるでしょう。いずれにしても、欧米と日本のトップスポーツの売上にこれだけの違いが生じている背景として、それぞれの経済成長もあるでしょう。この二〇年、日本はゼロ成長ですがアメリカの経済規模は二・五倍になっています。つまり、当時一〇〇〇円で買えたラーメンが日本は今も一〇〇〇円。アメリカは

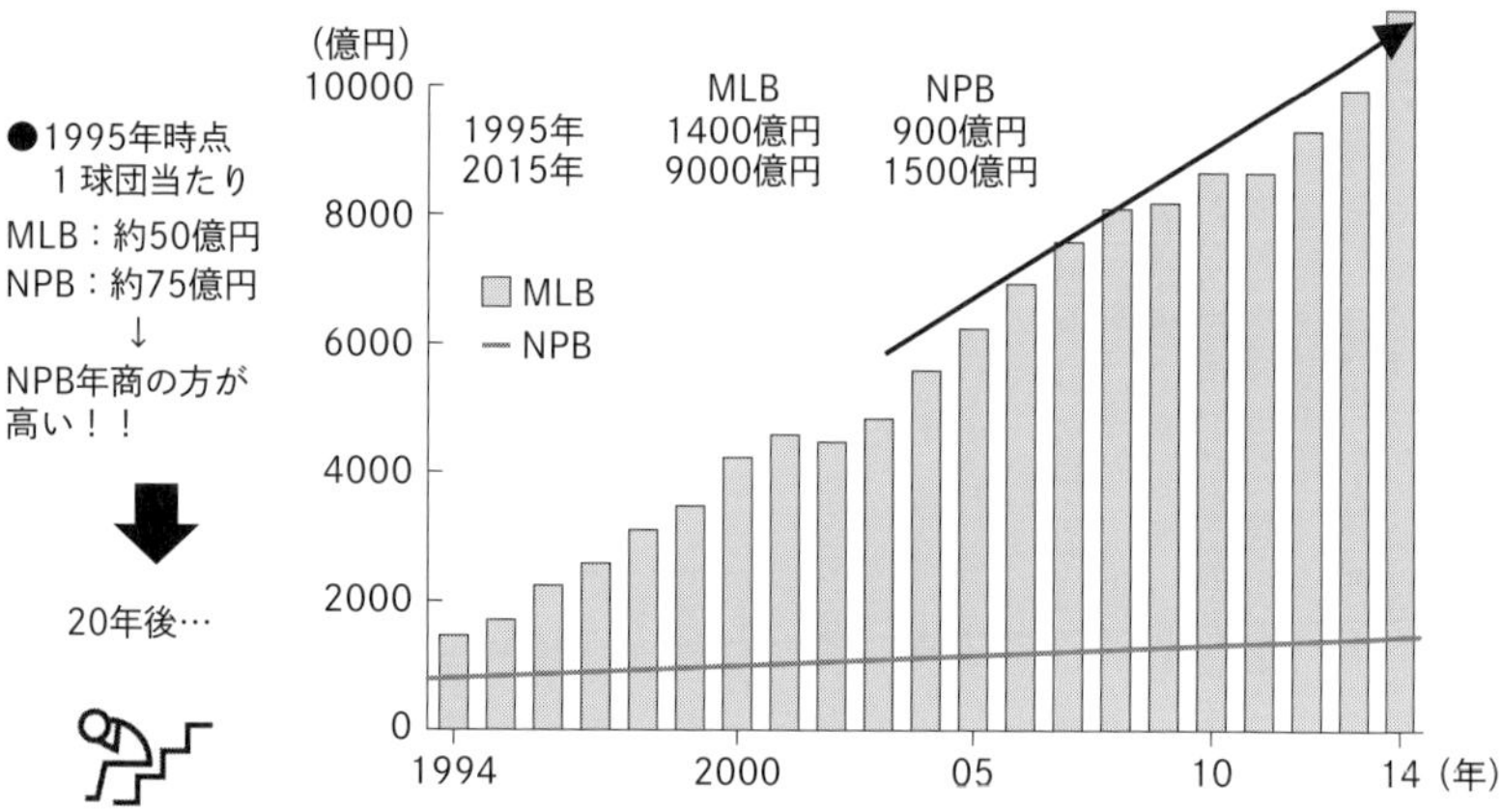


MLBの成長・NPBの停滞

出典：読売新聞2015年6月3日1面より作成

二五〇〇円ということです。ユーロはもっと高い。同じ期間で経済規模は三・三倍です。

テレビ市場の違いも大きいでしょう。アメリカはとにかくテレビにお金が流れ込む仕組みで、まずお金を払わないとテレビが見られない。ケーブルにつなぐか、衛星契約しない限り映らないんです。そしてそのケーブル業者が一地域に一社。なぜかというと、アメリカは国土がものすごく広いんですね。日本のように電波塔をいくつも建てられない。そこでケーブルを敷くんですが、これは莫大な初期投資を要するから、一地域に一社というかたちで独占を許したわけです。結果として、月に一万五〇〇〇円程度のサブスクライバー・フィーを払わないとテレビがみれない仕組みになっている。もちろん、CM収入もありますが、こうしたサブスクライバー・フィーで薄く広くお金を集められるのがアメリカのテレビ市場です。その結果、NLBでいえば、総収入の四三%にあたる四〇〇〇億円近くが放送収入です。日本はただでテレビが見られますから、アメリカのようにはいきません。皆さんは、海外ドラマは結構見ますか。ああいうやつの一話制作費は、物によって一〇億円使う。日本で最も制作費が高いのは大河ドラマですが、一話五〇〇〇万から六〇〇〇万円。流れるお金の桁が違いますね。

もう一つ、アメリカは税金でプロスポーツを支援しています。大リーグの球場は八〇％が公設球場です。つまり建設資金の大部分が税金ということです。そして、とても安いお金でチームにリースされている。例えばミルウォーキー・ブリュワーズの本拠地球場、ミラー・パークは五〇〇億円ぐらい使って建設されました。うち四〇〇億円が税金です。テナントのブルワーズは年間一億円程度の賃料を払って、球場から発生するすべての売上を手にすることができるようになっています。

対比として日本は、北海道の日本ハムファイターズを例にとりますと、ミラー・パークと同じ公設スタジアムの札幌ドームを本拠地として使用しています。ファイターズは、第三セクターの運営会社に、諸経費含めて二七億円ぐらい払っている。日本ではアマが使うときは安いんですけど、プロが入場料を取って興行を打つとなるとすごく高くなる。ファイターズは二七億円払っても球場の売店の運営権もないんですね。札幌ドームのコンコースで売るハムやソーセージは日本ハムではなくて他の大手メーカー製です。なぜなら日本ハムは市の入札コンペで負けたからです。このようなことがよく起こります。

千葉ロッテマリーンズも、わたしが現役だった九〇年代のことですが、場内売店で売っているアイスクリームはロッテではありませんでした。ロッテが千葉市の納入業者でなかったからです。日本は公平性を非常に重んじるんです。民間企業にちょっとでも便宜を図るとオンブズマンが「おかしいじゃないか」と言ってくる。しかし、スタジアムビジネスを建設から運営まですべて民間でやるとなると、なかなか採算が合わないんです。福岡はダイエーの中内さんがドームをつくってくれましたが、その建設費は七六〇億円。絶対に元は取れない。なぜならば減価償却、利子、固定資産税で年間六〇億円かかる。つまり、毎年、それだけ純利を生み出さなければならない。プロ野球ビジネスはせいぜい二〇〇～三〇〇億円。そこから六〇億円もの純利は出ません。

大リーグだけでなく日本も同じですが、二極化しています。お金を持っている人がより持つ。アメリカに比べてはるかに緩やかですが、それでもお金持ちにお金が集まる形に世の中が移行しています。そういう世の中において、一〇〇万円がはした金の超富裕層が増えている。そういう人からお金をもらおう、その人たちが喜ぶ施設をいっぱいつくろうというのが今のトレンドです。しかし日本は球場の改造などが自由になりません。じゃあなぜアメリカは税でやれるのか。一つは地方分権です。各州に国のような機能性がある。たとえば消費税だって、ある州、ない州がある。ニューヨークは八・二五％。隣のニュージャージーは生活用品の消費税ゼロ、フロリダは企業誘致のために法人税なしとか、そういったいろんな自由度があります。

## ■トップダウンによる全体最適

政治との関わり方も、日米でだいぶ違います。日本では政治というと汚いイメージで、スポーツとつながることが嫌われます。しかしアメリカは活用します。大リーグもNBAも専門のロビイストを雇って、自分たちの考えを政策に反映してくれる議員を育てるんですね。日本では、スポーツ界出身の議員はいますが、必ずしもスポーツ界の代弁者というわけではない。政治家になるとスポーツの方が途端に距離を置くからです。他の業界は、JAにしても労働組合にしても、業界の代表者を送り込むことで、業界利益を押し出してもらう。スポーツはなぜかそういうことをしません。

リーグもアメリカでは固まりとして動く。例えば球場を税金でつくってもらうときは議会を通さなければいけない。場合によっては住民投票にまで持ち込まれる。こうしたときに、個別の球団はもちろんですが、大リーグ全体で後押しをします。「嫌なら、この球団はあちらの都市に移転しますね」というような強硬な姿勢を取ることも辞さない。スポーツに大きなお金を集める一端でもあります。

固まりでやるといろんなことができる別の例として、MLBAM（MLB Advanced Media）の事例があります。二〇〇〇年当時、各球団は自分たちでウェブサイトを運営していました。しかし収益化の道はみえず、コストが膨らんでいた。そこで中央団体のMLB機構が、各球団に「我々に任せてもらえませんか。ある程度は出資してもらいますが、今の費用より安くします。四年間やって駄目なら、また皆さんにお返しすることも含めて再検討するということで、MLB機構に預けてくださいよ」ということでゼロから始めたのが、一七年後には売上一〇〇〇億円を超える大成功をおさめたのです。

このMLBAMの成功は、スポーツビジネスの成功例に留まらず、インターネットにおけるイノベーションとして世界的に有名です。なにせ、ハーバードビジネススクールのケースブックにも載っているくらいですから。こういうのは日本は苦手ですね。私も福岡ソフトバンクホークスの経営に携わっていた時、実感したのですが、日本はトップダウンによる全体最適を好まないんですね。日本の仕事場は、伝統的に現場が強く、現場と経営は対立構造になりやすいのですが、その理由の一つに、トップになると威張ろうとするからかな～という気もします。

さきのMLBAMの例でも、MLB機構は、リーダーシップをとりますが、それは音頭を取ってまとめる役割を果たすということで、威張るわけではないんです。むしろ御用聞きですよ。「困っていることはありませんか。私たちに任せてください」。それによってMLBがやった方がいいもの、各球団がやった方がいいものと権利をうまく分けてビジネスを伸ばす。日本のもう一つの特殊な事情は、親会社の存在で、ソフトバンクは球界の一員であると同時に世界有数の企業グループであるわけです。つまり、親会社同士の権利がぶつかるような案件は、そこで止まってしまう。ソフトバンクは、グループの主力事業が、インターネットやケータイですから、同業あるいはそれに近い楽天やDeNAとどこまで共同事業をできるかについては慎重にならざるを得ない。

特に難しいのがコンテンツの共有でしょう。MLBAMは、過去のアーカイブから現在まで全映像がオール・イン・ワンで、これがビジネスの源泉でもある。これを日本でやろうとすると、読売ジャイアンツのグループ会社の日本テレビ、ヤクルトスワローズのフジテレビ、ここに近年はインターネットの会社も入ってきます。ソフトバンクのスポナビライブ、楽天の楽天TV。これらの利害を調整して、一括管理するにはどうすればいいか。共同でやればと思うでしょう？　ところが、そうなるとライバル同士が顧客情報を共有するのか、なんて話になって難しい。

こうしたなかで、パ・リーグでつくった共同事業会社、パシフィックリーグマーケティング、通称PLMはよくできたと思います。PLMの主な業務内容は「パ・リーグTV」で、全試合ライブもアーカイブも動画配信していま す。会員が八万人くらいで、結構大きな事業になっていま す。これも権利統一から始めると、お互いの警戒心を逆撫でするばかりで非常に難しくて、まずは皆ができることからということで、システム費用、システム統合から始めました。そこから、ゆっくりゆっくり積み上げていきました。一つのビジネス成功事例として、いろんなところに出ています。検索してもらいたいです。

二〇〇五年は球界再編が起きました。若くて優秀な人がたくさんプロ野球に入ってきた。例えば今ビズリーチの社長をしている南（壮一郎）さん。彼は当時、楽天の事業部長でした。今ヤフー執行役員の小澤（隆生）さんも天才的な人です。この人が楽天の事業担当取締役でした。こういう人が入って次々とイノベーションを起こしたんですが、残念ながらスポーツ業界は大きく一気に動く業界ではないので、三年ぐらいでみんないなくなりました。

■変革は辺境から

そんなプロ野球ビジネスの先々はどうなのか。実は、各球団はとてもうまくやっています。

皆さん、野球は見なくてもスポーツニュースは見ると思います。どの球場も満員でしょう。実際よく入っていますす。観客動員は史上最高をこの数年ずっと更新し続けています。そのキーワードは「地域密着」です。

スポーツのビジネスは基本的に地域密着です。世界最高ブランドのスポーツチームと言われるマンチェスター・ユナイテッドの売り上げは七〇〇～八〇〇億円。ちなみに、日本のプロスポーツチームで最高に売り上げが多いソフトバンクで二八〇億円ぐらいです。阪神は、親会社の阪神電鉄に帰属している広告看板や売店などの球場収入も足し合わせると実際は三〇〇億ぐらいあるでしょうが、ソフトバンクや阪神でも三〇〇億程度です。世界と日本の差は随分ありますが、実は、世界中にファンがいるマンチェスター・ユナイテッドでも来場客の八割は地元客なんですね。地域が盛り上がること。地域のお客さんに愛されること。地域に自分たちのものだと思ってもらう。これがスポーツビジネスの肝なのですが、プロ野球ではその意識がかっては弱かったのですが、この二〇年で相当に浸透しました。地域というと今をときめく最先端のものと対局に見えるかもしれませんが、そんなことはなく、いろんなまだ価値が眠っています。

福岡ソフトバンクホークスで一三年にわたって育ててきた「鷹の祭典」というイベントがあります。始まりは二〇〇四年、海の日でした。祭日なのになぜかお客さんが入らない。すると当時の営業部長が「社長、一〇〇〇万円使わせてくれたら、売り上げを倍にしてお返しする」と言い、「よし、やってみろ」で、来場者全員にレプリカユニフォームをただで配る企画を実施したところ、チケットは瞬間蒸発し、売上は倍どころか5000万円アップしました。翌年以降、一試合が二試合に、四試合になり、東京に行き、大阪に行き、北九州に行き、現在は八試合。動員は三〇万人。一〇〇〇万円のコストで五〇〇〇万円をつくったのが、今は四億円のコストで一四億円をつくるようになりました。ユニホームなんて四〇万着つくるんですよ。お馴染みの祭りの法被の発想なんですね。みんなで同じ格好をして、わっしょい、わっしょいやっていると気持ちよくなるじゃないですか。福岡発の、みんな一緒に期間限定ユニフォームを着るコンセプトは、いま全球団に浸透しています。

そして来場客の鍵は女性です。女性が来れば男性が来るなんて単純な話ではなく、女性は常に消費の鍵なんです。しかしプロ野球はずっと女性に煙たがられ、敬遠されてきました。そこで女性ばかり来る日をつくろうじゃないかと、地元テレビ局と共同で開発したのが「女子高生デー」というものでした。女子高生がプロデュースしたユニホームを全員で着る、テレビ局とのタイアップイベント。その日は来場客の八割が女性になりました。若い人だけじゃ寂しいのでつくったのが、「大人女子デー」。野球に限らずイベントプロデュースの頭の訓練になりますから、こういうのも調べてみると非常にいいと思います。

各球団、こうした来場客の満足度向上に力を入れてきた結果、お客さんは二〇〇五年の再編以降、飛躍的に増えました。再編前の方が数字が多いと思うかもしれませんが、再編前は実は嘘の数字を発表していました。実数発表は、二〇〇四年の球界再編を経て、二〇〇五年からです。

私がロッテの練習生だったころ、本拠地は川崎球場でした。とても汚い球場で、便所は男女同じ。当時のロッテ球団のスローガンは、「テレビじゃ見れない川崎劇場」なんて自虐的なものでしたが、実際、当時の観客動員は場合によって三桁。しかし営業担当者はぐるっとスタンドを見回して「今日は三〇〇〇でいくか」と発表していたのが一九九〇年代です。今は本当の数字を言います。そのころ、巨人戦のテレビ中継の視聴率は、毎日二五%。とんでもないコンテンツでした。セ・リーグの残り五球団はそれと均等に試合ができる。対してパ・リーグは露出の少ない薄暗い集団だと思われていた。それが今、売り上げがほとんど一緒になりました。

ではこれからのプロ野球がさらなる成長を遂げるにはどうするか。各球団の地域化に加えて、ブランド力。今はファンも選手もMLBの方が一段、上の世界だと思っている。向こうのトップ年俸は三〇億円。日本のトップ年俸は六億円とおカネも違うし、ステータスも違う。この差をどう埋めるか。

簡単ではありませんが、NPBはもっと投資の促進をするべきでしょう。日本のプロ野球は、実は外資が入れません。Jリーグもそうですね。今、殻を破って飛び出す準備は整っていますが、前の時代に生きてきた人にはその時代の価値観があって、なかなか脱却できない。自分で自分を否定することになるから、分かっていてもやらない。若い皆さんの世代から、ぜひ変えてもらいたい。ということで、私の話はこれで終わらせていただきます。ありがとうございました。

Part 1
職種／競技による
アドミニストレーション

# スポーツ団体の法人化
## アスレチックデパートメントが法人格を持ったら？


谷塚 哲

REGISTA・スポーツマネジメント　代表

やつか　てつ　1972年生まれ。スポーツ団体の立ち上げ・経営の支援、リスクマネジメントなどのコンサルを中心にスポーツ団体の法人化などをメイン業務として行う。またスポーツに関する法律的観点から、スポーツ団体へのコンサルを行う。東洋大学法学部企業法学科助教。


### ■スポーツ基本法における法人格

今日はスポーツと法人格にどういう関係性があるのかというところをお話ししたいと思います。前段として「スポーツ基本法」があります。二〇一一年、これからのスポーツがどうあるべきかを定めた法律です。今日本のスポーツはこの法律に基づいて動いています。何が一番重要かというと、「スポーツを通じて幸福で豊かな生活を営むことは全ての人々の権利である」ということが法律に記載されました。それまでスポーツは人間に欠かせないものという明確な根拠がないまま来ていた。二〇一一年に初めてスポーツをすることが権利であると書かれて、大きな影響を与えました。ちなみにヨーロッパは一九七〇年代からスポーツは権利であるといわれています。

スポーツ基本法第五条にこんなことが書かれています。

「スポーツ団体はスポーツの普及および競技水準の向上に果たすべき重要な役割に鑑み、基本理念に則り、スポーツを行う者の権利・利益の保護、心身の健康の保持・増進、および安全の確保」「スポーツ団体はスポーツの振興のために事業を適正に行うため、その運営の透明性の確保を図るとともに、その事業活動に関し、自らが遵守すべき基準を作成」「スポーツ団体はスポーツに関する紛争について、迅速かつ適正な解決に努める」。

スポーツをすることが固有の権利と法律で認めた以上、スポーツ団体は一人一人の権利・利益を保護するために努力してくださいと明記されたわけです。簡単に言うと、ガバナンスとかコンプライアンス。組織を統治し、法令を順守する。そして昨今のスポーツ政策の中で、スポーツ団体は法人格が必要ですよと明記されたのは、二〇〇〇年の「スポーツ振興基本計画」です。そこに総合型地域スポーツクラブ、要は地域のスポーツクラブにNPO法人などの法人格を取得してくださいと明記されました。例えば契約をするのに、当事者が権利・義務の主体でないと契約はできません。責任の所在がはっきりしない団体にはお金を出さないということが背景にある。

組織であっても法人格のない団体をよく任意団体といいます。例えば地域のサッカー少年団、野球少年団。長い歴史があって毎年人が集まって活動していても、法人格がなければ任意団体です。我が国には、任意団体をしばるルールや法律がない。当然、法人格を取得すれば全て法律にのっとって運営しなきゃいけません。分かりやすいのは株式会社です。いろいろとルールがあります。社長を決めるのがどうだ、株主がどうだ、決算がどうだ。あれは法人だからです。逆にいうと、どれだけ人を集めて、どれだけお金が動いても、極端なことを言えば皆さんの自由に運営できるのが任意団体なんですね。

そう考えると、勝手に何でも都合よく運営できる組織に、皆さんはお金を出したいですか。それともちゃんと法律や会計のルールにのっとってしっかり運営している活動にお金を出したいですか。となると任意団体は信頼性が低いと考えられてしまう。そこで二〇〇〇年の「スポーツ振興基本計画」では地域のスポーツ団体でも法人格を取ってくださいと言っているわけです。一〇年、二〇年前は法人格を取るのは難しかったんです。しかし今日は法人格を取るのはそんなに難しい話じゃないんです。

ちょっと話がそれますが、この中で社長になりたい人はいますか。明日にでも社長になろうと思えばなれます。会社をつくっちゃえば次の日から社長です。ちょっと昔は株式会社をつくるのに一〇〇〇万円集めないとつくれなかったんですよ。いわゆる資本金ですね。でも今は一〇〇〇万円の資本金がなければ株式会社をつくれないというルールが撤廃になりました。一円の資本金を銀行に入れれば会社ができます。厳密にいえば、法人をつくるときに税金が二五万円ぐらいいります。だから皆さん、学生の間に社長になることは難しい話じゃないんです。

現在では、法人をつくることを簡単にして、どんどん事業活動を活発にしてねというのが今の趣旨になっています。さらに二〇一一年の「スポーツ基本法」では、もっとスポーツ団体は会計をちゃんと透明にしなさい、ルールを決めなさいといっています。すると任意団体でいるより法人格を取った方が手っ取り早いです。

## ■目的に合わせた法人格を選択する

任意団体は、いくつか問題をはらんでいます。どんな問題かというと、スポーツ団体の多くは法人格を取っている方が少なく、これを人格なき社団、もしくは権利能力なき社団といいます。任意団体は一個人ではありません。手続きをしていませんから法人でもありません。人でもない、法人でもない任意団体は、権利・義務の主体ではないという考え方です。法人格を取得するとは、権利・義務の主体になってくださいねということなんです。

法律上の権利・義務の主体ではないことに、どんなデメリットがあるか。例えば契約ができません。契約ができないとは物が買えないということ。物を買えなければ、場所も借りられず、活動できないですよね。任意団体のサッカークラブ。ボールを買って場所を借りないとサッカーできないでしょう。さらに裁判もそう。何かトラブルがあったときに誰も解決をしてくれない。権利・義務の主体同士でないと裁判は起こせないんです。今まではそれでも活動はできました。だからこそ小さい団体なんです。活動を大きくしたり、お金をたくさん稼いだりすることを考えると、権利・義務の主体にならないと活動できないでしょう。

任意団体のままでトラブルが起こりました、大きな借金を抱えましたなんてことがあるんです。この場合、実際どうするのか。任意団体の責任を問うことはできません。でも被害が起こっているわけですから、誰かが責任を負わないといけない。すると任意団体を構成する個人が責任を負いなさい、借金を払いなさいとなってしまうのが任意団体の怖さなんです。法人であれば、借金は法人の財産のみが返済対象です。返せなくなったら会社は潰れてしまう。正式に解散が認められれば免責になることもある。

ですが任意団体は責任が個人にひも付いてしまう可能性があるので、そういうリスクを負わないためにも法人格を取りましょうというわけです。

スポーツ団体の法人化で一番重要なのは、実は営利目的と非営利目的です。営利とは利益を還元することです。一方で非営利とは利益を還元しないことです。営利目的でも非営利目的でも、まず収入はあっていいんです。支出もかまいません。給料を払う、打ち合わせ代を払う、物を買う、全てオーケーです。収入から支出を引いた残りは利益ですよね。この利益を一部の人間で山分けすることを営利目的と言います。一方で利益を山分けせずに来年の事業費に全額繰り越すことを非営利目的と言います。これが正しい営利と非営利の解釈です。

営利目的の代表は株式会社です。だから株式会社には配当があるわけでしょう。余った利益を株主に配当する。一方で余った利益を山分けせず、翌年に繰り越してまた事業に使えば非営利目的なんです。代表は財団法人、社団法人、NPO法人です。よくこれらはボランティア団体でしょう、稼いじゃいけないんでしょうと思う方がいますが、お金を稼いでいいんです。利益も出していいんです。利益を来年に全額使えばいいだけなんです。利益を山分けしたければ、株式会社をつくるしかない。

そして実はスポーツ団体にはこの各種法人格がいっぱいある。分かりやすい例が日本サッカー協会、日本バスケットボール協会、日本体育協会。財団法人です。ということは非営利目的なんだなと分かりますよね。

一方でJリーグ、プロ野球、Bリーグ。法人格は何だと思いますか。プロスポーツですから興行でチケットを売って、スポンサーを取って、放映権を売って金を稼ぐ団体です。これは全部社団法人です。社団法人は非営利法人です。要は金を稼いで利益が出たら、翌年のリーグ運営に全額使っているだけの話です。よくスポーツ団体に対して、なんでおまえたち金を稼いでいるんだよ、なんでそんな高い会費なんだよと怒る人がいるんです。非営利団体だろという人が多いんですが、全くそんなことはないんです。世の中のNPOで何億円と収入がある団体はあります。別にそれは法律上何も問題ない。この解釈がないと、スポーツ＝非営利法人＝ボランティアという感覚で、残念ながらスポーツビジネスが発展しないんです。

また組織の目的は大きく分けると、私益目的、共益目的、公益目的があります。私益とはごく限られた人のみの利益です。公益とは社会一般の皆さんの利益。でも世の中は竹を割ったように全てが公益か私益かじゃないんです。その中間に共通の利益があります。分かりやすいのは、例えば青山学院大学の同窓会です。青山学院の同窓会ってかなりの数いらっしゃる。それだけいたら公益と思いたいですが、青山学院を卒業しないと利益が受けられない。要は資格制限がかかる団体の利益を共益と言います。

組織の目的を大きく分けると、この三つです。私益、これは株式会社です。公益目的であると、公益社団、公益財団、NPO法人など。共益の部分に来ると、一般社団、一般財団。営利か非営利かでいうと株式会社は営利です。そして共益、公益は非営利です。こういう感じで、組織の目的において法人格が分かれる。逆にいうと何でもいいわけじゃない。その目的に合わせた法人格を選択しないと、のちのち面倒くさくなります。

■スポーツにおける収益

世界的なスポーツ団体の話をします。NPBやJリーグ、Bリーグなどは社団法人、非営利法人です。一方で読売巨人軍、FC東京、サンロッカーズ渋谷などプロチームは営利法人。みんな株式会社です。では九〇〇億円ほど稼ぐイングランドプレミアリーグ、マンチェスター・ユナイテッドの法人格はというと、株式会社、営利法人です。ドイツブンデスリーガ、香川真司のいるドルトムントも株式会社、営利法人です。でも同じドイツブンデスリーガのプロクラブ、シャルケの法人格は非営利法人です。メッシ等々がいるFCバルセロナは六〇〇億円か七〇〇億円ぐらい稼ぎます。でも実は非営利法人なんです。

ですから営利法人のクラブもあれば、非営利法人もある。どっちの法人格でも稼ぐことは問題ないんです。何を言いたいかというと、スポーツ団体の法人化にも多種多様な法人格がある。周りが株式会社だから、うちも株式会社でっていう話じゃないんです。目的は何ですか。利益をどう還元したいですか。

日本でスポーツビジネスをするところで営利法人格をあえて取っているところもあります。コナミやセントラルといったフィットネスクラブ。地域のNPOでフィットネス教室をするスポーツ団体と、コナミがやっているフィットネスクラブって、極端なことをいえばやっていることは一緒です。

でもスポーツ団体の法人格は非営利が多いです。いろいろ理由はありますが、一番は税制優遇です。非営利法人の課税方式は「収益事業課税」、一方で株式会社は「全所得課税」といいます。全所得課税は、全部の所得に課税する。一方で収益事業課税は、定められた収益事業を行ったときだけ法人税をかけますというルールです。営利法人は何をどうしたって全て課税対象です。法人税は今だいたい三〇%だと思ってください。例えば一〇〇〇万円の利益が出たら、法人税は三〇〇万。これが株式会社の宿命です。一方で非営利法人は、収益事業をやったときだけ三〇パーセントの税金をかけます。逆を返すと、定められた収益事業以外で利益が出ても非課税です。ここで皆さん注意してください。収益事業とは、あくまでも法人税法に定められた三四業種です。

一般的にスポーツ団体の収入ってなんですか。いわゆるスポーツを提供してお金を頂くのが、基本的なスポーツ団体のメイン収入ですよね。スポーツを教えてお金を頂くことをスポーツ指導事業と言います。これが三四業種に該当していれば、当然税金の対象です。該当していなければ、例えスポーツ教室事業で利益が出ても非課税です。技や芸を教えてお金を頂くものは三四業種で、収益事業ですよとあります。ただし全部の技芸教授業料等じゃないんです。調べると一定の技芸教授業等とは、記載されているものだけが該当します。ということは、記載のないものを教えてお金を取るものは該当しません。非課税です。

すると、そこにスポーツ指導の対価は書いていません。つまり非営利法人で行うサッカー教室、バスケットボール教室、野球教室の会費、参加費は全て非課税です。僕が株式会社で月水金とサッカー教室をやって一〇〇〇万円の利益が出ました。一方でNPO法人や社団法人で、火木土とサッカー教室を別のところでやって一〇〇〇万円の利益が出ました。株式会社であれば、手元に残るのは七〇〇万円です。一方でやっていることは一緒なのに、NPO法人でやっているサッカー教室の一〇〇〇万円には課税されません。

だからスポーツを教える団体ってみんな財団、社団、NPO法人を取るんです。株式会社の協会・連盟って基本的にありません。これだけがメリットではないですが非常に大きなポイントです。もっというと、いろいろな税金で非営利団体は優遇されています。それらをうまく生かして、手元に三〇〇万円が残るか残らないか。これは経営上の大きな判断基準になります。

このように任意団体が多い日本のスポーツ団体として、冒頭に言いました「スポーツ基本法」でガバナンス、コンプライアンスをしっかりやれと言っているんだから、まずは法人格を取った方が簡単ですよね。もしサッカー教室、サッカークラブを株式会社化しなければいけないとしたら、理由は何だと思います。唯一あるとしたら、将来上場したいということ。俺は上場して世界のサッカースクールになりたいと思うなら、これは株式会社でしか方法はない。ただそんなスクールは多くないはずです。

■アスレチックデパートメントの法人化

二〇一七年四月から第二期「スポーツ基本計画」が始まっています。この中で重要なのがスポーツの産業化です。スポーツをビジネス化させましょうと。どちらかというと従来のボランティア的な団体がいまだに多いんです。そんな仕組みでは金を稼げません。

スポーツビジネスは、営利的な側面と非営利的な側面を持っています。非営利的な側面とは、協会、連盟、学校、教育委員会などといった公的機関と付き合いがないといけない。ですからスポーツビジネスは両面の性格を持っているんですね。片方しかないと、両方の効果を得られないんです。

株式会社だったら出資者を募ってお金が集まるかもしれないけれど、税制優遇がない。一方で財団法人、社団法人、NPO法人だと利益の還元ができないから出資者は集められないかもしれないけれども、税制の優遇がある。両方のメリットがほしくても、残念ながらそういう法律はないんです。そこで何が起こっているのかというと、スポーツビジネスの中で非営利法人と営利法人を両方持って、非営利の方がいい場合は非営利の名前で、営利の方がいい場合は営利の名前で事業活動をするビジネスモデルが実際に行われています。

一番分かりやすいのはNPB。プロ野球は社団法人という非営利法人です。ですがパシフィックリーグにおいては、株式会社パシフィックマーケティングという別法人を持っています。さらにJリーグ。これも社団法人ですが、Jリーグホールディングスという株式会社を持っています。Bリーグも、あまり表に出ませんがBマーケティングという営利法人を持っています。もっというとJリーグのクラブは基本株式会社で、下部組織に非営利法人を持つケースが増えています。有名なところで湘南ベルマーレ。ドイツブンデスリーガも営利法人と非営利法人、両方持っている形態が多いです。営利法人でバリバリ稼いで、非営利法人で税制優遇や自治体の減免、補助金をもらう運営方式です。

第二期「スポーツ基本計画」の中で、大学スポーツビジネスの産業化も出てきています。大学スポーツのＮＣＡＡ化。ＮＣＡＡは、アメリカを倣って各大学にアスレチックデパートメントという、いわゆるビジネスマネジメント部署を設置するということです。そういうマネジメントのできる人材をスポーツアドミニストレーターなんて呼んだりします。

従来の大学の部活動を見てください。法人格がないですから任意団体であって、マネジメントは結構素人ですよね。部費の取り扱いはどうですか。実際、利益が出たら課税される可能性もありますが、税金なんて納めていないですよね。今後、大学スポーツの産業化でスポンサー収入、チケット収入、放映権とかグッズ販売の収入が入ってきたとき、もしかしたら何億円とお金が入り込んでくる。入り込んできた瞬間に税金の問題が発生します。すると非営利法人じゃないんだよ、任意団体なんだよ、税制上どう扱うのというのはすごく難しい話になります。

大学も、学校法人という特殊な法人です。特殊な法人が放映権、チケット収入、スポンサー収入から得られる収益を、大学の会計に計上していいか。正直、大学の会計は困るでしょう。だってそんな収入を受けたことがない。いわゆる学費や寄付という収益しかないから、税制優遇があるんです。でもスポーツビジネスの収入が大学会計上に入ったら、これは税務署も黙っていません。今はまだどこも大々的にやっていないから、税務署もたぶん静観して見ているだけです。

そういうお金がもし入ったら、一部マージンを取るという大学もあります。我々がお金を管理しているんだからと。ですから実際にこれから新しい取り組みとして、スポーツビジネスの大きな収入が大学に入ると、どうやって取り扱うかが一つ問題になるんですね。

これは個人的にいつも言っているんですが、アスレチックデパートメントが法人格を取ったらどうなのか。アスレチックデパートメントを大学のいち任意団体として取り扱うから振り回されるわけです。アスレチックデパートメントを大学会計から切り離し、自身が契約の主体となれば、それらの問題は解決するでしょう。

例えばこういう指導者がほしいと言っても、教員にならないと駄目とかあります。でも非営利法人のアスレチックデパートメントにお金があれば、そこで雇うことができます。アスリートが大学卒業した後も大学で練習するということがあるよね。卒業で一応大学から関係性が離れているのに、何か知らないが大学で練習しているという変な形なので、アスレチックデパートメントが法人格を持っていれば、そこの所属にできます。要はOBアスリートの所属先。そこでサッカー教室、野球教室、陸上教室をしてもらう。収入を得ても非課税です。

　こういうことも今後大学スポーツの産業化の中で絶対に出てくる問題で、もしかしたらその一つの解決方法に、アスレチックデパートメントの法人化もあるかなと。これを率先しいるのが京大ですね。京大はアメリカンフットボール部の運営を法人化しました。

　これからアスレチックデパートメントの話が具体的になったときには、もしかしたら会計の透明性とか、権利・義務の主体とか、税制のところも含めて、アスレチックデパートメントの法人化ということはあり得る話なのかと思います。僕のお話はこれで以上とさせていただきます。どうもありがとうございました。

Part 1
職種／競技による
アドミニストレーション

# マーケティング手法の応用によるスポーツチームの価値向上について

## 起業家から見たスポーツアドミニストレーション

大塚 泰造

琉球ゴールデンキングス　ファウンダー

おおつか　たいぞう　起業家・投資家として13の株式会社、２つのNPO法人の設立に携わる。投資先には取締役・パートナーとして、ハンズオンでマーケティング支援を行い、企業価値の向上を目指している。得意分野はスポーツとコミュニケーション。新しい事業とメディアを創ることで社会を良くしたいと考えている。琉球ゴールデンキングスファウンダー／KAKAXI, Inc. CEO／株式会社フラッグ取締役／株式会社ポケットマルシェ取締役等。

### ■マーケティングとは何か？

今日の講義は、ビジネスをゼロから立ち上げることについて、マーケティングの視点から話をしたいと思います。基本的なフレームワークを俯瞰して、マーケティングのマインドを持つことがゴール。

まずマーケティングとは何か。フィリップ・コトラーという、マーケティングの大家が言ったのが「価値の交換」。何のことか。『コトラーのマーケティング入門』（丸善出版、二〇一四年）高いですがこの一冊を読めばいいぐらい、本当にいい本です。僕もこれだけは今でも使っています。日本マーケティング協会の定義では「マーケティングとは、企業および他の組織がグローバルな視野に立ち、顧客との相互理解を得ながら、公正な競争を通じて行う市場創造のための総合的活動である」。

要するに企業だけじゃない。つまり教育、医療、行政。グローバルの視野に立てば、社会全てが世界とつながっている。それを含めて全て理解しましょうということです。他の国、他の市民、もしくは環境、自然、そういったものも含まれる。あとは顧客との相互理解。ものを買ってくれるお客さんだけじゃない。住んでいる人も、投票してくれる人もそうでしょう。いろいろな人が支えています。そんな話です。つまりマーケティングとは総合的活動である。いろんな領域、多岐にわたっている。ざっくりまとめると、こんな感じです。

メーカーのマーケティング担当は、だいたいものを開発する人です。自販機で売る新しいお茶や缶コーヒーをどうしよう。次のパッケージはどうしよう。そんなことを考えている人たちですね。次にブランディングが出てきて、それをどう売るのか。最後にプロモーションがある。つまりちょっとずつ違っていて、マーケティング担当と名刺にある人の七割ぐらいが、こういう仕事をしている人なわけです。広いのはいいですよ。でも全部を理解する人はほとんどいない。ですから大切なのはマインドなんです。反響を見ながらニーズを探っていく。それに対して解を与えていく。

有名な言葉で「ドリルを買った人が欲しいのは穴だ」があります。ドリルを買いたい。メーカーは「これは回転数が早い」「バッテリーがよく持ちます」「いろんな大きさの穴がつくれます」などと言う。でもドリルを買う人は穴が開ければ何でもいい。ひょっとしたら、穴を開けるのは壁に時計を掛けるためかもしれない。だったら本当は接着剤でいいのかもしれない。そういうところまで考えてみます。

僕はよくこう言います。自分にとってあまり大切じゃない人にあげるプレゼントを真剣に考える行為。自分の家族、友達にプレゼントをするなら、何が欲しいかは普段から接していて分かる。しかし大切じゃない人だからよく分からない。でもその人たちのことをよく知って、何を渡したら喜ばれるだろうかと考える。マーケティングとはそんな行為です。

起業とは何か。新しい事業を起こすことですね。僕の中の定義ですが、事業と商売は違います。右にあるものを買ってきて、左の人に売るのが商売。事業は、今までなかったものを売る。アイフォーンなんてスティーブ・ジョブズがつくるまでは、誰も欲しいとすら考えなかった商品です。それが世界とつながるという新しい価値を提供する。新しい価値が実はマーケティングなんです。普通の会社でマーケティングをやると、宣伝か商品開発かだけで終わっています。しかし何か新しいもの、今の世の中にないものをつくって事業を起こす。その行為自体がマーケティングに近いということです。

■スポーツとは何か？

そもそもスポーツは遊びです。僕はバスケットボールチームをやっていますが、経済的な価値が一円もない、玉が入るかどうかの遊びです。遊びは非日常的で、それ自身のために追求される肉体的・精神的な活動で、目的を持ってやるわけじゃない。さらに分類すると、遊びには自然発生的な遊びと組織化された遊びがある。競争するゲームと競争しないゲームがある。同じ駆けっこでも、組織化して競争すると陸上競技になる。また主に頭を使う競技と、体を使う競技があって、体を使う競技を「スポーツ」と言います。

ただ遊びですが、結構な経済規模です。日本のスポーツ関連市場は一一兆円。これはGDPの二%です。映画は二二〇〇億円ぐらい。音楽関連市場はずっと右肩下がりで、今は一・三兆円ぐらいですか。スポーツは音楽業界よりも一〇倍近く伸びています。一般的には狭義のスポーツ産業だと六・五兆円、この内の一兆円ぐらいが競馬です。見に行くスポーツは一二〇〇億円ぐらいです。ゴルフなどの遊ぶ市場は五兆円ぐらいある。多種多様な分野です。

ミズノという会社が大阪市にあります。連結で五〇〇〇人ぐらいで、売り上げ規模は一五〇〇億円。一〇〇年を超える老舗企業です。アシックスは神戸市の会社で、ここも六〇〇〇人弱ぐらいの経営で、売上額は約二五〇〇億円以上。起業した鬼塚喜八郎さんは靴をつくるのが上手で、戦後安全な運動靴をつくりたいと、昭和二四年にバスケットシューズの製造から始めました。

そしてスポーツの企業として世界で一番大きいナイキという会社があります。ナイキをつくったフィル・ナイトはオレゴン大学の陸上選手で、その後スタンフォード大学で修士論文を書く。そのテーマが、日本のカメラメーカーのニコンです。当時一番高かったライカと同等のクオリティーですごく安くニコンがつくった。そこで「ニコンがライカになし得たことを、いかにスポーツシューズの世界でなし得るか」が彼のテーマでした。修論を書いて日本に旅行に来て、いい靴屋はないかと鬼塚さんのところに行って、「おたくの靴はすごい。僕はアメリカで会社をやっていて」。そのときやってなかったんですが、嘘をついて販売代理店契約を勝ち取りました。彼らは靴をつくらず、靴をデザインします。つくるのはインドやバングラディシュの人たち。要するに自社工場を持たない委託生産方式。非常に高いブランド価値を持っていて、彼らも靴屋を利用したマーケティングの会社です。

似たような会社でアディダスがある。ここは最初、兄弟でかばんをつくったのが靴屋になって、兄がアディダス、弟がプーマをつくります。スポーツ業界で人脈を築いて、有名選手に靴を履いてもらって業績を伸ばした。いい靴悪い靴という話でなく、マーケットに求められているものを提供したから実りも大きかった。人々が商品を買ってどうなりたいんだろう。心の中にどういう位置を持つかに訴求していく。

また別の例で、スポーツリーグの収入の話。アメリカの四大スポーツは大変にもうかっている。日本に比べてメジャーリーグはぐっと伸びた。何がこの違いを生むのかです。「スポーツマーケティング」とはちょっと特殊な言葉です。普通は売る対象に名前は付かないんです。冷蔵庫マーケティングとかお茶マーケティングとか言わない。でもスポーツはスポーツマーケティングという。なぜかというと、スポーツ自体を対象としたマーケティングもあるし、スポーツを通じた企業のマーケティング活動もあるので、その二面性を合わせてスポーツマーケティングと呼ばれています。

二〇二〇年にオリンピックが来ます。誘致から大盛り上がりですが、一九八四年オリンピックでは、立候補したのがロサンゼルスだけでした。あまりにオリンピックが大型化して財政的に支えられず、誰も立候補しなくなった。唯一立候補して勝ち取ったオリンピックで「どうにかしろ」と言われて、民間人のピーター・ユベロスという人がひたすらお金もうけで頑張ります。この人は旅行代理店の社長です。

何をしたかというと、例えばキャラクターを商品化してグッズでもうけましょう。またスポンサーを各カテゴリで一社に限定した。するとスポンサー料は高騰します。さらにスポンサー料金を早く入金してもらって、金融商品で回して利息でもうける。聖火ランナーは今まで普通に走っていたのを、お金を取って走らせる。そんなあの手この手で、いい面と悪い面がありますが、基本的にはそこからオリンピックの商業化は進みます。

## ■スポーツを通じたマーケティング

次にスポーツを通じたマーケティングです。企業のマーケティング活動の一環としてスポーツコンテンツを利用する。フランスでは基本的にテレビは国営放送で、CM枠が非常に限られる。そんなときにほぼ二時間サッカーの試合は中継されるので、看板を置いたらよく写るじゃんという話がありました。露出を増やすためにスポーツを使う。これが第一義的なスポーツのマーケティング。

マーケティングには二つあります。一つはスタイル、もう一つはアートです。普遍性があって再現ができる部分をサイエンスと言います。例えばデータを収集する。誰から収集してもデータ自体は一緒。また適切価格でサービスする計算式も誰がやっても一緒。でもこれだけでは駄目で、個人の能力による部分があります。それがアートの部分。使ったデータから何を選ぶか。商品名を考える。またそれを伝えるメッセージ、プレゼンはどうするのか。この両方を持たないとマーケッターになれません。

図1はとてもエレガントにまとめてあるマーケティングのフレームワークで、左三つが環境分析の基本のフレームワークです。要するに環境、相手のことを一生懸命に観察をして考えるということです。右側がマーケティング戦略の基本フレームワークで、いったい何をプレゼントすればいいのかと考える部分です。

まず世の中はどういう方向にいくのかを分析します。政治はどう動く。規制は強化か緩和か。実体経済は上向いているか。そして社会的要因。人口は増えるのか減るのか。テクノロジーに関しては、インターネットは十分に大きくなった。これからはAIとも戦わなければなりません。新しい技術が出てくる。これでどう世の中は動いていくんだと。

次は3C分析。まずカスタマー。市場はどれぐらいの大きさか。それは成長するか。どういうニーズに基づいているか。次にコンペティター、誰が競合なのか。どれぐらいの数字を出しているか。なぜそうなるのか。どういうやつが競合に入ってくる可能性があるのかなどを把握する。最後のカンパニーは、自分たちがそのマーケットで優位になれるか、それを補える可能性があるか。こうしてプレゼントする相手を理解します。じゃあ、何をプレゼントするのか。一番大切なのは4Pですね。Product（製品）、Price（価格）、Place（流通）、Promotion（プロモーション）。どんな商品を、どこで、幾らで、どうやって売るか。

みんなのニーズが一緒の時は、4Pだけ考えればよかっ

図1　マーケティングのフレームワーク

たんです。たとえばテニスをやる人たちにとっては、ラケットが軽い、さびないのが価値だったかもしれない。しかしテニスをしない人に、どうやってテニスをさせるか。相手は一人じゃないわけですよね。いろんな人がいるので、何をすれば喜ぶんだと戦略を立てるのが、TCPの考え方です。その人たちにどんな価値を提供するのか。プレゼントをして、どうすれば印象に残るんだろうと必死で考えていく。特にターゲットの部分は、こんな感じで考えます。定量的な特性。男か女か。数値化ができるわけです。年齢、家族構成、年収等々。定性的な特性をサイコ・グラフィックと呼んでいますが、ライフスタイル、趣味、嗜好を見ていきます。あとはおまけで、購買特性として買い方。買う場所、買う時間を見たりします。

二〇一六年からBリーグができましたが、その前にbjリーグというプロリーグがありました。ウチは二〇〇七年にチームをつくって、そこに九年間在籍して四回優勝しています。一番優勝して一番強かったチームです。屋内スポーツでは初めて観客が一〇万人を超えて、平均客席占有率は一〇七%。七%の人は立ち見です。ビジネス的にも好調でずっと増収増益を続けています。

bjリーグは二〇〇五年にベンチャー経営者により設立

されました。もともと実業団リーグがあったところ、新潟アルビレックスというサッカーチームを持っている池田弘さんがバスケチームも持っていて、プロになるというので実業団リーグに入ったのに、プロ化しなかった。その池田さんと、当時インボイスという会社の社長だった木村育生さんがつくったのがbjリーグです。非常に考え方が合理的でビジネスマインドでした。

リーグ形態では昇格、降格のあるリーグがあります。こっちはそれがない。プロ野球も五〇年ぐらい一二球団のままです。サブリーグがあったとしても直接つながらず、落ちたり上がったりしない。サッカーはJ1、J2、J3です。強ければ上がり、弱ければ下がる。そうでないモデルだと、落ちないので弱いチームでも生きられる。

## ■スポーツチームの価値は逓増する

最初に話しましたが、僕は二〇〇〇年、当時二三歳の誕生日に会社をつくりました。IT業界は新しいテクノロジーがどんどん出てくる。休まる暇もないわけです。二八歳ぐらいの時に、残りの人生これは疲れるぞとなりました。おかげさまでもうかって散々遊んだのでやりたいこともない、三〇年後にどうしようとなりました。当時ウェブサイトをつくる仕事をしていましたが、そんなものが三〇年後に存在するはずがない。

でもスポーツは絶対にある。世の中に時間経過とともに価値が上がる商品は少ないんです。おにぎりはつくられたら、その日に消費しないと廃棄される。ほぼ全ての商品は時間経過で価値を失っていく。価値を失わないものは、例えばスポーツチーム。スポーツチームは時間の経過と共に価値が逓増する。人口が増える地域の不動産。非常に少ないです。スポーツチームは時間の経過と共に価値が逓増する。人口増加があるところでは特に顕著にブランドが蓄積されます。リーグがビジネスマインドだし、しかも価値が逓増する。だからやろうと決めました。

最初に環境を分析すると、僕は沖縄県と全く関係ありませんでした。チームをつくる前は二回ぐらいダイビングに行っただけで、全然知りません。なので学びました。まず出生率が全国一。自然増で子どもが生まれるのも多い。社会増で人が移住してくる。人口密度は全国九位。商圏としては非常に密度が高い。公共交通機関が弱く、人口分布に隔たりが少ない。普通は駅があって、次の駅までの間に田んぼがあるんですが、沖縄の場合は駅がないのでばらばらです。平均所得はすごく低いですが、所得格差が大きい。

ということはお金持ちの娯楽がないと感じました。あとはアメリカ文化の影響が強い。戦後アメリカだったので、ベースボール、バスケットボールが非常に盛んです。

J1のスタジアムまでの移動時間を見ると、三〇分以内という人が三割。J2になると五割近くが三〇分以内。マーケットサイズでいうとJ1が三〇億ぐらい、J2で一〇億ぐらい。bjリーグは最初の事業規模を二～三億で見ていましたので、より多くの人が近くから来るだろうと仮説を立てました。では、三〇分圏内の人口が何人いるか。当時ホームアリーナとして想定していた宜野湾市まで三〇分圏内の人口で八〇万人です。これは県全体の五八％に相当し、三〇分で八〇万人とは、仙台駅からの三〇分圏内人口とほとんど同じ商圏と見積もれます。一人当たりの県民所得は、東京が一番高くて五〇〇万円弱ですが、そのはるか下、二〇八万円しかありません。しかしジニ係数という格差を表す係数でいうと収入は二位。貯蓄は一位。要するに日本で一番貧富の差が激しい県です。

県内メディアは独立。これは重要で、スポーツチームのフランチャイズの大きさはメディアのリーチとイコールです。中日ドラゴンズは中日新聞のエリアですし、高校野球は毎日新聞と朝日新聞がやるので全国レベルで見られます。巨人は読売新聞と日本テレビなので東京だけでなく全国です。マンチェスターユナイテッドは人口四八万人しかいない街なのに、ソーシャルネットワークによって今は四億人ぐらいファンがいます。

メディアのリーチとファン層は基本的に一緒と考えると、沖縄は沖縄だけで独立しています。産経も朝日も読売も毎日も沖縄県には届きません。正確に言うと飛行機に乗って夕方に届くので、誰も読んでいません。新聞は琉球新報と沖縄タイムスしかなくて、それぞれがテレビ局を持っているから、ここを押さえると県内カバー率は一〇〇％になる。

ベースボールも甲子園は強いですけれども、バスケットボールも盛んで、中学生の二〇・四五％、五人に一人以上がバスケ部に入ります。中学校の全国大会優勝に関しては沖縄が一番多く、六回優勝した内の五回が違う中学校で万遍なく強い。なのでマクロ的な環境を見ても、ターゲットを見ても、沖縄が一番成功するだろう。そこで沖縄に決めて、琉球ゴールデンキングスというチームをつくりました。マーケティング的な見地から選んでつくったので成功しています。初年度は四〇〇〇万円ぐらいの赤字で死にそうでしたが、必死に考えて4Pを全て見直し、既存顧客のマーケティングをし直して、翌年一億円のチケットを売ることに成功しました。基本的にビジネスモデルはホテルや飛行機と一緒で、一人でも多く座席を埋めるのがビジネスの要諦です。みんなが公平に競争するため、サラリーキャップといって年俸の上限が決められています。それによってスポンサー収入やチケット収入はある程度伸びるのに、チームの運営費が抑えられ、経営者としては楽なビジネスです。

実際にチケットとスポンサーのプロダクトをどうつくったかと言いますと、まずはバスケットボールをやっているだけの遊びなので、それを舞台としてつくる。サッカーみたいに一点、二点なら九〇分通して覚えていられますが、バスケは平均で八〇点ぐらい入るので、何回も今何点かを確認します。またサッカーみたいにロスタイムで調整しないので、時間とスコアが一番大事なんです。するとスコアと残り時間が誰にでも見えるコートの中心の一番上にあることが必要です。それで、体育館でやると気分が盛り上がらない。バレーボールなど他の競技の色々な線があるので、専用コートを敷いています。

バスケは五人でやります。両手で足りる人数しか出ないので顔と名前を覚えてもらえるように、一人ひとりを最初に呼び込みします。試合が始まる前に一回暗転して、お客さまの感覚を遮断して一点だけスポットライトをたいて、一人ひとりを呼んでフォーカスを当てる。紹介の後にゲームが始まる。映画館もスクリーンは明るい、観客席は暗い。演劇も一緒です。そこで明るい体育館の電気を全部消して、コートだけライトをつける。試合は試合で盛り上がりますが、バスケは四クオータがある。間もあれば、ハーフタイムがあって、そういったときにライブができます。試合で専属DJを使って、一試合に多い時は二〇〇曲ぐらいかけるんです。僕も一回DJをやりました。

キングスが目指したポジショニングは、沖縄においてエンターテインメントで最も楽しめる空間を目指そう。ライブより躍動感があり、他のスポーツより臨場観や迫力にあふれ、毎回違うドラマが再生産される。

来場者についてはゼロから一回目のステップをどうするか。二回目を、三回目はどうやって連れていこうか。4Pを、さらに内容と回数別に分析作業をする。プライスも科学的に判別します。PS分析という価格設定のモデルがあって、計算式によって理想の価格が分かる。一階自由席は二四〇〇円、二階自由席は二〇〇〇円が最適価格だとサイエンスによって導き出される。

スポンサーの売り上げも大きいんですが、そもそもスポンサーとは何か。沖縄のバスケットボールファンにレベルの高い試合を見せたいのでお金をくださいと言っても、なかなかくれません。そこでもうちょっと広くします。沖縄の子どもたちに夢を与えましょう。だからキングスは存在している。一緒にやっていきましょうと。沖縄をバスケで元気にするのは僕らがやります。そのために会社をつくりましたとスポンサーを回ります。

一般的にスポンサーを集める時は、大きい会社で社長がバスケ好きなら話が早いですが、試合がああだこうだとか、負けるとスポンサーが辞めるとかになると面倒。なので基本的にはバスケと関係なく社会貢献したい、バスケはどうでもいいけど、バスケを通じて地元を元気にしたいという会社にオフィシャルパートナーになってもらう、ということをやっています。こうやってマーケットを分析し、それに対して商品も設定することを真面目にやれば、スポーツチームは経営できます。軌道に乗ると制度的に価値が上がっていくので成功しやすいです。

というところで最後は駆け足になりましたが、今日の話は終わりたいと思います。

# 一人でも多くの出会いが人生を切り開く
## スポーツ×マーケティング＋キャリア

石井 宏司

株式会社ミクシィ
スポーツ事業部 事業部長

いしい こうじ 東京大学大学院にて認知科学、教育×ITについて研究。1997年にリクルートに入社し、インターネット関連の新規事業、エンタテイメントの新規事業、地方創生コンサルティング、人材コンサルティング、事業再生などに従事。その後野村総合研究所にて経営コンサルティング、スポーツマネジメントコンサルティングに従事。アメリカにてスポーツ×ITのテーマのカンファレンスに多数参加。女子プロ野球リーグの事業再生、スポーツマーケティングラボラトリー執行役員などを経て、現在は株式会社ミクシィにてプロスポーツ事業部の統括を担当。千葉ジェッツ、FC東京、ヤクルトスワローズなどのビジネスグロースを担当。

### ■作れば売れた時代

今日はスポーツとマーケティングをマクロな視点で語りたいと思います。欧米ではスポーツのビジネスへの活用が盛んです。なぜ今「スポーツ×マーケティング」と言われるようになったのか、時代を追って見ていきます。

一つ目の時代は、すごく人口が増えた時代。私は一九六九年生まれで、一九八〇年当時、千葉県習志野市に住んでいました。あるとき何もなかった駅前に突然ダイエーができて、開店の二日前から人が並んで、開店するや冷蔵庫、炊飯器、布団と中国人の「爆買い」みたいな感じで売れたんですね。私は習志野第一中学校というところに通っていて同学年は一〇クラス、友達の千葉市の加曽利中学校は当時一七クラスありました。人口が増えていて、いろんな企業が「とにかく作れば売れる。わざわざマーケティングする必要がない」そういう時代でした。

次の時代は一九九五年ごろです。有楽町のおしゃれなビルに初めてアメリカのGAPというブランドが入りました。当時私は大学院生でした。それまで洋服屋さんはあまり店員がいないのが普通でした。ところがGAPはかっこいいお兄さん、お姉さんがいっぱいいて、「君だったらこういうのが似合うよ」「こういうコーディネートはどう」「どういうファッションが好きなの」とどんどん話し掛けてくるんですね。物を置くだけではなく提案してくる。非常に画期的でした。ユニクロが初めて東京に出てきたのが一九九六年です。ユニクロは売り方よりプロダクトにこだわっていました。フリースという新ジャンルでトレンドをつくったわけですね。何が言いたいかというと、普通では売れなくなってきて、一等地に出店して広告する、テレビに出る。どんどん提案する。セールスが次の時代に入ったということです。この頃から「物余り」と言われる時代に入ってきます。ほとんどの人が欲しいものは手元にある状態の中で、さらに買ってもらう努力が必要になってきたわけです。

そんな中、私は一九九七年にリクルートに入社しました。当時驚いたのは、セールスの時代からマーケティングの時代が来ることを見越していたことです。昔はリクルートはいろんな企業情報が詰まった『就職情報』という分厚い冊子を採用広告として、どさっと大学生にまず送る。大学生はその中にとじこまれているハガキを使って希望企業にエントリーするというビジネスをしていました。見方を変えれば、大量の紙のデータベースで採用セミナーを行って選考する。要するにマスマーケティングから個別へのマーケティングへの変化です。二〇〇〇年ぐらいになると、私が立ち上げに関わったクーポンマガジン『ホットペッパー』が登場します。通常のマーケティングでは物が売れなくなってきたけ、そんな時に、アメリカではクーポンマーケティングが

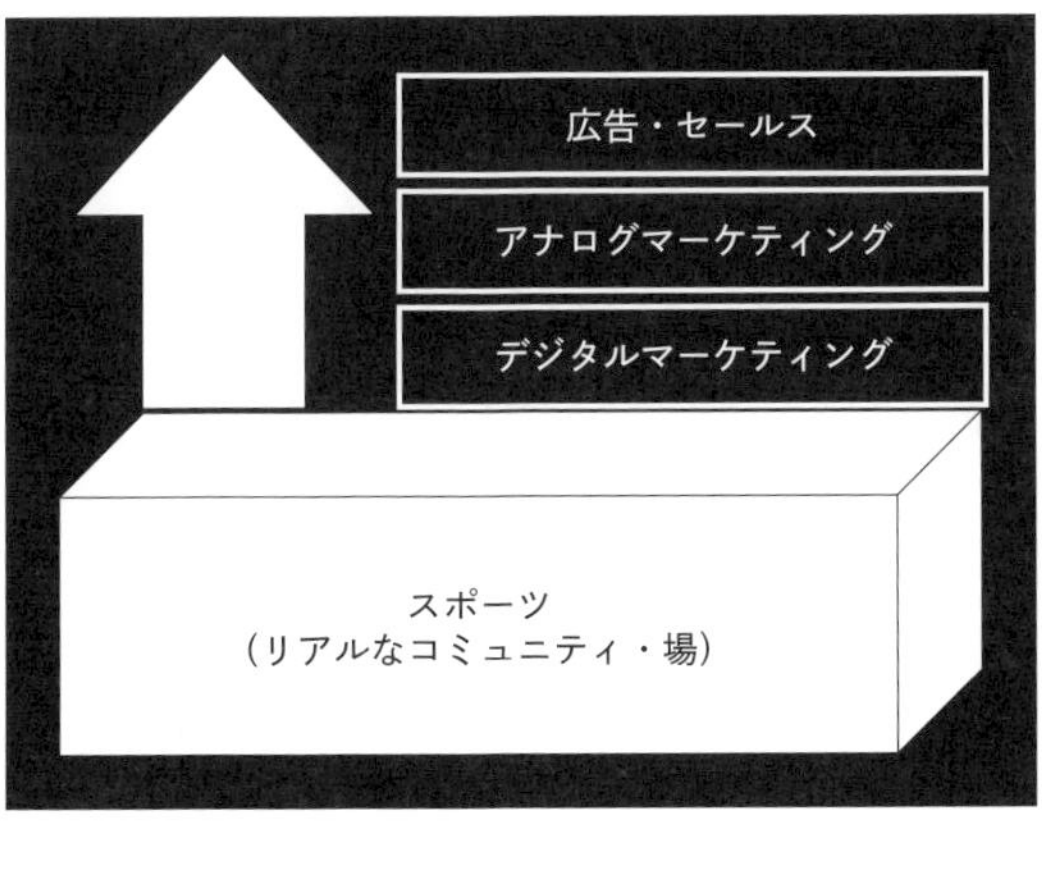

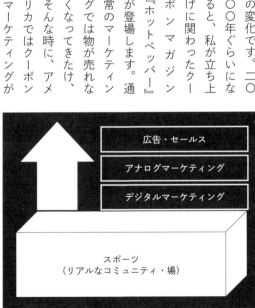

成功している。これを日本に取り入れようと始めました。日本での先行事例は既に他でもありましたが、もっと本格的なクーポンマーケティングを展開したのがこのホットペッパービジネスなんです。最初の『ホットペッパー』は紙で、中に五〇〇枚ぐらいクーポンが掲載されています。お客さんは行きたい美容室、居酒屋などを探してクーポンを切り取り持参する。購買の心理的なハードルを下げて客を集める。この時代は、第三の時代として、紙を使ったアナログのマーケティングが日本で進んだわけです。ダイレクトメール、クーポン、はがき、ファクスなどです。

まだデジタルではありません。二〇〇〇年を超えた辺りから、マーケティングのデジタル化が進みます。リクルートでも「ＩＳＩＺＥ」というポータルサイトや、オンラインで宿予約ができる「じゃらんネット」を世の中にリリースしました。就職の方は二〇〇〇年前半から『リクナビ』が電子化されて、紙のものがなくなりました。その後ＳＮＳが出てきます。このあたりは最近のトレンドで、今やスマートフォンを皆さんが持っていますから、そこに新サービス、新製品を提案していくという流れになってきていますよね。

時代を追うごとに、物が売れなくなって、物余りになって、簡単に物を買わない時代になっています。今は主流はデジタルマーケティングの世界になってきていますが、セオリーもツールもすごく進化しています。そうならないと売れないからですね。ところが私自身はどこかでへそ曲がりなところもあってそこに壁を感じたんですね。リクルートでも野村総研でも、いろいろな調査やコンサルティング、あるいはアンケートをしました。浮かび上がってきたのは、人が昔ほど物を欲しがっていないということです。欲しいものがない。今消費に使うぐらいなら、将来に備えて貯蓄したい、そういうマインドに世の中はなってきていました。一方でスマートフォン、ＡＩ、ビッグデータと出てきて、方法やテクノロジーだけ高度化していく。この矛盾あるいはギャップが私の中で疑問に思えてきました。マーケティングだけを考えても、人々のマインドと乖離していたら、意味がないんじゃないかと思いだしました。今はものすごく多くの情報が皆さんの中に入っていく。すると社会学的には「alienation」というのですが、日本語でいうと「疎外」という状態が起こるそうです。マーケティングが高度になるほど情報過多になって、比較するほど人は自分を見失っていく。文字通り見知らぬエイリアンみたいな状態に自分がなってしまうというわけです。就職活動でリクルートが開発したSPIや、強みを見つけるストレンジファインダーというツールがあります。自己分析をデータでやれるようになりました。偏差値もそうですよね。そういったデータが増えれば増えるほど、自分を見失って主体的じゃなくなる。自分の好みや価値観による主体的な選択、ということが消費という行為の真ん中にあると思うのですが、「疎外」状態になると、それができなくなります。自分を見失うと、基本的に消費は落ちていく。つまりマーケティングは高度になるほど、逆に消費が起こらなくなるというジレンマを抱えるわけなんですね。

そう考えるとビジネスプレーヤーは何を考えなければいけないかというと、自分が何者なのか、あるいは何のために生きるのか、ということもお客様と考えなければいけない時代になったということを自覚しないといけない、ということです。江戸時代は平均四〇歳で死んだのが、今は八〇歳まで生きるわけですよね。場合によっては九〇歳、一〇〇歳まで生きる。後半は老化しますし、世の中の生産活動に貢献できない中で、じゃあ何のために一〇〇年も生きるんだ、あるいは誰とどう生きるんだという「Why」を、人々は定義し直さなければいけない、そういう時代になったといえます。

## ■情報過多による「疎外」

デジタルの社会になると、リアルな関係が薄くても生きていけます。でも人は動物的な部分もありますから、リアルなコミュニティーにも所属しないと疎外が起きる。そうすると、どんなコミュニティーに生きるのかもすごく大事ですね。毎日働いて、一生懸命残業して、同じ電車に乗って、同じようなスーツを着て、同じような情報を得ている内に疎外を感じる。のけ者になるという意味ではなく、自分の立ち位置がよく分からなくなる。私自身もそんな状態になって仕事をしていたら、ある日それを解決する場面に出会ってしまいました。私は千葉に住んでいて、千葉ロッテマリーンズのファンです。息子たちも大ファンで一緒に連れていく。すると「MARINES IS MY LIFE」という横断幕が並んで盛り上がっている。要するにマリーンズを応援するのが自分の人生だと。マリーンズには「ALL for CHIBA デー」があって。集まったファンは生き生きと一日CHIBAをみんなで応援します。ライオンズとマリーンズは、千葉対埼玉でダービーマッチもしています。ただでさえ「ださい」と言われがちな千葉や埼玉という地名を、老若男女が熱狂して応援しているんです。これは何なのかと思ったとき、すごく自分の中で腹に落ちたことがありました。

スポーツはビジネスの世界とは離れて、スポーツを核としたファンコミュニティーがベースにあります。そこが生きる上で、ファンにとっては大事な場になる。すると情報が多くなるほど主体性がなくなるのと真逆の世界が、スポーツという場にだけなぜか強烈にあるんですよね。思ったのは、そもそも現代は人々がつながって熱狂する場がないといけないんじゃないか。マーケティングの進化の中で、いろんなチャレンジを、いろんな人がいろんな考えでこれまでやってきました。そこでもう一度ぐるっと戻って、新しいスポーツマーケティングの世界が来るんじゃないかと最近提唱しています。欧米でスポーツがビッグマーケットなのは、一番は人々が集まって熱狂するコミュニティーを形成しているという根っこの部分に原点回帰しているのではないか、と。

つまりスポーツマーケティングには誤解がある。まずリアルなコミュニティーの場が先にあって人々が楽しんだり、コミットしたり、週末にそれを楽しみにしたり、仕事で頑張れる元気の素にしたりがあった上に、デジタルマーケティングやアナログマーケティング、広報、セールスが出てくるんですね。これからの時代は、スポーツが先にあって、そこにいろんな他社のビジネスがのっかってくる。これが「スポーツ×マーケティング」という構図だと思っています。

こういう状態に至ったとき、当時私は野村総研にいて四〇歳になって、さてどうしようと思いました。スポーツをまず置いた上でビジネスを展開する。新しいモデルを自分なりにやってみたいと、二〇一三年ぐらいに腹が固まってきます。ただ、今はスポーツにもいろんな求人がありますが、当時は全然なかった。しようがないので知り合いを頼って、自分はスポーツの仕事をやりたいが何かいい口はないか、あるいはリクルートの人脈をたどって働かせてくださいと頭を下げに行ったりしました。すると「石井君、年取り過ぎだよね」と言われてしまう。中途採用でエントリーするも一〇連敗ぐらいして「もっと若い人がいい」「給料が安くなっちゃうから」みたいな感じで駄目でした。困ったなと思いながら、それでも勉強は続けなければと思い、社会人向けのスポーツ講座などを受けていました。その中で偶然縁があって荒木重雄さんと出会いました。当時彼は「侍ジャパン」を仕事にしていました。ＩＢＭからマリーンズに転職して、それから侍ジャパンを立ち上げる人間がいると知って、非常に驚きました。一般のビジネスキャリアから、ちゃんとスポーツを仕事にできた人がリアルにいるんだと勇気づけられました。もう一方で、自分はまだまだものを知らないなと反省もしました。自分としてはリクルートでいろんな経験をして、ビジネススクールでMBA的な資格も取って、野村総研に行って経営コンサルタントとして海外にも行って学んだはずなんですが、まだまだ知らない。それぐらいスポーツビジネスは、いろんな知識を総動員しないといけない。まず本を読もうと思って、買えるだけ買って大量に読みました。

次にあらゆるスポーツのセミナーを受けました。スポーツタレントをどう世界的にマネジメントしているのかというJSC（日本スポーツ振興センター）さんのセミナーを受けたりしました。当時ちょうどアクセラレータープログラムといって、アメリカで流行ってきたベンチャーファンドを調査してくれという仕事もありました。それでサンフランシスコに出張したついでにAT&Tパークに行きまして、研究と称して野球を楽しむんですね。また社内研修でたまたまラグビージャパンの強化委員長をしています中竹竜二さんという方から紹介されたスポーツチームのコーチが「ニュージーランドからメンタルトレーニングの教授が来るので研修を受けないか」と。自分の仕事とは全然関係ない。いかにラグビーのチームパフォーマンスを上げるかということで二日間あって受けてみようと思いました。

またはトレードショー。昔から見本市とかビジネス市と言われるものです。今でもビッグサイトや幕張メッセでやっているイベントには月に三、四回は顔を出します。基本自分は、憧れの人を追いかけるミーハーなキャリアのつくり方をしますので、荒木重雄さんや、気に入った講師の方のセミナーを何回も聴いたりしていました。

またスポーツアナリティクスジャパンといって、SAPというシステム会社さんが協賛するスポーツとITのイベントがありました。僕はリクルート時代からずっとIT畑の企画や開発ですので、この分野なら自分を生かせるかもと思いました。まずは最先端を知ろうと思い、MIT（マサチューセッツ工科大学）が持っているスローンというビジネススクールのカンファレンスに申し込みました。ちなみにこの辺りは全部自費で参加しています。

スポーツはこうなるという提言を聞いたり。例えばテキサスレンジャーズがどういう形でITを使ってマネジメントしているか、選手を獲得しているかという実践のお話を聞いたりとか。その合間に、ボストンセルティックスというNBAのチームの試合を見にいくんですね。チケッティングをスマホでできたので自分で試しに使ってみる。そうやって飛び込みで行きました。世界中から参加者が三〇〇〇人ぐらい来ていました。

ラッキーだったのは最先端の「スポーツ×IT」カンファレンスに行った日本人は、二〇一五年はたまたま僕だけだった。それで「どうもすごいらしい、話が聞きたい」という話が巡ってくる状況になりました。この頃から沖縄で廃校や使われていないグラウンドがたくさんあるので、その再利用のコンサルテーションをしてくれないかという話が知人経由で入ってきました。

今でも、バスケットボールアナリストの勉強会に行ったり。楽天さんがやっている「新経済サミット」でも勉強させてもらっています。ツクルバというベンチャーがありまして、場をつくるにはどうするか、ワーキングスペースをどうするか。一見関係ないような勉強会にも行きます。何を言いたいかというと、とにかく出掛けることです。出掛けて人に出会う。出会ったところで学ぶ。また出掛ける。また出会う。こういう繰り返しを年ずっとくりかえしているわけです。

## ■スポーツと地域

そんなことであちこち行く内にまた別の男との運命的な出会いがありました。名誉も立場も捨てて、ゼロから夢にこだわって再スタートした、岡田武史さんですね。非常に強烈な人でまた影響を受けました。彼はFC今治を愛媛県に立ち上げるのですが、Jリーグを目指していて「どうすれば東京から今治に人が来てくれるんだろう」と言われて、またボランティアでやらせていただきますとチームリーダーを買って出ました。「そうだ、今治に行こう」という東京や大阪のビジネスパーソンを今治に来てもらうプロジェクトを始めまして、これは今でも続いています。少し解説しますと、例えば現状に不満を持ったサラリーマンを今治にきてもらう。二〇一五年九月に第一回をしました。「岡田さんに会えるんだったら」ということで、いろんな優秀なビジネスパーソンが集まったので、岡田さんに「彼らがいろいろビジネスの提案する場をください」とご了承を得ました。初日は岡田さんと飲んで食って、自分が考えたことを提案する。非常に面白かったですね。二日目はFC今治の試合のボランティア。要するにお金を払って、提案して、ボランティアする。ほとんど働いているという実験的なツアーです。交通手段も自分で考えてという乱暴なツアーでしたが、合計で四〇人ぐらい来ました。

　こういうお話をすると「お金があるからできるんですよね」と言われますが、お金はないです。普通のサラリーマンで子どもが二人います。最近は食費がかさんでしょうがない。なので見に行くときは、例えば福岡では一泊二八〇〇円のカプセルホテルです。格安航空で行くと九八〇〇円ぐらいで行けます。

　そしてスポーツって素晴らしいなと思いますが、それを再認識させてくれた人にまた出会います。桑田さんが野球指導者向けの講習会をやるというので、単に憧れで行きました。また広島の新球場がすごいらしいというので見に行きました。アースフレンズ東京Zの山野勝行社長が、「ぜひ試合を見に来てください」というので行きました。

　そんな風にする内、ある人の紹介で女子プロ野球リーグが集客できず赤字で困っているというので、その業務改革を初めて本格的な仕事としてやりました。その合間にも楽天の球場を見に行ったりしました。野球の歴史を知らないと思って野球博物館に行ったり。コンサドーレ札幌の方がマーケティングのアドバイスが欲しいというので、見に行ってアドバイスしたり。フェンシングも、どうやったらメジャースポーツになれるかという話があって、これも駒沢体育館に行ったんですね。とにかく出掛けて人に会って、教えてもらう。それが縁で仕事をもらう。そんなことばかりしていた感じですね。

　コンサルタント業務もありますので合間を縫って必死に仕事しています。月～金は通常業務をして、土日で出掛ける。だんだん学ぶだけではもったいないと思って、インタビューをしてフェイスブックで発信したりしました。すると「石井さんってスポーツ詳しいですよね」となって、だんだんお仕事が来ました。日経ＢＰさんもスポーツイノベーターズというスポーツビジネスの媒体を持っています。前々から日経ＢＰさんとは一緒に仕事をしていて、日本のスポーツビジネスが発展しないのはちゃんと情報共有する媒体がないからだ、日経ＢＰさん作ってくださいと何度も言う内に作りたいという人たちが有志で出てきました。そのお披露目セミナーを企画してくださいとお話があったので、セミナーの中に登壇できるチャンスがありました。

　先ほどアメリカのセミナーで日本人が一人だったという話をしましたが、これが生きまして、スポーツアナリストジャパンが二〇一五年にも行われてアメリカで見てきたことをしゃべってくださいと話がありまして、前に立ってしゃべる機会が増えてきました。日本でアンダーアーマーというアパレルブランドをやっているドームさんという会社の安田秀一社長といろんな話をするようになって、ドームのイベントに呼ばれたり。

この頃から、「スポーツと地域」が大事になってきたと思うんですね。徳島県阿南市を野球で盛り上げようという方がいらっしゃってインタビューしたりですね。あるいはアーセナルサッカースクールを市川でやりたいという方に会いました。沖縄はいろんな形でスポーツ産業の普及や振興のボランティアワークを四年ぐらいやりましたのでカンファレンスをやらせていただいたりしました。こういった仕事がきっかけで、スポーツ庁の政策担当もしました。

■**出会いは常に刺激**

まとめとして何となく感じてほしいのは、僕がスポーツビジネスを自分のキャリアにしたいと思って三年ぐらいかかってるんですよ。後で教えてもらったんですが、だんだん「スポーツに詳しいですよね」とたまたまお仕事でお声が掛かったみたいに、それが周りへの影響力になるんですね。ですから自分の好きなことを、とにかく人よりもたくさん動いて、勉強することが大事です。

僕もめげたり、やさぐれたこともいっぱいあるわけですね。四三、四四歳になって、年を取るほど転職は難しくなります。焦りますし、悩みます。でも、そんなときに救ってもらった人が何人もいます。素晴らしい先輩、自分が憧れる人を持つのはいいです。モチベーションが下がりそうになったら、そういう人のセミナーを受け直して、やっぱりこういう世界で仕事をしたいという思いを続ける。ですから憧れる人、目標にする人はいっぱいいた方がいいと思います。

こういうことを言うと、それは石井さんが大胆だからとか言う人がいます。僕は臆病です。アメリカのカンファレンスに申し込んだとき、すごく高くて一五万円ぐらいして、かみさんに怒られると思いながら事後報告でおそるおそる言ったんですね。一週間ぐらいはかみさんの機嫌が悪かったです。

でも臆病さを恥じないでほしいと思います。臆病だから学ぶ。ものを知らないから恥ずかしい。臆病だから、必ずいろいろ準備する。ですから臆病であることは学ぶ力になると思います。またどうやったら一番最適で行けますかという話を聞きます。僕自身、最適なルートを通ったと思いません。迷い道や行き止まりばかりだと思います。そんな中で、なぜ前に進めてきたのか。やっぱり点が多かったからだと思うんですよ。雑多な、こんなことをやったってしようがないだろうと思う仕事も、全て役に立った。ですから自分の点を増やす。

お金にならないことをしたくないという人もいます。僕はすごくボランティアワークが多いんですね。でもそれが経験になった。相手のために、お金はもらえないけど何ができるかを考えないといけない。今はSNSやブログなど、手軽な発信手段がたくさんあります。学んだことをまとめて発信するのはすごく大事です。

人間ってものぐさや怠慢がすごくあると思うんですね。自分で自分を変えるのは難しいです。ですから人に自分を変えてもらう。頼まれて嫌々でもやる内に経験になる。楽しくなってくる。そうやって結構成長すると思っています。そのためには人に会い続ける。

どうですか皆さん、青山学院大学という新しい世界に入って、新しい人に何人会ったか。僕は月に五〇から一〇〇の新しい人に会うことを目標で動いています。名刺をスマホアプリに登録していて振り返ってみると、最低でも月に五〇人は会っています。出会いを増やすことが自分を変えてくれるし、新しい自分のキャリアをつくってくれるだろうと思っています。

もしこの青山学院大学で在学中、スポーツに興味がなくて、新しい人にも出会ってないとしたら、何でも構いません。学生は無料のセミナーもたくさんありますので、出掛けて行って一人でもいいから出会うと皆さんの人生が開けるんじゃないかなと思っています。ということで以上です。ありがとうございました。

# スポーツ施設の収益性を上げる官民連携

## 自治体から見たスポーツアドミニストレーション

福島 隆則

株式会社三井住友トラスト基礎研究所
PPP・インフラ投資調査部長

ふくしま たかのり 早稲田大学大学院ファイナンス研究科修了（MBA）。国内外の投資銀行を経て、現職ではPPP・インフラ投資に係るコンサルティング、アドバイザリー、リサーチ業務に従事。内閣府「民間資金等活用事業推進委員会」専門委員。経済産業省「アジア・インフラファイナンス検討会」委員。国土交通省「インフラリート研究会」委員など。日本証券アナリスト協会検定会員（CMA）。著書に『よくわかるインフラ投資ビジネス』（日経BP社・共著）など。一般社団法人アリーナスポーツ協議会 理事。

### ■公共施設の状況

福島と申します。よろしくお願いします。所属の三井住友トラスト基礎研究所は、三井住友信託銀行のグループ会社で、不動産市場、不動産金融分野およびインフラ・PPP分野に特化したリサーチ&コンサルティング機関です。私自身は、この中でインフラ・PPP（Public Private Partnership）分野を担当しています。

リサーチ&コンサルティングというのは具体的にどういうお仕事かというと、お客さまから依頼を受けてレポートを書いたり、コンサルティング（アドバイス）をしたりするお仕事です。

お客さまはどういう方々かというと、民間企業のほかに、地方公共団体、東京都や渋谷区などがそうですが、国から依頼されることもあります。

インフラ・PPP分野では公共施設を扱うことが多いですが、例えば、今日の講義のテーマである「スポーツ施設」もその一つです。特に、地方公共団体などが所有・管理している体育館などをイメージしていただければいいかと思います。区立体育館とか市立体育館です。こういったものを、これまでは地方公共団体などが運営していたのですが、これからお話をするような背景で、民間に運営を委託するということが起こってきています。

こうしたケースで、地方公共団体の方々などに、こういうふうにした方が民間企業は運営しやすくなりますよ、というアドバイスをしたり、逆に民間企業の側に立って、こういう地方公共団体のこういう体育館なら運営できるのでは、といったアドバイスをしたりします。場合によっては政策側、内閣府であるとか国土交通省などの官庁で有識者委員会の委員を務めたり、各所で講演をしたりもします。こういったところが、私の具体的な仕事内容です。

では早速ですけれども、まず、地方公共団体などが管理運営している施設を、そもそもなぜ民間に運営してもらう必要があるのかということをお話しします。具体的なところで、横浜市さんを例に取って説明したいと思います。まず横浜市の公共施設の状況ですが、少し古いデータで恐縮ですが、公園は約二六〇〇箇所、下水道管は約一万一八〇〇km、道路は約七六〇〇km、水道菅は約九一〇〇km、市営住宅は約一一〇施設、学校施設は約五二〇施設、市民利用施設は約四六〇施設、社会福祉施設は約三一〇施設……などなど、とにかくさまざまな公共施設を大量に保有しています。

こうした公共施設は全て、地方公共団体が住民に対して公共サービスを提供するために保有しているわけですが、そうした中にスポーツ施設というものもあります。先に述べた中では、市民利用施設というところに含まれています。こうした公共施設ですが、今横浜市に限らず、どこの地方公共団体でも同じ大きな問題を抱えています。老朽化という問題です。こうした公共施設の多くは、皆さんが生まれるよりもはるか前、一九六〇年代、いわゆる高度成長期のときにつくられました。この時代につくった公共施設が、ほぼもう築五〇年とか六〇年とかを迎える状況になってきているということです。老朽化するといろんなところにガタがきます。人間の身体と同じです。そうするとメンテナンスコスト、つまり維持管理更新費というものがたくさんかかるようになってくるわけです。つくってしまった公共施設は、使われている限りは放置できず、きちんとメンテナンスしなければいけません。しかし、そこにお金がかかるわけです。

では、地方公共団体のお金の状況はどうなっているでしょうか。ここでも横浜市を例にとります。企業の会計と自治体の会計は若干違うのですが、お金の量自体は増えています。ただ、このスポーツ施設を含めた公共施設を維持管理するために使える予算は減ってきています。全体のお金の量は増えているのに、維持管理に使える予算は減っている？　これはなぜかというと、他のところにお金がかかり過ぎているからです。一番典型的なのが扶助費です。児童や高齢者の方々などに対して、地方公共団体が支援を行う費用です。昨今、こうした費用がたくさんかかるようになってきている。今日は横浜市を典型的な例としてお話していますが、これはどこの自治体もほぼ同じ状況と考えていただいていいです。ですから、老朽化した公共施設の維持管理に費用を使いたくても、なかなかそこにお金を回せないという状況になってきています。

ところで公共施設の老朽化という点ですが、横浜市が保有しているスポーツ施設に限ってみても、総じて古いことがわかると思います。横浜文化会館が一九六一年にできています。三ツ沢公園球技場は一九六四年、平沼記念体育館は一九六五年といった状況です。今年、プロ野球で盛り上がりました横浜スタジアムも一九七八年に建設ということで、そこそこ古いです。古いと維持管理費が多くかかる。日本の公共施設全体がこういう状況にあることを、まずはご理解いただければと思います。

ちなみに公共施設の管理形態には、指定管理や管理許可、直営といったものがあります。直営は、地方公共団体が直接運営するものです。指定管理というのは、三年から五年という短い期間で民間企業などに公共施設の運営を担ってもらう仕組みです。小泉純一郎首相の時代につくられた法律で、これに基づいて指定管理者制度と呼ばれるものがいろんな自治体で活用されています。スポーツ施設は結構この制度を使っているところが多いです。区立体育館とか、市立体育館に行かれたことがあるかもしれませんが、そこで管理を担っているのは、地方公共団体の方ではなく、委託を受けた民間企業などということが結構多いと思います。

横浜スタジアムはこのいずれでもなく、少し難しいスキームになっています。負担付き寄付という制度です（図1）。もともとは市民オーナー、地元の建設会社等が一体になってお金を集めてつくりました。それをいったん横浜

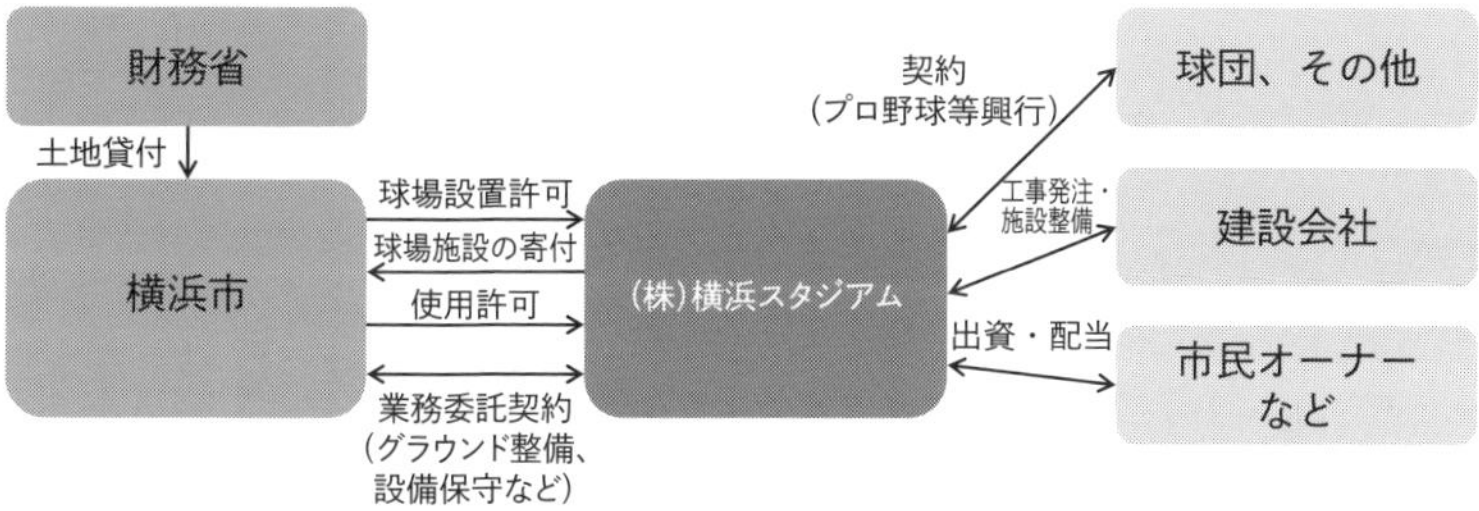


図１　負担付き寄付による横浜スタジアムの（当初の）整備スキーム

出典：横浜市資料をもとに三井住友トラスト基礎研究所作成

市に寄付をする。施設は横浜市に所有してもらって、そこから使用許可をもらい、使わせてもらう。こういう仕組みを取っています。横浜市に所有してもらうことで、固定資産税がかからないというメリットがあります。最近だと大阪の吹田スタジアムも、似たような寄付の仕組みを使ってつくられました。こういったお金の流れや契約関係の〝設計図〟、これをスキームやストラクチャーなどと言っていますが、こういうものを考えるのも私の仕事の一つです。

　ちょっと横にそれましたのでもう一回復習をしますと、どの地方公共団体も多くの公共施設を抱えていて、それらは老朽化をしている。そのため維持管理費が多くかかるけれどもお金がない。こういう状況です。ちなみに、これからは人口も減っていくので、歳入の増加も期待できません。こういう状態にあります。

## ■日本の官民連携のこれまでの経緯

　では、どうしましょうか。ここで出てくるのが官民連携（ＰＰＰ）という考え方・手法になります。一言で言えば、公共施設に民間のお金とノウハウを活用しようというものです。官民連携とは、従来は地方公共団体などが担っていた公共事業やサービスについて、官と民が連携、分担をして担っていくというものになります。ですから完全な民営化とは異なります。

　皆さんは、おそらく生まれたときからＪＲだったと思いますけれども、国鉄が完全に民営化されてＪＲになっています。電電公社が完全に民営化されてＮＴＴになっています。これらとは違い、その中間ぐらいの民営化。官と民が役割分担をしながら、中間ぐらいのところでやっていく。だからこそその難しさもあるのですが、これを官民連携と言っています。

ぜひ今日の授業で覚えていただきたい言葉が三つあります。その一つがPPPという言葉です。パブリック・プライベート・パートナーシップ。日本語に訳しますと「官民連携」ということです。PPPという言葉も最近は、一般のニュースにも結構出てくるようになりました。二つ目は、PFIという言葉。プライベート・ファイナンス・イニシアチブ。民間側が銀行からお金を借りるなど、自ら資金調達をして行う官民連携のことです。PPPはPFIを含む概念ですが、今日の段階では、ほぼ同義と思っていただいても結構です。PFIは、もともとはイギリスで登場した概念です。日本では一九九九年に、日本語で言うとすごく長いんですけれども、略して「PFI法」と呼ばれる法律ができて、スタートをしました。以来、件数としては六〇〇件ぐらい（二〇一七年三月三一日現在）のPFI事業が日本でも成立しています。

PFIでは、二〇一一年が一つの転機になりました。この年、「改正PFI法」が成立しました。ここで出てきたのが、三つ目の言葉「コンセッション」というものです。これも最近普通にニュースなどで使われる言葉になってきました。ぜひ覚えていただければと思います。正式名称は、公共施設等運営権になります。

コンセッションとは具体的にどういうものかというと、公共側、国でも地方公共団体でもどちらでもいいです。東京都や渋谷区をイメージしていただければ結構です。今保有している公共施設の所有権、所有する権利は公共側が持ったままで、その施設を運営する権利のみを民間事業者に長期間、二〇年、三〇年、海外へ行くと九九年なんていうのもあります、設定・譲渡するもの。これだけ理解していただければ、今日は十分です。ですから、〇〇市立体育館というのがあったら、その所有権はその地方公共団体が持ったまま。けれどもその体育館に、コンサートを呼んできたり、バスケットボールの試合を呼んできたり。そこで利用料収入を取ってもうける。そうした運営の全てを民間企業がやりますと。こういう仕組みがコンセッションと呼ばれるものになります。

スポーツ施設では、実はこれから作られる有明アリーナが、二〇二〇年の東京オリンピック・パラリンピックが終わった後、このコンセッションという仕組みを使って、民間事業者が運営する予定になっています。

それから、新国立競技場。これも二〇二〇年東京大会後、コンセッションを使って民間企業に運営権が渡される予定になっています。これぐらい、コンセッションというものは一般的になってきていますので、ぜひ覚えておいていただければと思います。

政府側も、今、このコンセッションへの取り組みに関して、何件やりなさいよという目標を設定して、促進しています。二〇一四年から、二〇一六年、二〇一七年と三回既に目標が出されています。いずれも三カ年目標です。最初の目標は、空港、水道、下水道を、それぞれ六件、道路で一件のコンセッション事業をやりましょうというものでした。実際、空港では、大阪の関西国際空港と伊丹空港などがコンセッションを使って既に民営化されています。仙台空港もコンセッションを使って既に民営化されています。

今、簡単に民営化と言ってしまいましたが、コンセッションですから厳密には部分的な民営化です。先程も言いましたように、空港でいうと、空港施設や滑走路など、そういうものは公共側が所有権を持ったままで、その運営権、例えば、飛行機の着陸料収入を得る、あるいは空港にはターミナルビルという施設がありますから、そこでお店を開いたり、レストランをつくったりして、料金（賃料）収入を得る。そういうビジネスができるという権利を民間にわたす民営化です。具体的な企業名を出しますと、仙台空港は、東急電鉄を中心にしたグループ。関空・伊丹の方は、オリックスとフランスのヴァンシという会社を中心にしたグループが、それぞれの空港の運営を担っています。道路でも愛知県の有料道路が、コンセッションを使って民営化されています。前田建設工業という建設会社が運営を担っています。

こうした政府の目標で、昨年（二〇一六年）出たものの中に、実はスポーツ施設が入りました。おそらく、有明アリーナが第一号案件になるだろうと言われています。

ついでに、今年（二〇一七年）出た目標には、クルーズ船ターミナル、大きな客船が着く港、ターミナルです。それからMICE施設というものが入りました。こちらは、幕張メッセとか東京ビックサイトなどをイメージしてもらえばよいと思います。こうしたものも、現在は国や地方公共団体などが運営していますが、コンセッションを使って民間運営する流れになってきています。このように、今、日本の中では、いろんな形でコンセッション案件が動き出しています。しっかりとニュースなどに目を通しておかないと、国や地方公共団体が運営していると思っていた公共施設が、いつのまにか民間企業の運営に変わっているかもしれません。そういう時代の流れにあるということをご理解ください。

## ■スポーツ施設の収益性を上げるアイデア

では、コンセッションをはじめとする官民連携（ＰＰＰ）で期待される民間の運営ノウハウにはどういうものがあるでしょうか。単純にスポーツ施設を市民の方に利用してもらうだけだと、あまりビジネスにはなりません。どうやってここで魅力的なビジネスを作り出すかということです。もちろん収益を上げるということだけではなく、コストを削減するという方法もあるでしょう。例えばこれからの時代、清掃や警備などに人手をかけず、ロボットを使ったりするアイデアもあるでしょう。柔らかい発想とそれに応じる技術力が重要になります。

収益を上げる方も同じです。常識にとらわれないアイデアが重要です。スポーツ施設では、収益性の高いイベントを誘致できればいいのですが、日本では野球やサッカーはともかく、体育館・アリーナになると、なかなか持続的にもうかるスポーツコンテンツがない。ではどうするか。体育館・アリーナでは、スポーツより興業（コンサート）の誘致に重点を置いた方がいいのでは、という考え方があるでしょう。一方で、三六五日コンサートをやるわけにもいきません。市民体育館など公共施設となれば、市民利用、学生の大会や練習などに少なくとも何日間かは解放しなければならない。ただ、その場合は、普通、興業などより安く貸し出すことになるため、市民利用の割合を多くし過ぎると収益性が落ちる。つまり、収益性と公共性の落とし所をどのあたりに求めるか。このバランスが重要になります。

他に、スポーツ施設で典型的な収益の上げ方として、ネーミングライツというものもあります。スポーツ施設はいろんな形でメディアに載りますので、そのときに企業名が付いていると、よい宣伝になります。ネーミングライツは日本でも普及していて、何億円、何十億円というお金が動いたりします。

あとは会員制で料金をとるＶＩＰルーム。普通は企業などが契約することが多いと思います。プロ野球でもドーム球場などで既に前例はありますが、海外へ行くと、本当に立派なＶＩＰルームがあって、スポーツによってはそこに選手たちがファンサービスの一環で来ることもあるようです。

もう少し視野を広げて、スポーツ施設単体で考えるのではなく、スポーツ施設に何かもうけられる別な施設をくっつけたらどうか。こういうアイデアもあるでしょう。スポーツショップ、レストラン、カフェ。この辺りは分かりやすい例です。もっと意外なものとして、海外では、ここに写真を載せましたけれども、FCバーゼルというスイスのサッカーチームのスタジアムには、地下にショッピングモールがあります。そして、高齢者住宅が隣にあります。こうした施設一体でもうけましょう、ビジネスをしましょうというアイデアです。高齢者住宅が隣にあることについては、最初私も不思議に思いましたが、おじいちゃん、おばあちゃんのところに孫が頻繁に遊びに来るようになると聞いて納得しました。その高齢者住宅のベランダからサッカーの試合を見ることができるからです。まさにアイデアだと思います。

あと、最近日本でも言われていますが、もっと広い視野で、街区全体でビジネスを考えましょうというものもあります。イメージでいきますと、公共施設ではありませんが、東京ドームシティやさいたま副都心のイメージです。スポーツ施設を中心としてショッピングモールがあったり、ホテルがあったり、遊園地があったり。そのエリア全体に人を呼び込む仕組み。スポーツの試合がないときでも、そこに人が来て、お金を落としてもらう仕組み。これをつくっていきましょうというアイデアです。

収益性を上げるアイデアで、これらは一例に過ぎません。皆さんのような柔らかいアタマで、是非スポーツ施設がもうかる仕組みを考えていただきたいところです。

## ■「私案」スポーツ施設整備PPPファンド構想

さて最後に、もう少し専門的に、金融ビジネス的に、今後どういう動きが考えられるでしょうかという話です。もちろんいろんなアイデアがあると思いますけれども、先行する海外の事例は、おそらく参考になると思います。

一つは、少し古い例ですけれども、アムステルダムのサッカーチーム、アヤックスのホームスタジアムのスキームです。ポイントは一つで、アムステルダム市も出資者になっているということです。つまり、民間のみならず地方公共団体も出資者、株主になっているということです。これは海外ではよくあることで、地方公共団体も民間企業と一緒になって、町ぐるみで自分達の町のサッカーチーム、サッカーに限らなくてもいいですけれども、盛り上げていきましょうというものです。こういう出資も含んだ動きは、まだあまり日本では見られていないと思いますが、これから主流になってくるかもしれません。

もう一つはスポーツ施設投資ファンドです。つまり、スポーツ施設を整備する資金を調達するときに、投資家を呼んできて、その投資資金を活用しようというものです。

　クラウドファンディングなんかも、この種の試みの一つだと思います。投資をしてくれた人に、そこで開催されるスポーツの試合のチケットを贈呈するなど特典を持たせた形で募集する。これをもし日本全国に展開できれば、例えばBリーグ一八チームの本拠地に全て、このファンドが投資する、などということができるかもしれません。Bリーグはもともとポリシーとして、こうした質の高いアリーナを日本中に広げていくという構想を持っていますから、こういう金融との結びつきには親和性があると思います。

　実はお隣の中国では、既にこうしたファンド構想があるようです。中国では今後、冬季オリンピックやアジア競技大会の開催予定があるということで、スポーツ施設を早急に整備するニーズがあり、そのための資金を集める仕組みをつくりましょうということのようです。そうであれば日本も二〇二〇年東京オリンピック・パラリンピックがあって、ラグビーワールドカップもその一年前にあるということで、本当は資本主義国である日本の方が、こういう構想を先に考えなければならなかったんだろうなあと少し悔しく思っています。

　こういったお金の流れる仕組み、それからもうける仕組みというように、スポーツ施設もだんだんと変わってきているということをご理解いただきつつ、最後にもう一回言います。PPPとPFI、それからコンセッション。この三つの言葉だけは、ぜひ覚えて帰っていただければと思います。というところで、私の話は終わりにさせていただきます。

Part 1
職種／競技によるアドミニストレーション

# スポーツとメディアの相性
## メディアによるスポーツアドミニストレーション

**西山 良太郎**
朝日新聞社 論説委員

にしやま りょうたろう 1984年に朝日新聞社入社。鹿児島支局勤務の後、西部（福岡）、大阪、東京の各本社でスポーツ取材に携わる。主な取材分野としては大相撲やプロ野球、ラグビーのほか、夏冬の五輪をカバー。1994年から約3年間、米国アトランタ駐在の特派員として大リーグやバスケットのNBA、テニス、ゴルフ、アメリカンフットボールなども取材した。現在はスポーツの社説を中心に執筆している。

### ■マスコミ自身がプレーヤーとなる「事業部門」

まず簡単に、新聞記者という仕事についてお話しします。スポーツ紙、一般紙、地方紙といろいろカテゴリーがありますけれども、記者になると全国紙の場合、最初は地方に行きます。だいたい県庁所在地が多く、そこで「サツ回り」から始めます。事件や事故を取材する。次に行政ですね、市役所や県庁で取材。その次に選挙。衆議院、参議院、地方都市の首長の選挙などを担当する。最後に遊軍という、持ち場のない記者になります。持ち場がない代わりに自分で企画を立てて、何かを告発する記事だったり、キャンペーン記事だったりを連載するようになります。だいたい一カ所か二カ所、地方で勉強して本社に上がります。本社では政治部、経済部、社会部、スポーツ部、文化部といった専門記者になっていきます。僕は一九八四年に入社して、最初は鹿児島に行ってから、スポーツ部の記者になりました。そこでは一人が一つの競技だけを受け持つことはなくて、三つ、四つを担当します。その内の一つは必ずプロスポーツで、野球やサッカー、相撲、ゴルフといったメジャーな競技です。それ以外に水泳だったり陸上だったりを担当します。

僕の場合は相撲を五年間ぐらいやって、あとプロ野球を二年間ぐらい。ヤクルトスワローズを担当しました。今は評論家をされている野村克也さんがスワローズの監督だった時代です。一九九六年にアメリカのアトランタでオリンピックがあったときは、特派員として三年弱ぐらい行ってました。ちょうど野茂英雄というピッチャーが大リーグで大活躍して、それからどんどん日本の選手がアメリカに行くようになるんですが、そういう取材もしました。オリンピックは夏冬を合わせると現地へ八回ぐらい行っていて、一番長かったのがそのオリンピック取材でした。今は論説委員室で社説を書いているんですが、主にスポーツをテーマに書いています。社説を書く人たちは経済だったり、政治だったり、それぞれの担当部から来ています。

報道という仕事は外部から見てあれこれ書くのが仕事ですが、実は新聞社にもいくつか仕事があり、「プレーヤー」になっている業種があります。それが事業部門です。朝日新聞のスポーツでいうと全国高校野球選手権大会や福岡の国際マラソン、全日本柔道選手権、全日本大学駅伝などがあります。駅伝は読売新聞社がやっている箱根駅伝が有名ですが、こちらは名古屋から三重へ走る大学選手権です。それからサッカーJリーグのスポンサーや、日本代表のマッチスポンサーなどに携わっています。文化、文芸という分野では吹奏楽コンクール、合唱コンクール、小中学生のダンスコンクール、美術展、展覧会の主催や後援をしています。

新聞社でこういう事業やイベントをやりたい若い人は実は結構多くて、しかも優秀な人が多い。僕はそういう人は大手の広告会社を希望する人が多いと思っていたので、わざわざなぜ朝日新聞社に入ってきたのか聞きました。すると、すごく大きい仕事は大企業かもしれないが、中規模クラスの例えば美術展などは、大英博物館とどんなものを貸してくれるのか交渉して、億単位のお金を動かせて、新聞社なので広報手段があってということを考えると、結構思い通りにいろんなことができて面白いんです、と言われて納得しました。

その一方で難しいこともあります。記者の仕事は、いろんなことをチェックして批判もする。もし勤める企業のイベントで問題が起きたらどうするんですかと質問を受けたことがあります。社内では報道と事業の部門は分かれています。「これはおかしいじゃないか」という記事を書いても、それについて「そういう記事は書くなよ」とか「こう言うのを書いては駄目だよ」とは基本的に言われたことがありません。どんな問題があっても書くし、例えば高校野球でこれはおかしいと思えば、書くべきときは書きます。皆さんそれは建前じゃないのと感じるかもしれませんが、基本的にはかっちり分けています。

しかし一方では、同じ会社の中で批判を書くのに、批判される方が全く知らないというのも問題ですね。やはり事前にこういうことを書くということを部門のトップ同士で通告するというやり方にはしています。そこはぎりぎりジャーナリズムの独立性を守る仕組みになっています。

## ■マスコミの果たす役割

報道はスポーツに対して、どういう役割を果たすか。これは大ざっぱに言って読者の関心に答えること、組織や業界の活動をチェックすることの二つがあります。まず試合を報道するのはすごく楽しいことです。僕らは競技を見るときはテレビではなくて、もちろんスタジアムへ行くわけですが、そこで試合を見て、オリンピックだったり、サッカーワールドカップだったり、Jリーグファイナルだったりを実際に見て原稿に書くわけです。世界のトッププレーヤーのゲームを見て、同時に、選手の練習や苦労を取材して伝える。とても楽しいわけですね。

しんどいなというのは、不祥事や不正、競技団体の問題をチェックすることですね。オリンピックをめぐってIOCや東京オリンピックの組織委員会の活動をチェックするのは結構しんどい仕事です。

先ほど一九八四年に入社したと言いましたけれども、今年で三三年目になります。その内の八割ぐらいは、ずっとスポーツ報道に関わってきて、ほとんど飽きることはありませんでした。なぜ飽きないでやってこれたのかと思うと、スポーツとメディアはすごく相性がいいと思うんですね。なぜ相性がいいのか理由を考えると、基本的には毎日結果が出るからです。プロ野球で言えば、一年間試合を続けないと優勝が決まらないし、大相撲でも一五日間やらないと優勝が決まらない。そうであっても一日ごとに勝ったり負けたりという結果が出るので、毎日違った報道ができるんですね。するとスポーツを楽しむ人にすれば、毎日それを読むことができる、毎日見ることができる。というわけでスポーツとメディアは基本的に相性がいいと思います。

スポーツのマーケットを大きくしていくというのは、ここ三〇～四〇年間ぐらいの話です。オリンピックで言えば、お金が足りなくなって返上しようという話が、かつては出てきたこともあります。一九七六年のモントリオール五輪はお金が足りなくて、その後市民が二〇年、三〇年とそのために税金を払い続けました。スポーツイベントを開けば、必ずもうかるということではなく、結構かつかつというのは多かったんです。かつてアマチュアリズム、アマチュアという言葉がよく使われた時代のことです。現在のようにサッカーでも野球でも、一億円、二億円、大リーグだったら一〇億円、二〇億円プレーヤーという存在が珍しくなくなったのは、やはりテレビを中心にお金が動くようになり、収入が増えたことが大きいです。そういうお金をつくっていく仕組みができたのが、ここ三〇年間の流れでした。それをずっと見続けることができたのは、やはりすごく面白かったなと思っています。

今はメディアの方がちょっと力が大きくなりすぎた部分もあり、今度はそのためにスポーツのルールを変えるとかいったことも起きているのが実態です。例えばオリンピックには近代五種競技というものがあって、かつては五日間かけて競っていました。走ることと水泳と射撃とフェンシングと馬術。しかし、観客の関心が低い。それでついに一日でやるようになったんですね。さらに一日でも長いと言われて、走るのと射撃は合わせてやればいい、ということで現在は実質四種目です。バレーボールもサーブ権のあるチームしか得点にならないサイドアウト制では時間が長くかかるというので、ルールを変更して早く終わるようにしました。テレビで見やすいようにするため、ルールを変えてしまうということが起こっています。

そうなると今度はメディアが考えなくてはいけないのは、何が誰のためにとっていいことなのか、選手にとっていいことなのか、テレビにとっていいことなのかということです。たぶんそれは簡単には答えは出ません。みんなが幸せになれる環境を考えなくてはいけない。それも今のメディアの仕事だと思っています。

### ■組織のコントロール

次はアドミニストレーションにかかわることで、最近気になったテーマを二つ考えてみました。一つ目は東京五輪の経費問題。これは皆さん知っているというか、耳にしたことがあるということでいいでしょうか。簡単に言うと、東京オリンピックのための経費は、最初に立候補をしたときに七〇〇〇億円として計画をつくったんですけれども、実際に必要なものをたしていくと最初の想定から増え続け、二兆円、それから三兆円と当時の知事が言い出した。これはちょっと大変じゃないか、誰がそのお金を負担するのかと議論が始まり、その後知事になった小池さんが調査チームを立ち上げて調べました。そのリポートがあります。それによると、組織委員会というのは、「社長も財務部長もいない組織だ」と。社長がいないというのは、最終的に判断し、責任を取る人間がいないということですね。財務部長がいないというのは、お金をきちんと計算してどのぐらいかかるのか、それを決める人間がいないということだったんですね。知らない内にどんどん予算が増えて、誰もその予算を止める人がいない。

なぜこんなことが起きるのか。なぜ最終的に判断をする人間がいないのでしょうか。東京オリンピック組織委員会というきちんとした法人組織ですから、会社に似たような仕組みにはもちろんなっています。ではなぜか。はっきりした答えがあるわけではないですが、僕が取材をして感じていることはあります。気になるのは、組織委員会が寄せ集めの組織だということです。

組織委員会はどういう成り立ちかというと、開催都市の東京都、それから日本オリンピック委員会（ＪＯＣ）というオリンピック代表選手を送り出すことを管轄している組織、それから政府、そういうところから人を寄せ集めてできているんです。なおかつこの組織は、オリンピックが二〇二〇年に終わると、その一、二年後に解散します。すると、そこに来ている人たちは、仕事がなくなるわけです。どうするかというと元の組織に戻る。東京都だったら東京都に、ＪＯＣだったらＪＯＣに、政府の組織だったらスポーツ庁なり総務省なり、そういうところへみんな戻る。こういう組織では、みんな問題が起こったときに責任を取りたくないわけですね。同時に自分の所属していた組織にはいい顔をしたい。

だからどうしても責任感がうすく、目先のことで判断してしまう。その結果、うまくいかないことが多い。日本人はこういう横の組織をつくるのがあまり上手ではないのかなと思います。日本の会社組織はしっかりしていて、その上下関係、縦の組織はすごく強いんですけれども、組織を横につなごうとするとうまくいかない。対等の関係をどうやってうまくまとめるかが下手だと思います。

二つ目は大相撲で、横綱日馬富士の暴行問題です。この問題は僕ら取材をしている人間にとっても、分からないことがいっぱいあります。とりあえずはっきりしていることは、横綱の日馬富士が貴乃花部屋の貴ノ岩という若い力士に暴行を振るった。これは本人が認めているので、間違いないことだと思います。もちろん暴力はいけないことですから、結果的に日馬富士が引退したのは仕方ないと思いますが、一一月中旬にこの騒動が始まってかれこれ三週間ぐらい、テレビの情報番組はこの報道を続けています。なぜ三週間も続いているのか。誰がどんなふうに暴力を振るったかとか、その場にいた人たちがどんな行動をしたとか、殴った理由は何かとか次々とテーマが出てきます。

つまり教育と体罰の問題だったり、礼儀の問題だったり、先輩後輩、親方弟子の関係だったり。これらをどう考えるか。多くの人が暴力的指導をダメだと考えているけど、大相撲には古い伝統を守って欲しい、あまり変わって欲しくないと考える人も意外に多い。いろんな見方ができて、いろんな考えるコメントがあって、たぶん男性も女性も、年配の人も若い人も同じテーマで会話ができる。それがスポーツの特徴でもあって、結局スポーツとメディアの相性がいいということなんだと思うんです。おかげでもう三週間もこうした話が続いている。

他にこんなこともテーマになっています。貴乃花親方は被害者になぜ日本相撲協会の事情聴取を受けさせないのか。警察に被害届を出して刑事事件になっていますから、捜査の邪魔をしてはいけないはずです。どんな一般企業も一緒ですが、何か問題が起こったら警察の捜査を邪魔してはいけないけれども、同時に自分たちの組織で何が起こったのかを調査するのは当たり前のことです。それをしないと、社長は何を考えているんだ、この組織はどうなっているのか、コンプライアンスがなっていないと批判されます。それが組織としてのガバナンスの視点です。いわゆる危機管理の話ですが、日本相撲協会はこれがほとんどできていないと思います。

日本相撲協会は三年前に法人改革に取り組みました。公益法人として認めてもらえるように申請しなければいけなかったからです。その締め切りのリミットが三年前で、ぎりぎり滑り込みで公益法人として認めてもらいました。そのときも相当苦労をしたんです。なぜかというと、八百長問題や野球賭博に関わっていた力士がいたとか、親方が弟子に暴行をして若い力士が死んでしまったとか、組織のガバナンスが問われる不祥事があって、組織の在り方がこの一〇年ぐらいずっと問われていたからです。このままではいけないと、外部の識者による独立委員会を設け、組織を立て直す案をまとめてもらったんです。でもつくってもらった案のうち、結局半分ぐらいは達成できませんでした。例えば、経営幹部である理事会には半分ぐらい外部から人を入れるべきだという提言があったのですが、結局それができていない。

日馬富士の事件が起こったとき、なぜこの組織は混乱したのか。そこには、五輪の組織委員会と同じような背景がある。日本相撲協会は一般の企業とは少し違う。六〇〇人ほどの力士がいて、全員が協会に所属しています。そして、貴乃花部屋、九重部屋などいろんな部屋があって、それぞれの部屋が力士を養って運営しています。もちろん協会から力士の養成費などのお金は渡されています。

しかし、東京以外の名古屋や大阪、九州で場所をやるときは、それぞれの部屋がその一カ月間だけ引っ越さなきゃいけないんですね。その生活費は、タニマチとかいろんな人がいて援助をしてくれますが、結局はそれぞれ部屋のお金でやり繰りしなければいけない。だから親方は、一国一城の主です。大相撲はプロスポーツですから、十両以上の力士は協会から給料がもらえます。それ以外にもCMに出たりして収入があり、形の上では個人事業主です。ということは力士という個人事業主がいて、親方という経営者がいて、その上に日本相撲協会がある。これが会社組織であれば、社長がこういう方針だと決めれば、下にいる局長だったり部長だったりが全員その方針に基づいて動きます。しかし相撲の場合は、そんな方針だったら自分の部屋がつぶれてしまう、自分の収入がなくなってしまうと言い出して、なかなかまとまらないことがある。単純な上下関係ではなく、力士たちや親方たちが横並びになって一つの組織ができている。これが問題が起きたときに対応を難しくしている理由だと僕は思っています。

## ■情報の根拠とは

最後にもう一つ、ニュースから学んでほしいことをお話しします。

日馬富士の問題では当事者以外に関係者や知人といった人までたくさんの人があれこれと話しています。そうすると立場によって食い違いがたくさん出てくる。どの人の言っていることが本当なのか。

一般紙では情報を二重、三重にチェックしないと書けない。そういうケースが多い。

一方で、ネット情報はスピードが速いけれどチェックが必ずしも十分にされていないことも多い。

やはり情報というものは、誰がどんな根拠で言っているのかが大事です。ニュースを見るときに、これは誰が言っているのか、ニュースソースは何か、根拠は何かというチェックを必ずしてください。それを心がけるだけで、見え方が違ってきます。ニュースを流している立場から言うのも変ですが、現在はフェイクニュースなどといって、全く違うことも平気でそれらしく流していることがたくさんあります。自分たちが将来社会に出て企業で働いたり、自分で事業をしたりしていると、誰が何の根拠で言っているかが全ての判断の基本になります。そういうことを今から考えていただけるといいなと思います。長くなりました。どうもありがとうございました。

# 「スタジアム・アリーナ」を活かした「まちづくり」
## 人々の交流拠点をつくる「スマート・ベニュー」という考え方

桂田 隆行
株式会社日本政策投資銀行　地域企画部　課長

かつらだ　たかゆき　1975年兵庫県西宮市生まれ。1999年北海道大学法学部卒業、日本開発銀行（現　日本政策投資銀行）入行。現在は地域企画部にてスタジアム・アリーナを活かしたまちづくりやわが国スポーツ産業経済規模についての企画調査等を担当しているほか、全国各地のスタジアム・アリーナ整備構想委員会に有識者として参画している。スポーツ庁「スタジアム・アリーナ改革推進事業」先進事例形成支援専門委員、さいたま市スポーツアドバイザー、早稲田大学スポーツビジネス研究所招聘研究員　ほか。

### ■スポーツ関連事業への取り組み

私の所属しております日本政策投資銀行は、従業員一二〇〇人ほどの組織で、本店のほか、支店が一〇ヵ所、事務所が八ヵ所、海外にも現地法人が四ヵ所ございます全額政府出資の金融機関です。弊行では、投融資業務のほか調査・研究業務も行っており、本講義のテーマでもありますスポーツ分野も、当行の調査・研究分野の一つです。また、わが国が成長を続けていくうえで地方の創生・地域の活性化は非常に重要なテーマであると考えており、その中でも、スタジアム・アリーナを活かしたまちづくりや、スポーツ産業経済規模推計といったテーマに主に取り組んでおります。本日は、その中でもスタジアム・アリーナ、そしてスタジアム・アリーナを活かしたまちづくりについてお話ししたいと思います。日本でスポーツビジネスへの国民や企業からの注目を引き上げたきっかけの一つに、政府の成長戦略「日本成長戦略２０１６」における「官民戦略プロジェクト10」の中に、「スポーツの成長産業化」が明記され、その中で、スポーツ市場規模を五・五兆円から二〇二五年に一五兆円に拡大するという具体的目標が掲げられ、具体的施策の一つに「スタジアム・アリーナ改革」として、スタジアム・アリーナに関するガイドラインの策定や、「スマート・ベニュー」の考え方を取り入れた多機能型施設の先進事例形成支援を行うことが記載されました。この中で記載されております「スマート・ベニュー」という考え方は、弊行が早稲田大学スポーツ科学学術院の間野義之教授とともに提唱しておりまして、「複合的な機能を組み合わせたサステナブルな交流施設」と定義し、この「スマート・ベニュー」の中核を担う施設のひとつがスポーツ施設、特にスタジアム・アリーナであると考えております。

弊行で「スマート・ベニュー」概念を掲げたのは二〇一三年からです。わが国のまちづくりにおきましては、人口減少・少子高齢化、自治体の財政力悪化、都市の郊外化が進展し市街地のコミュニティ形成が難しくなりつつある現状にあります。そしてスポーツには、観る人々を惹き付け一体感を醸成する力、運動教室を通じた予防医療の機能や参加者のコミュニティを形成する力、などがあります。そして、わが国のスポーツ施設の多くは郊外立地、低収益性、施設の老朽化進展に直面しています。

そこで弊行では、仮にスポーツ施設が老朽化し建て替えざるを得なくなるのであれば、従前通り郊外にスポーツ目的だけの施設を建て替えるのではなく、まちなかに、スポーツの持つ力を借りながら、市民の交流拠点となる多機能複合型施設として整備し、中心市街地再生、コミュニティ再生、効率性の高い自治体財政支出を成し得ないかと考え、「スマート・ベニュー」の概念に至ったものです。そして、スポーツ施設の中でもスポーツの持つ力を伝えやすい、プロスポーツクラブがホームとするスタジアム・アリーナでまずできないか、と思い至った次第です。そして二〇一三年八月に、弊行と間野教授を委員長とする「スマート・ベニュー研究会」の連名で「スポーツを核とした街づくりを担う「スマート・ベニュー®」」という題名のレポートを公表しました。そのレポート公表時点では、スタジアム・アリーナの新設構想は全国に二八件でした。それが、スポーツ庁資料によりますと二〇一九年二月末日時点でのスタジアム・アリーナの新設・建替構想は八七件にも増えています。この間には、二〇一三年九月の、二〇二〇年オリンピック・パラリンピック競技大会の東京での開催決定、二〇一五年一〇月のスポーツ庁発足、先述二〇一六年六月公表の「日本再興戦略2016」、二〇一七年六月公表の政府の成長戦略「未来投資戦略2017」での「全国のスタジアム・アリーナについて、多様な世代が集う交流拠点として、二〇二五年までに新たに二〇拠点を実現する」という表明、といった外部環境の後押しなどがありました。弊行の「スマート・ベニュー®」のレポートもその後押しに微力ながら貢献しているのではないかと思っています。

■アリーナ整備のコンセプト

スタジアム・アリーナは基本的に収益性が高い施設ではありません。従って、様々な利害関係者が、経済的価値だけではなく社会的価値創出の観点からなど様々なポジションから、その整備運営に関与しなければ実現しない施設であると考えています。例えば、スポーツチーム、当該チームの親会社、スポンサーやファン、自治体や中央官庁といった公の機関、地元の事業者、金融機関、住民・市民をはじめ様々な関係者が思い浮かびます。もちろん、民間企業のみでスタジアム・アリーナ整備を推進する事例も無いわけではありませんが、わが国での多くのスタジアム・アリーナ整備構想事例では、様々な関係者が官民連携の形を取りながら計画を前に進めていく事例が多いです。

様々な想いを持った利害関係者が関わり構想を推進するわが国のスタジアム・アリーナ整備においては、単にプロスポーツチームの本拠地としての目的だけではなく、まちづくりの観点から整備されることが、最近の官側策定の方針案に現れています。例えば、二〇一七年にオープンした高崎アリーナでは、「高崎市新体育館基本計画（案）」において、「スポーツ活動の発展だけでなく、新しい高崎を全国にアピールし、スポーツを通じて全国から高崎に人が集まり、市全体の発展・情報発信につながるような都市の装置となります」と記載されていますし、二〇二四年オープン予定にて現在整備中の横浜文化体育館再整備事業においては、「横浜文化体育館再整備事業実施方針」においては、「横浜の新たなスポーツ振興の拠点とするとともに、特にメインアリーナ施設においては、コンサートなどの様々な興行利用を積極的に図ることにより、関内駅周辺地区の賑わい創出の核とすることを目的とする」と記載されており、単にスポーツの活動・観戦拠点としてだけを目的に整備を行う訳では無いことが分かります。

ここからスタジアム・アリーナがまちづくりに寄与していそうな事例をご紹介します。一つ目が、新潟県長岡市のアオーレ長岡という、プロスポーツの公式戦やコンサートの開催も可能なアリーナ、天候を気にすることなく様々なイベントが開催できる屋根つき広場「ナカドマ」、市民活動に最適な交流ホール、市役所窓口等を備え、JR長岡駅に直結する場所に立地する複合施設です。

長岡市は市町村合併によって市域が拡がったため、市役所を駅前に立地させることにより市民の利便性を高め、新しい市民協働・交流の拠点とする必要が生じました。また、二〇〇四年に発生した新潟県中越大地震の体験を踏まえて災害対策本部の機能水準を満たす施設を整備する必要もあり、老朽化した長岡市厚生会館の建て替え事業として二〇〇八年二月にアオーレ長岡の設計に着手しました。

設計は、世界的に有名な建築家である隈研吾氏が手がけ、「市民協働によるまちづくり」と「まちなか型公共サービス」の展開を一体的に推進する複合施設として、二〇一二年四月に竣工しました。建設資金は、市町村合併による合併債を含む地方債約五四億円、長岡市都市整備基金四五億円、国県支出金約二九億円等の合計約一三一億円により賄われました。また、その際に発行されたアオーレ長岡債も短期間で完売しています。

運営については、「NPO法人ながおか未来創造ネットワーク」に委託し、使用許可、ハード管理などを長岡市が担い運営をサポートする中で、市民の視点に立った業務運営がなされています。同団体の役員は、実際に市民活動に取り組んでいる人をはじめ、地元商工会、音楽・文化・スポーツ関係者など多彩なアイデア・人脈を有し、市民交流イベントの企画・実行ができる面々で構成されています。同施設は市役所の一部機能を含んでいることや、交流施設を市民活動に対して無料で提供していることから、市民交流の場としては一定の効果があると考えられています。

同施設は、市役所のような公共施設とアリーナ・交流ホールのような文化的施設が一つの施設内に包含されている点が高く評価でき、施設そのものに価値が見出せます。市民交流の拠点として、市民が日常的に集い活動する場であり、一方で一流のスポーツや音楽などを魅せる場であることから、今後も多くの可能性を秘めているといえます。

次が北九州スタジアムです。北九州スタジアムは、小倉駅から直線距離で五〇〇メートルの場所に二〇一七年春にオープンした一五〇〇〇人収容のスタジアムです。Jリーグやラグビートップリーグなどの試合、小中高生のサッカー・ラグビー大会、グラウンドゴルフ大会、子どもたちへの芝生開放などに加え、まちににぎわいを生み出す各種イベントの開催など、市民に夢と感動を提供できるスタジアムの整備が事業目的となっています。二〇一六年一二月二七日付で北九州市と株式会社ミクニとの間で締結されたネーミングライツ契約に基づき、二〇一七年二月一日から二〇二〇年一月三一日までの三年間、ミクニワールドスタジアム北九州の愛称が付与されています。

設計・建設費は約九九億円であり、PFI事業による整備運営手法が採用され、九電工グループがPFI事業者に選定されています。

コンセプトとしては、①みんながつどい、にぎわいを生む〝海ちか・街なか〟スタジアム、②夢と感動を生み出す〝ダイナミック〟スタジアム、③環境未来都市にふさわしい〝エコ〟スタジアム、④ものづくりの街北九州を発信する〝街かどショールーム〟を掲げています。

また、本件北九州市スタジアム整備等PFI事業の要求水準書において「小倉駅新幹線口地区全体の活性化と賑わい創出、本施設の有効活用に向け、取り組むこと。事業者は、積極的に小倉駅新幹線口地区の関係者と連携・協力を図り、様々な取り組みを展開すること。また、市が別途実施すれば高い効果がある取り組みについても継続的かつ積極的に提案を行い、イベント誘致等に協力するものとする(民間自主事業として自ら実施することを妨げない)」と記載されており、PFI事業者に対してスタジアム周辺地区事業者とのエリアマネジメントに取り組むよう求めていることもスタジアムを活かしたまちづくりの観点からは興味深いと思っています。

ほかに私が視察に行きました海外のスタジアム・アリーナの事例を三つ、簡単にご紹介します。まず、最初にご紹介するのは、上海に所在するの Mercedes Benz Arena です。このアリーナの収容人数は一万八〇〇〇人で、元々は二〇一〇年に開催された上海万博において上海万博文化センターという会場として使用されていました。この Mercedes Benz Arena はアメリカ本拠に全世界で一五〇以上のアリーナを運営しているAEG社が運営している施設で、バスケットボールの試合やライブイベントが開催されており、さらにアリーナにアイスホッケー場や小売店、複合施設も併設されています。日本ではようやくアリーナ整備運営への民間活力導入がはじまりつつありますが、実はお隣の国、中国ではすでに民間運営・複合施設化しているアリーナがすでに誕生している。日本にいるとアリーナの民間運営議論がスポーツビジネス界の最先端のテーマのひとつのように感じるのですが、実は、アリーナ議論では日本は遅れているのだな、と中国で実感しました次第です。

二つ目にご紹介するのは、先日Jリーグ主催の欧州スタジアム視察に同行した際に訪問しましたオーストリアのウィーンに所在する二〇一六年に整備されたSK Rapid Wienという一〇〇年以上活動しているウィーン本拠のプロサッカーサッカークラブが整備し、運営しているホームスタジアムです。建設費が約六〇億円で、そのうちの約四〇%をウィーン市が出しています。民間のプロスポーツクラブが整備するスタジアムですから、クラブ自らの責任で資金調達するのが筋で行政がお金を出す理由はないはずです。日本の場合は、例えばプロ野球団またはその親会社が自社でスタジアムを整備し自社のビジネスのために運営する場合に、行政が補助金を出すということは考えにくいですが、SK Rapid Wienの場合は、一〇〇年以上もウィーンのホームクラブとして、観戦客を誘引し、スタッフの雇用を生み続けてくれたということで、行政もさすがにスタジアム整備資金を応援するということなのだろうと勝手に思いました。

さらにウィーン市のルールとして、市内のスポーツイベントのチケット収入のうち一〇%を税収として取ります。だから別に建設費を出しっぱなしではなくて、冷静にみると投資回収しているということなのです。つまり、行政も整備資金を出しっぱなしではなく、投資回収をきちんとしようという姿勢なのだと思います。

次が、ドイツのレーゲンスブルクという、世界遺産を有する人口一四万人ぐらいの小さな町をホームタウンとするSSV Jahn RegensburgのホームスタジアムContinental Arenaをご紹介します。Continental Arenaのスタジアムの色は赤色で整えられていてかっこ良く、DAZN（ダゾーン）の日本向けの最初のコマーシャルはここで撮ったらしいです。面白いのは、人口が少ないこともあって、プロスポーツクラブでスタジアム整備資金を出せるわけではないことから、行政からの資金でスタジアムを整備してRegensburg市一〇〇%出資の会社で運営されています。このスタジアムの場合、公設公営で整備運営されているため、スタジアムの経営にSSV Jahn Regensburgは口は出せず、SSV Jahn Regensburgがスタジアムでの試合開催時に得られる収入は、チケット収入とクラブ自身でスタジアム内に設置したサイネージ広告収入等にとどまっています。

日本だとスタジアムを整備する際にホームスポーツクラブが、整備資金を出さないにも関わらず、スタジアムの構造に物申したり、運営や収益に関与しようとしたりするケースが見受けられますが、基本原則は資金を出した組織がリターンを得られるべきであり、Continental Arena の場合はその原則の通りに運営されているという点で、日本のスタジアム・アリーナ整備運営の議論にも参考になるのではないでしょうか。

## ■まちづくりの拠点となる可能性

日本ではスタジアム・アリーナビジネスは基本的に稼ぐのが難しい事業だと考えられています。だからこそ、経済的側面からだけではなく、地域やまちづくりとしての価値といった社会的価値の側面からも考える必要があり、プロスポーツクラブやその親会社、スポンサーだけではなく、行政、リーグ、ファン、地元住民、地元事業者、金融機関など様々な関係者を巻き込み、みんなで知恵を出す必要があります。結果、いろいろな人が関われるチャンスがある事業だと思います。

スタジアム・アリーナ事業やスポーツでまちづくりを仕事にしたい人は、関わる人をきちんと列挙して、それぞれのポジションと役割をちゃんと熟知しないと失敗すると思っています。これらの役割の理解がステークホルダー・マネジメントというものです。それぞれの関係者がどういうポジションにいて、悪い言葉で言うと「やたらうるさいけど、権限もないから無視していい存在」なのか、「この人をちゃんと動かすと、建設資金調達がうまくいく」なのか、「この人ときちんと話をしないと実はスタジアム・アリーナ整備計画に決定が下りない」とか、事前に整理しておかないと失敗する。だから、関係者に誰がいて、それぞれの役割を理解するのが大切だということです。

スタジアム・アリーナはスポーツだけでなく、まちづくりの交流空間になる可能性がある施設であると私は認識しています。ですので、弊行では「スマート・ベニュー」という概念を提唱しているのです。ですので、例えばスタジアム・アリーナだけではなくエリアをマネジメントする会社を設立してそこに賛同するプロスポーツクラブやその親会社だけではなく、地元企業だったり地元住民だったり、地元金融機関だったりといったところから資金を集めて、スタジアムやアリーナをコアにまちづくりをする会社をつくる方法があり得るかもしれません。この考え方が日本各地のスタジアム・アリーナ整備構想の関係者に広がってくれば、と期待するところです。

皆様の中にスタジアム・アリーナやスポーツビジネスで働きたいという方がもしおられましたら、いきなりプロスポーツクラブで働くだけがスタジアム・アリーナビジネスではないということを知って頂きたいです。むしろ、建築設計、都市計画や商業マーケティング、エンターテインメントビジネスなどの分野でまず働くこともありだと思います。日本全国に何十ものスタジアム・アリーナ整備構想がありますので、ぜひ「スタジアム・アリーナ」を活かした「まちづくり」という観点に関心を持って下さいましたら嬉しいです。長い時間、こちらからのお話にお付き合いを頂きましてありがとうございました。

(今般の原稿の内容につきましての見解は執筆者個人に帰属するものであり、所属する組織の公式見解ではありません。)

# Part 2

# 大学スポーツの
# アドミニストレーション

# 「渋谷と言えば、サンロッカーズ」が僕の願いです

宮野 陣
サンロッカーズ渋谷　事業統括部　部長

みやの　じん　立教大学卒業後、カリフォルニア州立大学フラトン校大学院で広報を専攻。現地広告代理店にて約7年勤務。帰国後、外資系広告代理店にて政府観光局、外資系石油元売などの担当を経て、2015年7月に日立サンロッカーズ東京のバスケットボールオペレーションディレクターとして日立製作所入所。2016年のB. LEAGUE開幕年から現職。スポーツチームが提供する新たな価値創造をめざして事業運営を行なっている。

■サンロッカーズの成り立ち

こんにちは。サンロッカーズ渋谷の宮野と申します。かなり特殊な環境の中で、プロスポーツをやっています。僕は、立教大学では男子ソフトボール部と学連をやっていました。その中でスポーツが楽しいなと思いまして、就職活動をせずに、カリフォルニア州立大学フラートン校に行きました。そこでＰＲの勉強をして、そのままロサンゼルスの広告代理店に就職をしました。一〇年ぐらいいて二〇〇七年に日本へ帰ってきて、外資系の広告代理店で仕事をしていました。そういう意味では全然、スポーツ畑の人間ではないんですね。縁があって、日立製作所が所有していた実業団バスケットボールチームの「日立サンロッカーズ東京」のオペレーションディレクターとして入社しました。きっかけは、プロバスケットボールが始まるので、それを

見越して来てくださいという話でした。

一年間現場にいて、チームと一緒に試合を組み立てたり、マネージャーのコントロールをしました。そして二〇一六年、Bリーグが始まったときに、現在の事業統括部長となっています。そのとき、日立サンロッカーズからサンロッカーズ渋谷というチームに変わりました。実業団チームとしては歴史が古くて、一九三五年にバスケットボール部ができて、その後、日立大阪でバスケットボール部ができます。実業団というのは、あくまでもプロ興業ではなくて、社員のための福利厚生だとか会社を盛り上げていこうという話なので、現役社員が選手でした。その後、二〇〇〇年に二つのチームが一緒になって、日立サンロッカーズ東京・柏というチームができて、二〇〇〇年JBL（日本バスケットボールリーグ）のスーパーリーグ設立に伴い統合しています。企業がどんどんスポーツチームをやめていく大きな流れの中で、唯一残ってきたのが日立でした。

二〇一六年、Bリーグに参入するために「株式会社日立サンロッカーズ」を立ち上げました。これまで日立製作所の部活だったものを、会社にしたわけです。Bリーグを始めたのがJリーグの元チェアマンだった川淵三郎さんで、Jリーグのスキームを Bリーグに持って来ただけなので、Bリーグがどうなっているか、JをBに置き換えると想像がつくと思います。

サンロッカーズの名前の由来は、「太陽を揺らす激しいダンクを狙い撃つ集団」ということらしいです。日立サンロッカーズになってからは、当時実業団として年間二〇〜三〇試合ぐらいやっていました。ではサンロッカーズ渋谷って何なのということで、おさらいをすると、二〇一六年四月一日に会社設立して、五月三一日に一七号館で記者発表をして、アリーナを青山学

ホームアリーナ　青山学院記念館

院記念館にしますということをやりました。

ちょっと数字的な話をすると、このチーム、一試合二六〇〇〜二七〇〇人ぐらいが青山学院記念館に来てくれています。年間三〇試合、全体でいうと六〇試合。ホームの青山学院記念館では二四試合、残りの六試合が墨田区総合体育館で試合をやる。一シーズンで約八万人ぐらいの人が、試合を観てくれています。いつもの体育館が、本当にアリーナの雰囲気になっていくという感じです。SNSもやっているので、もし知っている人はぜひフォローをしてください。今年のチームは青山学院大学出身の選手が二名いる縁もあって応援をしてもらっています。

サンロッカーズが他のチームと違うのは、サンロッカーガールズという、日本で一番のチアリーダーの存在であったり、サンディというマスコットが試合会場でみんなを盛り上げることですね。またオリジナルのテレビ番組を持っています。あと、ユースチーム。さっきJと同じだと言ったんですけれども、Bリーグもユースチームという、U12／U15の選手たちが週二回、指導をしています。一二歳以下、小学生と中学生までが多いですね。

## ■地域のチーム

サンロッカーズは地域のチームなのか、日立のチームなのか、青学のチームなのかとあるんですけれども、地域の側面で言うと、サンロッカーズの日であるとか、シブヤシュートアウトという三月のゲームをバスケットボールイベントとして開催したりします。また地域の安全対策キャンペーンなどにチアリーダーが行ったりします。

ちょうど二年前、二〇一六年五月三一日に一七号館で「サンロッカーズは青山学院を使います」と発表をしたとき、世の中のリアクションが「そう来たか」という感じだったんですね。「アリーナがないじゃん、東京都内に五〇〇〇人のアリーナがない。サンロッカーズは絶対二部に行っちゃうぜ」というのが大筋でした。唯一、二三区内で使える五〇〇〇人以上のアリーナが、代々木第一体育館と東京体育館しかない。代々木第一は国の持ち物、東京体育館は東京都の持ち物なので、「アリーナないぜ、絶対にB2行きだ」と思われたときに、青山学院でやりますと言って、業界的には、「その手があったか」みたいな感じでした。何もない白紙の状態から事を進めていく難しさであったり、発想の転換というのは、これからのスポーツをやっていく上でも、スポーツを運営していく上でも、すごく鍵になる大切なことと僕は思っています。

　オクラホマシティー・サンダーはすごい強豪チームですけれども、最初は砂漠の真ん中のオクラホマシティーで事業をやり始めました。全く何もないところでスポーツをやるというというのは、大変なことだけではない、成功ができないわけでもないと思っています。

　Bリーグがなんだかよく分かっていない人のために、一度簡単におさらいをします。

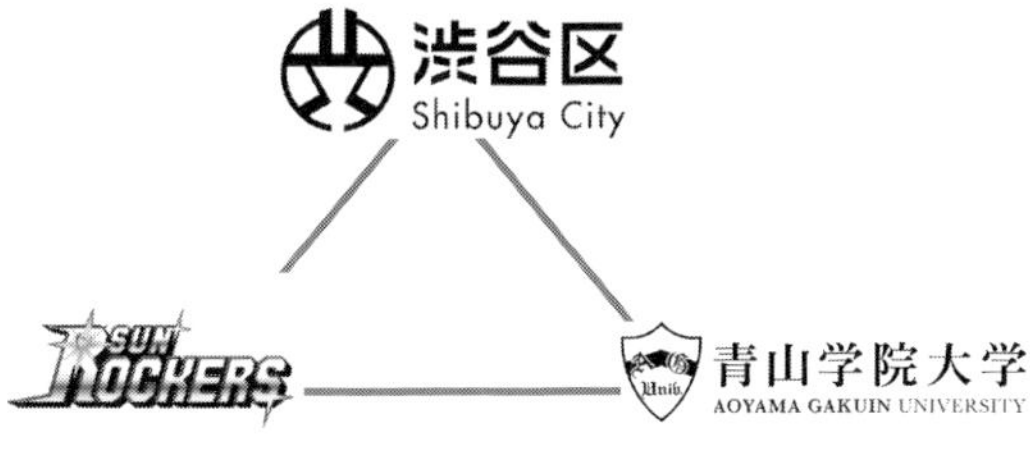

サンロッカーズについて

　二つの団体があったのを一つにまとめて、二〇一六年に立ったのがBリーグ。そして日立サンロッカーズはどこに行くのかと、みんなが興味津々で見ていたんですね。それでは、なぜ青山学院だったのか。「体育館が都内にないよね。どうするんだよ、こいつら」となったときに、花内誠さんのアリーナスポーツ協議会を通じて、「実は青山学院記念館のアリーナは五〇〇〇人入るんですよ」と耳打ちしていただいたんですね。すごい、入るんだということになって、ウチの当時の幹部が慌てて青山学院に「すみません、貸してください」と行ったら、青山学院さんからは「なぜプロチームの日立に、ウチの記念館を貸さなきゃ駄目なんですか」という話になったんですね。それでも渋谷区が後押しをしてくれて、「いやいや、サンロッカーズさんが、渋谷のプロチームとして、地域の活性化をしてくれるならば、産官学としませんか」。

　どういうことかというと、サンロッカーズは年間三〇試合、その内二四試合ぐらいで記念館を使ってしまうわけなんです。となると、バレーボール部だとかバスケットボール部のみんなは、練習をする場所がなくなっちゃう。練習で土曜と日曜を使っちゃうので、練習場所がなくなったときに、それは渋谷区の体育館が受け入れましょうと、うまく回るようにしてもらいました。そこで産官学というものが始まって、僕たちサンロッカーズが「このスキームをやります」と言ったのが、かなりのインパクトがあった。今でもインパクトがあると思っています。それで、めでたく「日立サンロッカーズ」から「サンロッカーズ渋谷」という名前になりました。フランチャイズは渋谷区で、ホームアリーナが青山学院記念館。二〇一六年五月の話です。

Ｂ１に所属するプロバスケットボールチームは一八あるんですけれども、フランチャイズを変えたのはサンロッカーズだけなんですね。名古屋のチームは名古屋になったり、大阪のチームは大阪だったり。フランチャイズを移動したのは、サンロッカーズが唯一で、渋谷という名前を付けた最初のプロチームです。一番大切なのは、大学と連携をした最初のチームがサンロッカーズ渋谷だったことです。基本的なメンタリティーとしてサンロッカーズ渋谷は、とにかく大きなチャンスしかない、誰もやったことのないところを逆手に取っていきましょうということです。

■渋谷という多様性

あらためて渋谷区について切り取ろうと思います。みんなあまり渋谷区という意識がないかもしれないんですけれども、ここは割と渋谷の中心地に建っています。一五キロ平米ぐらいの小さな区で人口は本当に少ないんだけれども、東横線あるいは田園都市線の沿線の人で言うと五三〇万人ぐらいいます。真面目にマーケティングをやってこれから集客しようというなら、いくらでもお客さんを呼べるというぐらいたくさんの人を抱えています。

渋谷にはいろいろブロックがあったりして、京王線でいうと初台だとか笹塚は住宅地があって、結構昔ながらの商店街がある。恵比寿だとか中山に行っちゃうと、渋谷の色が希薄になって、代官山辺りのように渋谷というアイデンティティーを全く持っていない場所もあります。

そういった意味で渋谷って、人々が渋谷というアイデンティティーを持っていないので、なかなか難しいところもあります。渋谷っていろんな側面を持っていまして、もちろんデザインだとかファッションだとか音楽とか何でもありという町で、誰でも受け入れる、非常に寛容な町だと思っています。区の基本方針、基本構想があって、多様性を町の活性化に使っていくというコンセプトになっています。

やっぱり地域のチームというところで、なるべくこのバスケットボールを通じて地域やコミュニティーに新しい価値を提供していきたい。そういう理念を持っています。

地域活動として根差すとなると、それは地域のバスケットボール振興であったり、区の考えていることに寄り添う意味では、ダイバーシティなどの啓蒙や支援。同時に福祉活動であるとか、子どもためだとか、お年寄りであるとか、そういったことにも参加する

地域のチームという角度で見ると、我々がやっているの

は本当に基本的なことで、バスケットボール教室をやったり、中学生の合同部活練習会に行って教えたり、あるいは渋谷区にもスポーツをボランティアでしましょうというグループがあるので、そういったグループとの連携をやっています。渋谷ってLGBT支援なども積極的に推進しているので、我々もそこをリスペクトしながら賛同していく、啓蒙していく活動をします。

福祉活動では、渋谷区の小中学生は無料でバスケットの試合を観られるよというプログラムがあります。どうぞ観においで、プロスポーツってこんな感じだよ、と観せています。観に行くチャンスもなかなかない子たちには、行政を通じて招待するプログラムを準備したりしています。その他の活動、例えば警察だとか消防、あるいは地域の踊りなどのプロモーションビデオに出るなども地道にやっていくのが、まず地域のチームといったときに重要です。ラジオ、観光協会、地域新聞などとありますので連携をしながら、地域活動のファシリテーションに力を入れていこうというのが、地域のチームとしてのサンロッカーズです。

我々が大切にしていることは、渋谷っていろいろこと面白いことがあって、映画があったり、食事があるとか、その中で「サンロッカーズっていうスポーツがあってよかったね」と言ってもらえるように価値を高めるということで、地域のチームとしては広報ミッションとして活動をしております。

スポーツって、やっている体育会系の選手だけが偉いわけじゃなくて、観ている人はスポーツをやっていないかというと、そういうわけじゃない。スポーツの重要な切り口に、するスポーツ、みるスポーツ、ささえるスポーツと三つが挙がります。

渋谷区が実は、この意味を掲げているんですね。する、みる、ささえる。渋谷区の場合は「応援をする」というコンセプトも入っています。この三つがあってスポーツが成り立っていくというコンセプトで、我々も実際にオペレーション、あるいはビジネスの展開をやっています。

渋谷でバスケットボールをするというのは、はっきり言ってめちゃくちゃ難易度が高い。僕も広告代理店に入って、いろんなお客さんを持って「マーケティングをしてください」と言われて一五年ぐらいずっとやっていたんですけれども、渋谷で何かを成功させてくださいというお題が来たら、はっきり言って腰が引ける。というのは、成功事例がない。

成功は方程式がないので、やるだけやってみよう。成功がないということは、失敗もない。なので、いまだに正解がどこにあるのか分からない。本当によくそういうスポーツをやっていますねという形なんだけれども、いろんな切り口があります。

サンロッカーズは日立が親会社のチームであったりもするので、日立の従業員の方の思いだとか、日立のグウランド・アイデンティティーだとかも要素として入ってくるわけですね。なおかつ今度は、青山学院大学。青山学院大学がサンロッカーズと組んでいる価値ってなんですか。青山学院大学にとって何かメリットがあるチームですか。まだそこも試行錯誤。なので、非常にチャレンジングで面白いことをやっていると思いつつも、課題が大き過ぎて、まだまだ解決法が出ていないので、何かアイデアがあればいつでも連絡をください。

**■とにかく認知度を高めよう**

やっぱり一番難しいのは、認知度が低い。サンロッカーズ渋谷ってそもそも知らなかったよと。この前、別の大学に行ったとき、「サンロッカーズ渋谷って知っていますか」と聞いたら、全員が「知らなかった、日本にバスケットボールのプロリーグがあるのも知らなかった」だったので、全然知らないのは不思議じゃないし、リーグ全体、Bリーグとしても認知度はめちゃくちゃ低いです。

やっぱり日本のバスケットボールへの無関心もあります。ここはすごく残念で、青山学院大学も非常に強いバスケットボール部を持っている、他の大学も持っている。実業団でさえも八〇年近くやっているにもかかわらず、「日

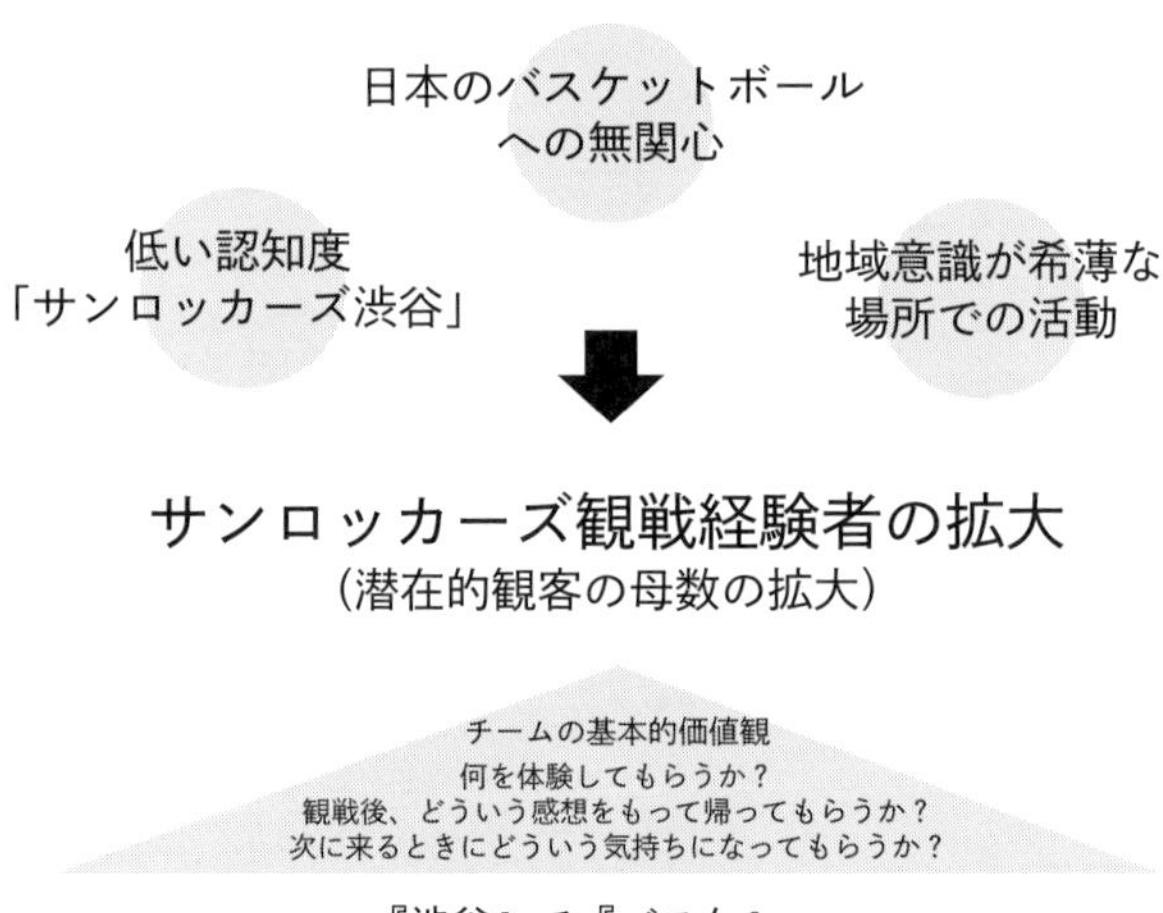

本にバスケットボールがあったのか」みたいな感じです。

たぶんこれって、ちょっと失礼な言い方なんだけれども、僕が「皆さん、ハンドボールの実業団リーグをどこでやっているか知っていますか」と聞いたら、答えられない。ハンドボールの実業団ってあるの、もしかしてプロボーリングってあるのも知らない。それと同じぐらいかもしれないなって思います。それぐらい競技に対する関心度が低い。

やっぱりさっきの繰り返しになってしまうんだけれども、いま地域意識が非常に希薄な場所で、スポーツチームを地域に愛してもらおうということが、結構無理がある。厳しいな、大変だなと思いながらやっています。

じゃあどうしようというときに、唯一、現段階で、僕たちがやらなきゃなと思っているのは、「サンロッカーズをちょっと観てください」「ああ、観た観た。あれは観たことがあるよ」「観に行ったんだ、へえ」というところを増やしていく。「バスケットボール、面白いじゃん。結構近くでやっているじゃん」という話になれば、まずそこで一歩目かなと思います。その中で、初めて来てもらった人にどう思ってもらおうかとか、何を体験してもらおうかというのが、次に我々が考えることです。五人ぐらいスタッフで、会場内のエンターテインメントなど美術の担当をしています。

なので、本当に切り口が違うコミュニティーをまたいでスポーツをやっている、このサンロッカーズというチームが唯一やらなきゃいけないことで、たぶんあと数年はやらなきゃいけないと思うのは「観に来てください」ということです。観に来てもらえて、数年後は日本のバスケットボールが安定してきて、そんな時代もあったんだねとなってほしいんですけれども。

初めて観たよというグループが、「面白かったから、今度は友達を誘ってもう一回行ってみようよ」となる。さらには、「面白いじゃん、もっと近くで観てみようよ」となって、コートサイド近くの席を買ってもらう。「やっぱりサンロッカーズは最高だよね」という、海外のチームのようになってほしいなと思っています。一番難しいのは、最初に来てもらうこと。それから、もう一回、二回と観に来てもらうところがすごく大きなチャレンジです。

サンロッカーズの試合は、購買部でもチケットが学生価格で買えるはずなので、ぜひ観に来てください。一度観に来てもらえば「へえ、こんなのもあるんだ」。ファンになってもらいたいとかじゃなくて、渋谷にこういうプロス

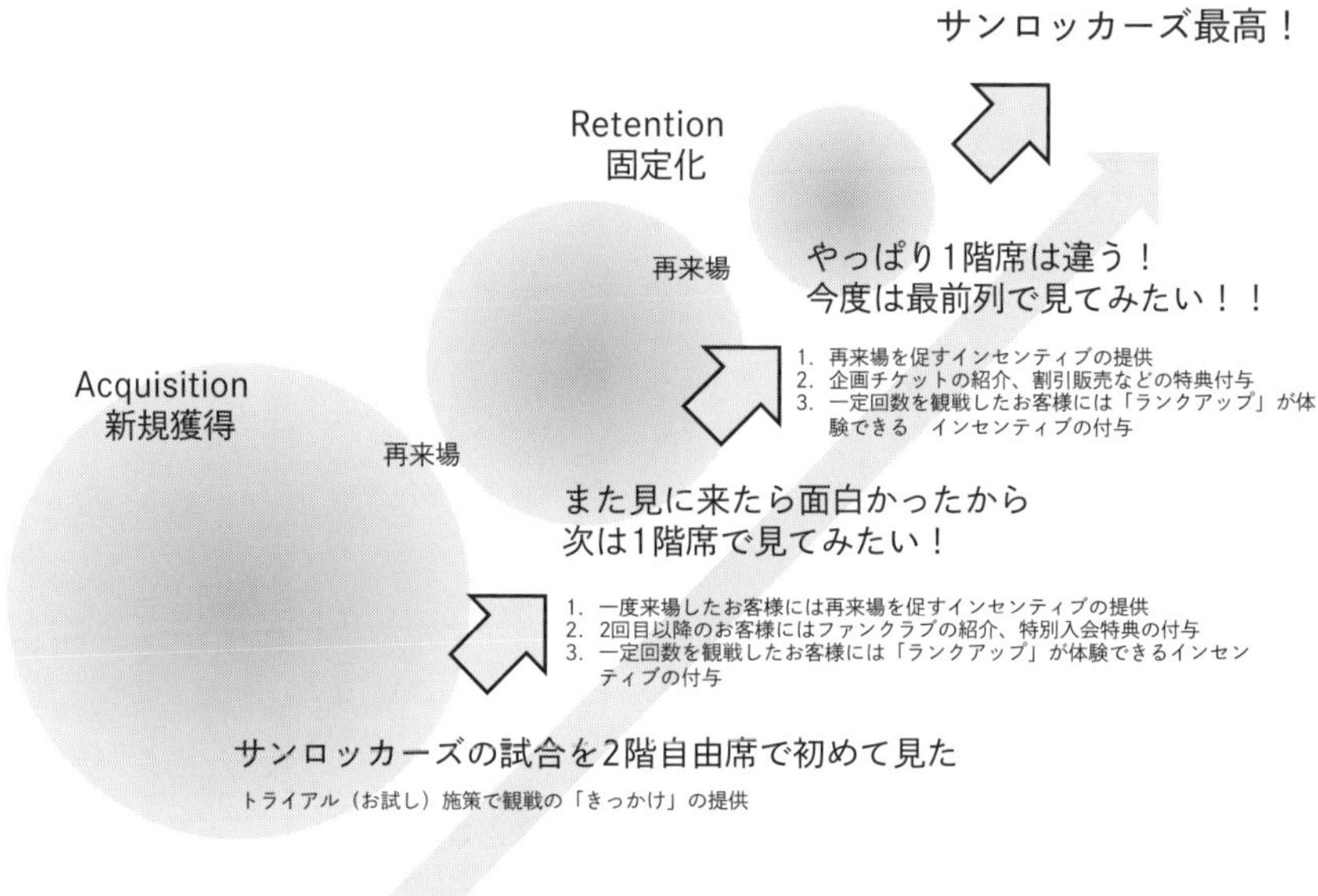
サンロッカーズ最高！
Retention
固定化
再来場
やっぱり1階席は違う！
今度は最前列で見てみたい！！
1. 再来場を促すインセンティブの提供
2. 企画チケットの紹介、割引販売などの特典付与
3. 一定回数を観戦したお客様には「ランクアップ」が体験できる　インセンティブの付与
Acquisition
新規獲得
再来場
また見に来たら面白かったから
次は1階席で見てみたい！
1. 一度来場したお客様には再来場を促すインセンティブの提供
2. 2回目以降のお客様にはファンクラブの紹介、特別入会特典の付与
3. 一定回数を観戦したお客様には「ランクアップ」が体験できるインセンティブの付与
サンロッカーズの試合を2階自由席で初めて見た
トライアル（お試し）施策で観戦の「きっかけ」の提供

『渋谷』で『バスケ』

ポーツをやっているんだ。こういうオプションがあるんだと思ってもらえればいいかなと思っています。

渋谷と日立と青学の三つで、お客さんのざっくりとした割合を言うと、渋谷が六、日立が二、その他の中に少し青学が含まれる感じです。サンロッカーズが始まったころは本当にお客さんが来なかったので、日立にチケットをたくさん買ってもらっていました。本当に「誰も来ません」状態で、なんだ、そのチームって感じで、観に来てもらえなかったんですね。元々当時のチケットは、親会社の日立が六、一般が四。去年になってくるとかなり逆転して、日立が三で、他が七ぐらいです。

サンロッカーズは、潤沢な予算を使わせてもらえない会社なので、プロモーション予算は非常に少ないんですね。少ない中で、それをどこに使っているかというと、広告代理店出身の僕が言ってはいけないんですけれども、広告には一切使っていないんです。広告に使っても効果がない。なるべく地域に行って何かを配る。子どもにノベルティーをあげるだとか、お祭りのときに何かを寄付するだとか、うちわを配るとか、そういったことに使っています。本当に予算的には、数千万円もいかないところがあります。

今、大学スポーツとプロスポーツってどうやって関わっていけばいいのかが、大きなチャレンジだと思っています。やっぱり日本って大学スポーツに対する関心がなかなか希薄で、アメリカだと大学スポーツもプロスポーツも同じぐらい関心がある。夏は野球、野球が終わるころにはフットボールが始まって、フットボールの決着がつき始めると、今度はバスケットボールが始まる。バスケットボールが終わるころには、また野球のスプリングトレーニングが始まって、スポーツが文化としてエンターテインメントとして回っているので、それが大学だろうがプロスポーツだろうが、みんな関心を示している。

日本はどうしても、野球で断絶しちゃう。野球のシーズンが終わったら、じゃあもうストーブリーグだよねと。冬場になってバスケットボールはますます希薄になる。そのとき、「バスケットボールは冬のスポーツでもあるんだよ」という全体の流れを作ることで、もしかすると大学スポーツもプロスポーツも、もっと注目を浴びるようになるのかなと思います。

大学スポーツの難しいところは、日本ではみんな自分の学校の結果とか気にしない。その辺を変えていかないと、全体の流れも変わらないのかなと思います。まずあのチームはどうなっているんだという関心を持ってもらうことが、一つ新しいことをやってみるきっかけになるのかなと思います。

シカゴでバスケットボールと言えば、シカゴ・ブルズですよ。ロサンゼルスと言えばレイカーズ。じゃあ渋谷って何があると言ったときに、サンロッカーズ渋谷でありたいなというのが僕の願いですし、渋谷区にとっても大きなメリットになるのかなと思っています。

渋谷という町で何かを起こすというのはすごく大変なんだけれども、いろいろとチャレンジをしていこうかと思っています。アイデアって、スポーツ業界に入らなくてもいろんなアイデアが出てくるし、別の業界からスポーツ業界に入っても全く問題はありません。いろんな経験をした上でスポーツをやりたいなと思ったら、チャレンジをしてもらいたいと思います。

# 青山学院大学（AGU）スポーツの近況

長谷川 恒平

青山学院大学学生生活部スポーツ支援課
スポーツアドミニストレーター

はせがわ　こうへい　1984年静岡県生まれ。2007年　青山学院大学文学部教育学科卒業。2010年日本体育大学大学院体育科学研究科修士課程修了。2012年ロンドンオリンピックレスリンググレコローマンスタイル55kg級10位。2010年広州アジア大会優勝。2014年仁川アジア大会優勝。2014年より学校法人青山学院にて勤務。現在はスポーツ支援課。青山学院大学レスリング部監督（2018年〜）。全日本学生連盟強化委員（2017年〜）。日本オリンピック委員会強化スタッフ（2017年〜）。

## ■青山学院大学のスポーツについての現状

今日は、青山学院大学のスポーツについての現状ということでご説明を致します。青山スポーツを支えるスポーツ支援課、青山学院大学の体育会、大学スポーツ施設、フィットネスセンター、そして東京二〇二〇オリンピック・パラリンピックについてということをお話ししたいと思います。

本日の伝えたいこととして、まず「知る」ということを大事にしていただきたいと思い、今日は皆さんに、青山学院大学のスポーツについていろんなことを知ってほしいと思います。私のいるスポーツ支援課という部署は、二〇一六年一〇月にできました。ちょうど丸二年になります。業務内容としては、体育会各部の活動支援、産官学連携事業、大学スポーツ活動情報の内外への発信、スポーツ振興に寄与する企画・立案・実施。最後に東京オリパラについて、といったことをやっております。

日立サンロッカーズ、今はサンロッカーズ渋谷という名称ですけれども、観に行ったことがない人、ぜひ観に行ってください。皆さんがやった入学式の会場でこういったイベントが毎週のように行われています。これが「知る」ということです。

今、スポーツ庁からは「大学スポーツの活性化に全学的体制で取り組む各大学における、専門人材の配置や先進的モデル事業を拡充する」、これをやっていきましょうと言われています。何かというと、学生アスリートのキャリア形成支援、地域貢献、スポーツ教育の推進。スポーツボランティアの普及・啓発。収益客向上に向けた取り組み。こういったものを全学的に取り組むスポーツアドミニストレーターを置きましょうという取り組みです。

この大学のスポーツアドミニストレーターは誰か、知っている人。……私です。今、青山学院大学には四人います。組織図を見ますと、学長の三木義一先生を中心として、副学長の田中正郎先生と外岡尚美先生が大学ガバナンスの強化を担当します。その中で、スポーツアドミニストレーターやスポーツ支援課という事務所管があり、大学部

## 産官学連携事業　日立サンロッカーズホームアリーナ決定

**【大学施設をプロスポーツで使用】**
日立サンロッカーズ東京・渋谷（以下サンロッカーズ）が、2016-2017シーズンから参戦するプロフェッショナル・バスケットボールリーグ（Bリーグ）において青山学院記念館（大学体育館）をホームアリーナとして使用。各種スポーツのトップリーグにおいて、大学の体育館をホームアリーナとして使用する試みは初めて。
**【産官学の連携】**
本提携には渋谷区（区長：長谷部健）も行政としても参画いただき、チーム名に「渋谷」の名称を冠することで、地域にスポーツエンターテイメントとしてのバスケットボールを普及、定着させ、渋谷区、青山学院、および日立は、今後、さらに産官学連携を強化し、Bリーグの発展ならびに運営の活性化に寄与していく。

活動の指導者、また研究推進部というところで、スポーツに関する研究も教員と協力しながら行っています。これも相互に混ざり合って、情報をお互い共有しながら事業を進めていきます。実施事業としては、米原で行った駅伝事業。またプロバスケットボールチーム。サンロッカーズ渋谷のホームアリーナ運営といったことを大学として取り組んでいることを発信しています。

続きまして、体育会という組織について説明いたします。一番上は青山学院大学学友会会長、これは学長を指します。その中に会員がいて、その次に体育連合会、文化連合会、直属団体。これは何かというと、応援団、吹奏楽バトントワリング部、白馬ヒュッテ、新聞編集委員会、英字新聞編集委員会の五つ。次に附置委員会。これは、青山祭実行委員会、相模原祭実行委員会。愛好団体はサークルのことで、結構な数の人がこれに入っています。体育会というのは、体育連合会の中の相模原支部じゃなくて、体育会。ここに入っています。

では体育会ってどれぐらいの組織なのというと、五一部活あります。意外と知らないかもしれないけれども、マニアックなところで射撃部、合気道部、ヨット部、レスリング部、ハイキング部。こういった部活が五一部活あります。その中で、強化指定部といわれる部活は六部。硬式野球、バスケットボール男子、バレーボール女子、ラグビー、陸上長距離・短距離。こういったものを青学は力を入れている、強化をしていきましょうとなっています。

体育会の人数は約一七〇〇人で、青学全体の九%ぐらいを占めています。ラクロスとかレスリング部とか部活が多いなと思うけれども、青学の学生の全体の九%ぐらいです、そんなにも多くない。活躍は皆さん知っていると思うんだけれども、例えばこの前に勝った陸上であったり、バレーボール女子。去年（二〇一七年）インカレで優勝をして日本一になりました。青学の女子バレーボールは日本で一番強い。

パワーリフティング部を知っている人は少ないかもしれないけれども、パワーリフティングってオリンピック競技と違って、ベンチプレスとスクワットとデッドリフトの三つ。例えば、四年生の佐竹優典君はスクワット五九キロ級で二〇〇キロぐらい上げます。ベンチプレスが一三〇キロぐらい、デッドリフトも二〇〇キロちょっと上げて、トータル六六〇キロぐらい上げます。彼は世界ジュニアチャンピオンです。またレスリング部にも去年の世界ジュニアチャンピオンだとか、今年（二〇一八年）の夏に優勝をした藤井達哉君。こういった学生たちが普通にいます。青学の体育会系は駅伝が目立つんだけれども、それ以外もすごく頑張っています。これもみんな、「知る」。学食で隣に座っているかもしれない。そういった学生界でのトップアスリートが青学には多くいます。

## ■青山学院の施設

施設について簡単に説明します。記念館では、サンロッカーズもやっているし、入学式も卒業式もやる。バスケだとかバレーだとかバトミントンだとか、いろんな部活が普段、これからの時間部活をやっています。地下に行くと、武術系とか卓球もあるし、フィットネスセンターもあります。

相模原キャンパスには、A棟アリーナ、体育館、H棟ジムナジウム。主にバスケットボール男子。V棟スタジアム。相模原キャンパスには、野球場があります。V棟スタジアムはどういう大きさかというと、ヤクルトがよく試合をやっている神宮球場と同じ形、同じ高さ、同じ長さの野球場があります。なぜかというと、大学野球はあそこが聖地だから。同じサイズ感で試合をするために、相模原に同じサイズの野球場があります。

相模原グラウンド。陸上の長距離と短距離をやっている。学内では、射撃部の射撃場があります。緑が丘グラウンドでは、ラグビー、サッカー、アメフト、テニス、ソフトテニス、そして自動車部がやっています。町田グラウンドにも野球場があります。

このように学内施設は、クラブ専用じゃなくて、いろんな部が共用して使います。また施設の設備レベルはそんなに高くありません。記念館がいつ建てられたか知っていますか。一九六四年、前回のオリンピックのときで年代物です。青山学院大学九〇周年で作ったものです。いま創立一四四年だから、相当な年代物です。また全て学内では活動ができなくて、学外施設を使ったりもしています。

指導体制は、常に学生を見ているわけではなくて、学生主体が多いですね。練習も、高校と違って顧問の先生がいるわけでもない。週末だけOB・OGが来てくれます。専任のコーチがいるのは本当にわずかです。そういった中でも、スポーツ支援課としては入学式の日の内に、スポーツ推薦入学者一〇〇人を集めます。「高校と大学は違うよ」「誰も宿題を出すとか言ってくれないよ」「寝坊をしても起こしに来てくれないよ」、そういったアナウンス、ガイダンスをやります。あとは部活で必要な体育会の履修変更だったり、強化指定部に入ってきた新入生に対して面談をやっています。

ここで、フィットネスセンターについてご紹介をします。青山キャンパスだと記念館の地下。相模原キャンパスだとH棟二階にあり、両キャンパスで利用は可能です。こういった手続き、更新手続きならば五分で済みます。こういった施設があって、個人的なトレーニングサポートを受けられます。

屋内のフィットネスプログラムも夏と冬にやっています。年間、君らは三〇〇〇円で使える。国道二四六号線の道を挟んだコナミが月幾らかかるか、知っていますか。二万七〇〇〇円×一二カ月で三〇万円。道を挟んだら一〇〇倍違う。わざわざそんなところにお金をかけて行かなくても、三〇〇〇円で使いたい放題、シャワーも付いている。スタッフも常駐している。使った方がいいよ、学生の内だけだから。君たちはあと一年、二年で社会に出たら二万七〇〇〇円を払うんだよ。でも今なら、三〇〇〇円で健康が得られるんだよ。ぜひ使ってほしいと思います。

### ■オリンピック、パラリンピックを「知る」

ラストのトピック、オリンピック、パラリンピック。大切なことは、「知る」ということ。これは組織委員会のホームページにも書いてあります。一つ目、東京二〇二〇のマスコットはミライトワとソメイティ。つまり「未来」と「とわ」。これはオリンピックの公式キャラクターです。ソメイティはパラリンピックのマスコットで、「ソメイヨシノ」と「so mighty（非常に力強い）」という意味の造語ですね。

東京二〇二〇のメダルは新しい試みで、君たちが使っている携帯電話などをリサイクルしたときにできる金属で作ります。これは史上初の試み。世界中の人が目指すオリンピックのメダルをこういったリサイクルから作る。非常に新しい試みです。そして東京二〇二〇聖火リレーは二〇二〇年三月、福島県から出発します。聖火リレーで四七都道府県を走ります。

競技では、オリンピックの場合は、三三競技やっています。こういったことはやっぱり知らないと楽しくないです。「知る」というのはすごく大事です。一七号館二階のビジョンとか、学食一七号館下でオリンピックのムービーを流しているので、ぜひ見てください。すごくきれいな映像が流れます。

ラストにオリンピック・パラリンピックのボランティア

の説明会。こういったこともスポーツ支援課がやっています。今は僕たちが「やれ」という上から下へのスタイルじゃなくて、君たちがみんなでやりたいと言って、各自が応募をします。手続きも面倒くさいことがあるんだけれども、そういった説明会もスポーツ支援課がやっています。興味がある人は、ぜひ来てください。

　オリンピックってみんな、ちょっと遠い世界だと思っているけれども、そうじゃない。街に世界中のアスリート、観客があふれます。僕が出場したロンドンオリンピックでは、棒高跳びのエレーナ・イシンバエワ選手とか、ロシアのバレーのエカテリーナ・ガモワ選手とかがいました。オリンピックにしかない雰囲気を味わえるって、非常にラッキーです。わざわざロンドンとかリオとかフランスとか行かなくていいんです。東京で味わえるというのはすごくうらやましいなと思うし、選手だったらよかったなとも思う。僕はたぶんコーチとして選手をサポートすると思うんだけれども、このときに選手として二〇二〇年を迎えたかったなと、今でも思います。選手村の中での話は、近くにオリンピック選手がなかなかいないのかもしれないけれども、楽しいです。僕は準々決勝で負けちゃったけれども、行ってみて楽しかったです。いろんな思い出ができました。

　こういったことをやっぱり「知る」、知ってもらいたいです。いろんなレガシーが残るけれども、伝えたいことはやっぱり、まず知ってほしい。二年後に迫ったオリンピック・パラリンピック、どんな選手が出るの、何の競技があるの、いつから始まるの、いくらで観られるの、どうやったら参加ができるの。知ってほしい。そういった中で、観たり、支えたり、何かそこに携わる。直接じゃなくても、第二、第三で、携わる、こういったことができると非常に楽しい。自分事になるので、皆さんぜひ興味を持ってもらいたいと思います。

　最後に、青学には大勢のトップアスリート学生がいます。せっかくの機会で、知ってほしい。隣にトップアスリートが座っているんだから、授業中に。友達が近くで試合をやっているから、ぜひ皆さん観に行ってあげてください。これでスポーツ支援課の紹介は終わりにします。

# 中央集権か、地方分散か
## 日本とアメリカの大学スポーツ環境の構造的な違い

大塚 泰造
株式会社フラッグ　取締役

おおつか　たいぞう　起業家・投資家として13の株式会社、2つのNPO法人の設立に携わる。投資先には取締役・パートナーとして、ハンズオンでマーケティング支援を行い、企業価値の向上を目指している。得意分野はスポーツとコミュニケーション。新しい事業とメディアを創ることで社会を良くしたいと考えている。琉球ゴールデンキングスファウンダー／KAKAXI, Inc. CEO／株式会社フラッグ取締役／株式会社ポケットマルシェ取締役等。

### ■日本は管理、アメリカは自治

私は、すごく簡単に言うと起業家です。会社を作るのが得意です。今まで七つぐらい会社を作って、最初が大学生のときです。僕はアメリカの大学でスポーツを勉強していたんですけど、当時インターネットがすごく流行ったので、日本に帰ってきて大学四年のときにＩＴの会社を始めました。昔の「ＩＴバブル」というやつです。その後、バスケットボールのbjリーグができたので、バスケットのチームを作りました。

アレン・グットマンというスポーツ系の社会学の先生が、「スポーツは遊びである」と定義しています。非実用的で、それ自身のために追求される肉体的、精神的な活動が遊びですと。遊びの中には、自然発生的な遊びと組織化された遊びがある。自然発生的な遊びとは、公園に集まって缶蹴りをするみたいな、ルールがその場だけで作られ、次の日違う人が集まると違うルールで行われるもの。次の日も同じルールなのが組織化された遊び、ゲームです。その中には競争するもの、しないものがあって、競争するのが特にコンテストと呼ばれ、さらに頭を使う競技と体を使う競技に分かれる。頭を使う競技とはチェスだとか将棋だとかです。アレン・グットマンいわく「日本のスポーツの起源は蹴鞠だ」と。蹴鞠は中国から伝わって、五メートル四方ぐらいで木を植え、木の高さよりも上に蹴り上げて三回以上で次の人に渡す。それを多く続けられたらいいというスポーツで、平安時代にはプロ蹴鞠士がいました。その後、武士の世の中になり、明治になって義務教育ができた。ヨーロッパもそうですが、全員が徴兵されるようになった。近代化です。そうすると、武士が「やあやあ、我こそは」と戦っていたものから、集団で戦うようになります。集団で戦うようになると、一人一人より組織としてどう勝つかが重要になります。そのまま日本は第二次世界大戦まで、ずっと戦争をやり続けます。

そんな中、嘉納治五郎という方がいらっしゃいます。柔道を始めた人ですね。それまで柔術は武道なんです。相手をどうやってやっつけるか。この人は、それだけではなくて教育者としての一面もありました。体育は新しく明治から生まれた教育で、東京師範学校という教員を養成する学校ができたんですね。現在の筑波大学です。それで、教育者として東京師範学校に運動会をつくります。さらには体育協会を作りました。

体を動かすことは心と体を鍛えて強い兵士を作る。それが教育にだんだんインストールされていくんですね。日本は、ほぼスポーツ＝体育。もしくはその延長の部活。教育と非常に密接な関わりを持ち続けています。日本でバスケをやるというと、体育と部活以外にあんまりないですね。バレーボールも、たぶんないです。対してアメリカでは、僕の家はクパチーノというアップル本社の近所にあって、普通の高校にフィールドがあります。そこで陸上競技会が開かれて、私の四歳の双子の娘も参加しています。エントリーフィーが八ドル。全部で一六種目、一〇〇メートル走から五〇〇〇メートル走、棒高跳び、幅跳び。陸上では一六種目もできる。毎週木曜日夜七時ぐらいから、記録会に出られるんですね。観客席は二ドル。誰でも参加できます。四歳の子ども同士、小学生同士、中学生同士と、その人たちだけで集まって競技会をやる。誰でも参加できて、そのレベルでちゃんと楽しめるという状況です。日本で部活や体育でスポーツが行われているのとは様子が違う。日本は、どうしても体育や部活がスポーツと言われるものの中心で、アメリカはスポーツはスポーツとして楽しまれていると。

日本は、誰かが管理して「この時間にやりなさい」という。アメリカでは、自分たちがやるという自治があります。近代日本は成り立ちから富国強兵ですから、基本的に体育や部活は中央集権です。アメリカは地方分散型で、自治で楽しむ、それぞれルールを決めてやる文化があります。その中で特に学生スポーツがどうなのかというお話をしたいと思います。

### ■アメリカにおけるカンファレンス

基本的に、観る人とやる人が幾つかのレベルで分かれています。同じレベル同士で戦うんですね。一番上にバーシティーというレベルがあって、これが学校スポーツの象徴です。アメリカのスポーツはシーズン制で、高校では春にベースボール、秋にフットボール、冬にバスケットをやるんですが、チームに入ろうと思うとトライアウトを受けて、選ばれて入っていく。この人たちは学校の代表なので、アスレチック・デパートメントといって学校からの支援を受けてスポーツをします。なのでユニホームも支給されるし、試合に行くときの遠征費も支給されるし、学校からのファイナンシャルサポート、奨学金、いろいろな面でサポートがある。

その下にクラブレベル。これは学校として公には参加しないですが、日本で言う体育会系の部活に近いですね。その下にあるイントラミューラルはサークルだとか同好会に近くて、自分でお金を払ってプレーする。その下にもう一個、フィットネスやウェルビーイングと呼ばれているもの。フィットネスクラブに行ったりすることです。

日本だと、中学校や高校の部活に入れないことがあまりないと思うんです。けれどもアメリカはそこが分かれていて、観る人は観る人、する人はする人と明確に分かれている。またアメリカは広いので、基本的に小中高レベルでは全国大会がないんですね。州大会が一番トップレベル。だから自分たちの中でも、高校、もしくはその前の段階から、バーシティーのスポーツと応援が明確に分かれて、それが大学になっても引き継がれます。

大学ではNCAA全体の仕組みの話なんですけれども、全米体育協会があります。これは日本語訳が間違っていて、どこにも体育なんて書いてない。アスレチックのアソシエーションですね。学校の規模で、ディビジョン1、ディビジョン2、ディビジョン3と分かれていると。大きい複数の学部があるユニバーシティーがディビジョン1。ディビジョン2は、もうちょっと規模の小さいもの。コミュニティーカレッジや単科大学は、その下にある。

　この中で「カンファレンス」があります。競技連盟と訳しています。ディビジョン1、ディビジョン2は、ほぼ学校の規模で決まるんですね。基本、ディビジョン2からディビジョン1に上がることはないです。そのディビジョンの中で、さらに主に地域と競技レベルによってカンファレンスが分かれます。地方分散だという話をしましたけれども、日本では明らかに、東京に大学が集中しているんですけれども、アメリカは広くて合衆国なので、教育の拠点は地方に分散しています。

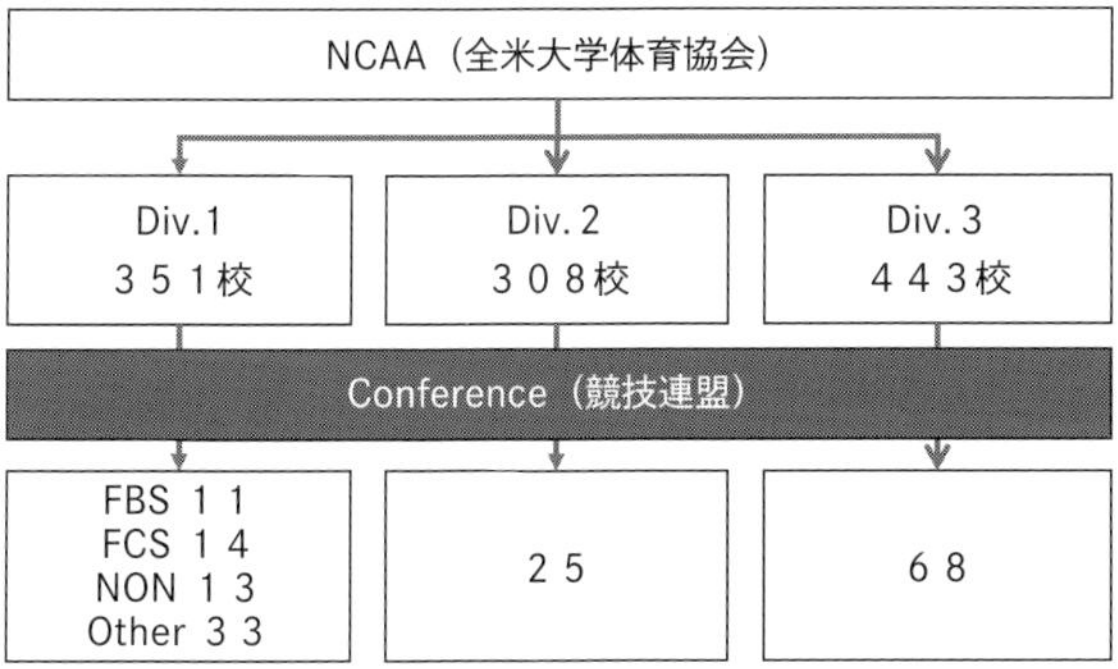


FBS：Football Bowl Subdivision
FCS：Football Championship Subdivision

　そしてこれらの中に「コアバリュー」があります。学生でありながら文武両道で、人としてもちゃんとしていることも求められます。「おまえたち、学校の代表としてスポーツをしているんだから、ちゃんとしろ」と勉強もしなければならない。学習要件が非常に高いんです。特にディビジョン1、ディビジョン2では、試験で一定の成果を残さないと加入できません。日本だと、体育会系の学生は練習が忙しいので勉強の方はいいというケースがあり得ますが、なかなかそうはいかなくて成績も非常に高いものが求められる。一定以上の成績を取らないと公式戦に出られないんですね。なのでチームで成績が悪い奴がいたら、みんなで教えて何とか成績をパスさせる。そのためのチューター制度なども学校の方で整っていると。

　さっきお話ししましたカンファレンスというのは、だいたい一個のカンファレンスに参加しているのは一〇校ぐらいですね。ビッグ一〇というのがアメリカで言うと北東の方。次に大きいパック一二が太平洋側の学校たち。競技レベルが似た学校同士で集まるというと、日本だと甲子園がありますよね。トーナメント戦で短期間で全国一を決める方法があります。基本的にそういう方法は採らない。似たようなレベルの人たちが何回も試合をするためにカンファレンスを作っています。

例えば、パック一二というカンファレンスは基本的に太平洋側のチームです。有名所だとＵＣＬＡ、ＵＳＣ、スタンフォード、オレゴン、ワシントンと西海岸にある特に大きい学校たちで作るパック一二というカンファレンスです。この中でフットボールもバスケも試合をすると、人気があるのでもうかるわけです。この人たちは、同じレベルのチームで何回もやることで権益が増していくので、同じところを足したいんですね。

逆の例で言いますと、ビッグ・イーストというカンファレンスがあります。元々バスケとフットボールで一緒になっていたカンファレンスだったのが、バスケットボール主体でフットボールがないところになって、フットボールがある学校たちはＡＡＣ（アメリカン・アスレチック・カンファレンス）に分かれました。つまりカンファレンスという考え方は集まりなんですね。甲子園だと県を代表して行くわけですけれども、一校しかないわけです。そうじゃなくて、どちらかというとプロ野球みたいにリーグ戦を自分たちで組んでやっていくのが大学レベルでも浸透しています。

スポーツに関しては基本的に同じチーム名を使います。ＵＣＬＡですと、チーム名は「ブルーインズ」で、ビーチバレーもフットボールもバスケも同じチーム名を使う。ＵＣＬＡのライバル校のＵＳＣ、南カリフォルニア大学では「トロージャンズ」。野球もサッカーもバスケもラグビーもアメフトも、同じ形で同じカンファレンスの中で何回もリーグ戦をやる。そうすると、ライバル心が燃えるわけです。なので野球の試合でもサッカーの試合でもバスケの試合でも、ＵＣＬＡ対ＵＳＣとなるとＬＡ中を巻き込んだ大騒ぎになります。

日本では野球だったら、青学の場合は東都大学野球連盟、サッカーは関東サッカー連盟、バスケは関東バスケットボール連盟といった形で競技別に分かれていて、一部、二部、三部と協会の中で分かれているので、同じところと試合をすることはあまりないです。この違いが特徴的なところです。

## ■ヨーロッパとアメリカでのスポーツの成り立ち

最初、日本の蹴鞠の話をしましたけれども、簡単にヨーロッパとアメリカのスポーツの成り立ちを話しますと、最初はやっぱりフットボールなんですね。元々フットボールは陣地争いのゲームです。町全体で戦っていて、町のこちら側から町の向こう側までボールを運ぶというゲームでした。一一人でもないです。むしろ町全体、全員でやります。それがどんどん近代になってくる。学校教育ができるようになって、今度は学校でフットボールをやるようになります。そうすると、子どもというものが規定されて、学校というところで、同じ空間で健康と教育が目標とされるようになる。

そうすると、それまで町全体の中で、ここから渋谷駅までどっちがボールを運ぶのが速いかみたいなことをやっていたのが、学校の中だけでやるようになります。それによって初めてフィールドが決められて、参加者と観戦者が分離されます。基本的には陣取り合戦だったので、渋谷駅までどれだけボールを速く運べるかは、お祭りなわけです。全員でやっていたのが限られたところでやり始めるので、今度は陣取り合戦から得点制に変わる。かつ一日中やっていられないので、学校の中の時間に収まるように制限時間が設けられていく。そんな中で、イギリスでフットボールができたわけですけれども、今度は、それがアメリカにやってきます。

アメリカのスポーツは起源がはっきりしているんですね。一番特徴的なのが南北戦争なんですけれども、基本この前後にアメリカのスポーツはできていると。

それまでは、アメリカにスポーツはなかったというか、アメリカは単なる農業国だったんですけれども、南北戦争で工業化が進むんですね。みんな機械を使ってやるようになります。それで世界一の工業国になっていく。基本的にはこの頃にアメリカのスポーツが全部できていると。その前のベースボールは、ちょっと定義があやふやですけれども、アメフトもバスケットもバレーボールも起源ははっきりしているし、ルールを作った人も、発明した人もちゃんといる。ここが、イギリスでのラグビーだったりサッカーだったりテニスだったりゴルフだったりとは一番違うところです。

この南北戦争以降の時代を、アメリカでは「金ぴか時代」というんですけれども、金ぴかというのは、金めっきで本物ではない、偽物の資本主義の成功だという意味です。アメリカって基本はイギリスを追い出された人たちが作った国です。この人たちは平民で、貴族でもなかったのが、ロックフェラーやカーネギーなど大金持ちが出てきたと。そんな中、この時代の特徴的なところで、公正な競争を保証するルールが求められる。一部の人間に利益を独占させない、誰でもチャレンジできることを保証する。そして富の公正な配分を必要としようと。基本的に、アメリカのこの頃の思想が、その後の世界の資本主義に影響を及ぼしているし、スポーツもそうだと。例えば、一部の人間に利益を独占させないために「独占禁止法」があって、その監視体制が必要ですよと。アメリカのスポーツ、バスケも、バレーも、アメフトもそうです。審判の数が多いんです。つまりルールを設定したら、ルールが的確に守られているかを見る必要がある。

公正な競争を保証することから、能力主義、成果主義が生まれてくるんですね。だから非常に分業化されていきます。社会的にも産業革命以降、どんどん分業化されていくわけです。アダム・スミスが、全ての仕事は分解できて、分解できたものは機械化できると言って、どんどん進んでいくわけです。その象徴的なものが野球。サッカーのように交代できないですね。三人ですか、交代できるのは。疲れてもやれと。一回出たらもう二度とコートの中には戻れない。アメリカの場合は、基本的には能力が一部でも秀でていると試合に出られる。例えばキッカーだったり、ワンポイントのリリーフでピッチャーが出てきたり、非常に分業化が進んでいます。

モデルとしても二つ分かれていて、『サッカーで燃える国　野球で儲ける国』（ダイヤモンド社、二〇〇六年）という本があるんですけど、アメリカ型のものは、みんなでルールを決めて、みんなで守ろう。ヨーロッパ型は、基本解放的で、自由競争で、競技志向。アメリカ型が野球ですよね。日本でもプロ野球は一二球団あって、新しいチームは増やさないわけです。一二球団を一三、一四にしていくと、自分たちの権益が脅かされるのではないかというので決めない。でもヨーロッパ型は、J1、J2、J3でやって、J1からJ2に落ちることもあれば、J3のチームで勝てばJ2に行って、そこで勝てばJ1に行けるんです。一部、スタジアムの要件とかありますけれども、基本的には競技志向で強いやつが上に行く。

これはどちらが正しいか、悪いかということではないんですけど、ビジネス的には完全にアメリカ型がもうかります。富の再分配だったり、みんなが競争することが是とされているので、モデルもそうなるんですね。例えばNFLは年間で一六試合しかなくて、八試合はアウェーですが、放映権をリーグが管轄してそれを配分して成り立っている。そうすると、三〇チームあって一番もうかっているダラス・カウボーイズから、一番もうかっていないオークランド・レイダースまでそんなに差がないんですね。もうかっていないところは、もうかっていない分だけチームが移転したりするんですけれども、基本的には平らになっている。

ＭＬＢは試合数が多いので、もうちょっと貧富の差がありますけれども、それでも基本的にはフラットな形。どこのチームも、日本円で二〇〇億円から二五〇億円ぐらいの売り上げです。バスケットもそうです。規模はちょっと小さいですけれども一〇〇億円ぐらいの売り上げをどのチームも出している。これを成り立たせるためのルールは、むちゃくちゃ細かくあります。サラリーキャップという制度があって、選手の人件費の総額が、どのチームも一律で決まっているんですね。そんな状況があると。負けたところで落ちないんです。野球と一緒で、負けると次の年はドラフトでいい選手が取れる。敗者復活のチャンスが基本的に用意されています。

それに対してサッカーの売り上げは、世界のトップ30をみても全然規模が違う。非常に差が激しいです。国別にすると、プレミアリーグはどちらかというと一部アメリカ型のモデルを採用しているので、まだ差が少ない方ではあります。スペインリーグはひどいもので、上二つのレアルとバルセロナだけもうかっていて、最近アトレティコが頑張っていますけれども半分以下。ドイツも、かなり差がある。イタリアは全体的に低いですけれども、やっぱりどんどん差が広がっているという状況です。サッカーの場合、ある程度弱いチームでも、お金を使っていなくても勝てるチャンスが多くて、これでもリーグとして成り立つんですけれども、ヨーロッパ型のシステムを採用している限り、貧富の差はどんどん大きくなって固定化していく。

## ■スポーツ投資のサイクル

お金もうけのうまい下手で言いますと、ＮＦＬが一番もうかっていますね。一兆円ちょっとがリーグの収益として上がっています。そこにＭＬＢやＮＢＡが付いてきて、やっとプレミアが入って、ＮＨＬ、その下にサッカーリーグが入ってくる。ざっくり言って、アメリカのフットボールと野球を足して、サッカー全体のマーケットサイズと同じぐらいというぐらい、規模としても大きくはなっている。

大学に関してもアメリカの大学の場合、スポーツビジネスは非常に大きくなっていまして、基本的に大学のアメリカンフットボールの体育施設というのが、日本代表の味の素トレーニングセンターの五倍ぐらいの規模のものが各大学にあります。今度は経営規模の話になってくるんですけれども、今一番稼ぎが大きいと言われているのはテキサスA&M大学です。年間売り上げが一五〇億円を超えてくるんですね。これは学生がプレーしているので、学生にお金は払わないからもうかるわけですよ。七割以上が利益として残って、それを他のスポーツに分配する。すると、バレーボールだったり陸上だったりという、あまりもうからないところももうかる。

アメリカのフットボールのヘッドコーチ年収トップ一〇。一番上がアラバマ。次はオハイオです。どちらも公立大学で、その地域の象徴になっています。だから、フットボールのコーチで年間一〇億円近くもらっている人たちがいる。その州の公務員で一番給料が高い人たちがフットボールのヘッドコーチ。それを払っても許されるぐらい、地域の象徴として存在しているということです。

今日の話をまとめますと、アメリカのスポーツの特徴としては誰でも楽しめます。ウチの四歳の子どもでも楽しめるんだけれども、チームとしてプレーするのは選ばれた人だけで、同じレベル同士でリーグ戦を行います。観戦する、応援することが習慣化していて、観るための設備が用意されている。観戦する文化がある。観客席が用意されて、コンテンツが再生産される仕組みが確立されている。

僕は仕事上、映画のプロモーションとかもやるんですけど、映画は何百億円というお金をかけて、何年も撮影して当たるか分からない。映画館で公開して、お客さんがお金を払ったら初めて収入が入ってくるという、とんでもないモデルです。スポーツなら、ちょっと仮説ですけど、基本的には「試合をやるよ」と言ったらお客さんが来て、ボールを上げたら試合が始まる。とても手軽にドラマが生まれてコンテンツの再構築ができるわけです。そうするとお客さんが増えて、会場がいっぱいになると、それでも観たい人がいるので放映が増え、そうすると応援しようというスポンサーが増え、そうするとさらにもうかるので利潤が増え、それが他のスポーツに投資されていく。そんなサイクルができます。

今日は以上です。アメリカのスポーツと日本の体育もしくは部活に、歴史的、文化的な背景を含めた違いと特徴があるという話でした。最後に「スポーツ・スポンサーシップ・ジャーナル」(http://www.sports-sponsorship.jp) というものを今やっています。皆さん、よかったら見てみてください。

# 二〇二〇年後を見据えたパラスポーツの振興体制確立を目指して

## 日本財団パラリンピックサポートセンターの取り組み

前田 有香
公益財団法人日本財団パラリンピックサポートセンター
推進戦略部プロジェクトリーダー

まえだ ゆか 1987年生まれ、神奈川県横須賀市出身。2009年立教大学文学部卒業。３年間特別支援学校に勤務後、立教大学大学院文学研究科で教育哲学・特別支援教育を研究。趣味で始めたパラスポーツのボランティアがきっかけで、14年より日本財団パラリンピック研究会研究員に着任し、パラアスリートの練習環境等の調査を担当。15年より現職。競技団体支援やマイパラ！ Find My Parasports、パラスポーツメッセンジャー、地域拠点事業などを担当。

### ■日本財団パラリンピックサポートセンターの活動領域[*1]

日本財団パラリンピックサポートセンター（以下、パラサポ）は、二〇一五年五月に設立された団体で、東京二〇二〇パラリンピックを通じてインクルーシブ社会の実現を目指して活動しています。パラサポはパラリンピックを一つのテーマとして活動していますが、パラリンピックで金メダルを獲得するといった選手の競技力の向上や大会運営には直接的に携わっていません。選手の強化においては、強化費という国のお金が日本スポーツ振興センターにまず入り、そこから日本オリンピック委員会や日本パラリンピック委員会へ交付されます。さらに日本オリンピック委員会、日本パラリンピック委員会に加盟する競技団体に競技成績に応じて分配され、各競技団体が所属する選手の強化活動を行っています。東京二〇二〇パラリンピック大会の運営は、東京都や東京二〇二〇組織委員会が担っており、パラサポは関係団体と連携しながら主に次の活動をしています。

一つは普及啓発活動。国内ではまだパラリンピック、パラスポーツ自体が浸透しておらず、福祉やリハビリの延長というイメージが強いので、パラリンピック、パラスポーツの魅力を知っていただく普及活動などを行っています。もう一つはパラリンピック競技団体の基盤強化。パラリンピック競技を統括する国内団体の日常の運営をサポートする活動をしています。

パラサポのビジョンとミッションは、パラリンピックの成功の先にある目標、「誰もが生き生きと過ごせる社会の実現のために、人々が気付き、考え、行動できるようになる」こととして、障がいのある人もない人も積極的に社会に出て、それぞれが自分のよさを生かして生活できる社会を目指すきっかけとして、東京二〇二〇パラリンピックの成功を目標にしています。

＊1　本内容は、講義当時のものです。最新の事業内容等は、パラサポ公式サイトをご参照ください。https://www.parasapo.or.jp/

## ■普及啓発活動

主に行っている活動の一つ目、パラリンピックを通じたインクルーシブ社会に向けた教育や啓発活動の説明をします。パラサポは教育事業に特に力を入れており、「あすチャレ！　スクール」という全国をキャラバンで回るパラスポーツ体験型出前授業を積極的に行っています。パラリンピアンといわれるパラリンピックに出場した選手が講師になり、車いすバスケットボールやパラ陸上、ゴールボールといった競技を選手と児童・生徒が一緒に体験したり、選手の講話を聴いたりする九〇分のプログラムになっています。三年間の実績で全国約七〇〇校を回っており、二〇二〇年を前に全国的にニーズが高まってきているので、毎年二倍ぐらいの応募があります。

なぜ教育に力を入れているのかというと、子どもたちは障がいのある人に対する目線がピュアなので、純粋に目の前にいるアスリートに対して尊敬の念や、パラスポーツのテクニックをすごいと感じてくれます。またフラットな目線で障がいのある方々と接し、パラスポーツを体験した経験を家に持って帰ることで、ご家族に「すごく楽しかったんだ」「こういう選手がいてね」「二〇二〇、応援に行きたい」といった話をすると、自然と家族もパラスポーツのことを知ることになり、ご家族の障がいのある人への意識も変わります。これらをリバース教育と言い、より多くの方々に知っていただける効果があるため、教育に力をいれています。

「あすチャレ！　スクール」以外にも教育事業を行っており、昨年（二〇一七年）から国際パラリンピック委員会（IPC）公認教材『I'mPOSSIBLE（アイムポッシブル）』日本版を全国の小・中・高等学校・特別支援学校の約三万六〇〇〇校に無償配布しています。これは学校の先生がそのまま使える指導案も入った教材になっています。この他に、大人向けのプログラムの「あすチャレ！　アカデミー」では、障がい当事者が講師となって、障がいのある人をどうサポートしたらいいかなどコミュニケーションの体験や、講師のリアルな話を聞くセミナーを開催しています。最近は大学や企業研修で採用されることも増えてきています。

普及啓発活動としてもいくつか事業を行っています。「あすチャレ！　運動会」は、企業で取り入れていただくケースが多く、企業運動会のパラスポーツ版と考えていただければと思います。最近、会社の中でコミュニケーションを産み出すために運動会を実施するところが増えていますが、パラスポーツなら障がい者雇用の社員も一緒に参加できるため、より交流を生みやすいですし、怪我をしにくいプログラムに設計しているため安全に取り組むことができます。運動会ならとりあえず参加しようと集まってくださる方がたくさんいらっしゃるので、たまたまパラスポーツをやってみたら「意外とシッティングバレーボールって面白いな」とか「ゴールボールってこんな感じなんだな」と実感して、そこから生まれる気付きを今後の活動に生かしてもらう内容になっています。

他には、パラスポーツにまだ関心がなく、スポーツ自体にそもそも関心がないという人にも知ってもらうイベントとして音楽とパラスポーツ融合した「パラフェス」、障がい者と健常者が一つのチームになってタスキを繋ぐ「パラ駅伝」も開催しています。いずれのイベントもアーティストや著名人の方々に協力していただいています。観客の方々は、アーティストの演奏やパフォーマンスを目的にご来場される方が多いのですが、目の前でパラスポーツのデモンストレーションを観たことで、知らなかったけれど面白い競技があるんだなと気付いてもらうことを目的にしています。

## ■パラスポーツの基盤強化

次にお話しするのが、パラリンピック競技団体の基盤整備と、パラアスリートの総合力向上です。パラサポが二〇二〇年に目指す姿として掲げているのが、パラリンピック競技団体の自立運営です。スポーツには、「する・みる・ささえる」という三点がありますが、パラサポが設立された二〇一五年には、実はいろんな課題がありました。

まずパラスポーツを「する」。パラスポーツには十分な練習環境が確保できていない状況がありました。車いすだと公共体育館の使用を断られてしまうこともありましたし、ナショナルトレーニングセンターといったトップ選手が使う環境が二〇一五年には全く整備されていない状況でした。またパラスポーツの指導者やスタッフも、基本的には別の仕事をされていて専従で関われる人はほとんどいない状況でした。競技団体の事務局員も仕事をしながらボランティアベースで運営している状況が非常に多かったので、国からの強化費を使ってもきちんと期日までに報告できないという課題がありました。

「みる」にも課題があって、私が大学院生だった二〇一二年頃には、パラスポーツに興味を持っても団体のホームページが更新されておらず、大会の情報を集めるのはすごく大変でした。事務局員がボランティアベースで関わっているため多くのパラスポーツ団体では広報活動に手が回っていない状況でした。二〇二〇年に向けて観客数を増やしたいと思っても情報発信が十分にできないといった課題や、国際大会を日本で開催しないといけないと思っても運営ノウハウがない等の課題がありました。

スポーツを「ささえる」という部分では、これまでにも述べているように事務局員の方々がボランティアベースであるという状態で、パラリンピック競技における強化費が少しずつ増えていくなかで処理が追い付かない、という課題がありました。また強化費だけで十分に強化活動を行える団体は少なく、スポンサーなどから協賛金を得ていく必要があるのですが、ノウハウがなくて企業スポンサーを見つけられず、二〇二四年に続く若い選手を発掘したり育成したりする部分の資金がないといった課題もありました。このように、二〇一五年当時はスポーツの「する・みる・ささえる」の全てに課題を抱えている状態だったため、パラサポは競技団体の基盤整備に関わる支援を始めました。

具体的には、港区赤坂で「共同オフィス」を運営しています。リオ・平昌・東京で正式競技として採択されているパラリンピック競技団体三一団体の内二八団体がこのオフィスに入居し、事務所スペースを無償提供しています。また各競技の情報発信を強化していくため、登録メディアが自由に出入りできるメディアセンターも設けています。これまで競技団体の事務局員は一所懸命に運営を支えていたのですが、各団体が独自の方法で団体を運営しており、ノウハウが散逸している状態だったため、競技団体同士が横のつながりを作ることを意識しました。大会運営のノウハウやホームページの作り方、パンフレットはこういうのがあるとファンを獲得しやすいとか、共同オフィスにしたことで事務局員間の交流が生まれ、日常の運営の中で必要な情報が収集しやすくなりました。またオフィスを構えたことで企業やメディアとの連携もスムーズになりつつあります。

団体専従の事務局員がいないことや活動資金が少ないことも課題だったため、二〇一五年から助成金という形で年間総額約四億五〇〇〇万円を各競技団体に支給しています。事務局員雇用のための人件費やガバナンスのための士業への委託費、ホームページリニューアル費用、普及活動などに使用することが可能です。助成金を活用し各団体に専従の事務局員が入ったことで、二〇一五年当初よりスムーズに団体運営が行われるようになりました。しかし雇用できる事務局員の人数が限られているため、競技団体の運営全体としてはまだ人手が足りていない状況です。そこで足りない部分をパラサポがバックオフィスとしてサービスを無償提供したり、スポンサー企業を紹介したり、事務局員のスキルアップを目的としたセミナーを開催したりといった支援も行っています。パラサポが二〇二一年度に解散してしまっても、これらを継続的にやることで団体運営の自立に向けた基盤の強化ができればと思っています。

## ■継続的な運営体制の確立へ

今回のテーマが「大学とパラスポーツ」ということですが、パラサポは大学との連携プロジェクトは行っていませんが、二〇二〇年に向けたパラスポーツ支援が必要だと考える大学はたくさんあります。パラサポが携わっているプロジェクトではありませんが、現在日本でパラリンピック・パラスポーツ支援をしている大学の事例を紹介したいと思います。

一つ目は、日本財団パラアスリート奨学金。これは二〇一七年から始まり、日本体育大学または付属高校に所属する学生に対する奨学金制度です。これは二〇二〇年を見据えて五〇人のパラアスリートの養成を目標に設立された一〇億円という国内最大規模の奨学金です。パラアスリートの学費や生活費だけでなく自己負担になりがちな遠征費、用具費用などを支援する取り組みです。

日本体育大学では奨学金制度だけでなくパラアスリート部門を設立しており、大学全体でパラアスリートの競技力が伸びる取り組みを行っています。他にパラスポーツに特化した奨学金制度を行っている大学はありませんが、パラスポーツ支援を行う大学が他に三つほどあります。

東洋大学は箱根駅伝での活躍をよく観ると思いますが、学内でブラインドマラソンという視覚障がいの方々が取り組むマラソンのガイドランナー体験会を実施しています。陸上部の長距離部門の学生が協力し、学内の競技場をブラインドマラソンの選手たちに練習場として提供したり、ガイドランナーとして協力したりする形で連携しています。大学の強みを生かした支援の一事例です。

立教大学は、日本身体障がい者水泳連盟と日本知的障がい者水泳連盟の二つと連携協定を締結しています。具体的には池袋と新座にあるプールを練習場として代表選手に提供し、二〇一七年にはこのプール自体がナショナルトレーニングセンターとして認定されました。また学内で「立教オリパラ応援団」を募集し、オリンピック・パラリンピックのボランティアだけではなく、関連競技のボランティアなどに積極的に学生を派遣する活動を行っています。

順天堂大学は、日本ゴールボール協会と日本ボッチャ協会と連携協定を結んでいます。体育科の教員や特別支援学校の教員になる学生が多く、ゴールボールやボッチャの指導者になったり体験会をサポートしたり、特別支援学校の中で競技を授業として取り入れる実践を積極的に行う形で支援を行っています。以上が私の把握している大学でのパラスポーツ支援です。

二〇二〇年に向けてパラスポーツを「する・みる・ささえる」は徐々に環境が整ってきています。「する」においては二〇一五年と比較して強化費も増額していますし、大学の協力もあって練習場や指導者の増加もしています。「みる」では、パラサポの共同オフィスでのメディアとの連携や、競技団体のホームページの情報発信に加えパラサポの方でも積極的な情報発信を行うことで、大会情報が周知されるようになりました。「ささえる」では、パラサポの助成金を活用し、事務局運営は改善しつつあります。ただ今後の課題としては、パラサポが二〇二一年度末までの活動となっているので、パラサポの活動修了後もパラリンピック競技団体の「する・みる・ささえる」の継続的な運営体制の確立が課題だと思っています。

# 人生の選択肢を増やすユニバーサルな社会づくり
## 日本肢体不自由者卓球協会の取り組み

**立石 イオタ 良二**

日本肢体不自由者卓球協会　広報担当
ハカタ・リバイバル・プラン・スポーツ部

たていし　いおた　りょうじ　1985年生まれ。福岡県福岡市出身。兄は二分脊椎症という先天性の病気により障がいがあるパラ卓球日本代表選手。兄の影響で小学５年から卓球を始める。インターハイで５位、大学４年時には全日本選手権で７位入賞。大学卒業と共に家業を継ぐため地元・博多に帰郷。仕事をしながら兄のコーチを務める。2014年、パラ世界選手権日本代表監督、2016年リオパラリンピックコーチを経て、現職の渉外広報に就く。

### ■パラスポーツがスポーツビジネスに発展するためには

一般社団法人日本肢体不自由者卓球協会で広報を務めております。元々私自身が卓球選手でプロになるつもりでしたが、実家が博多で額縁屋を経営しており、大学卒業時に「プロは諦めて帰ってきてくれ」と言われ、今は家業をしながら、障がい者でパラ卓球日本代表の兄のサポートもしたいと思いパラ卓球の広報を務めております。

当協会の基本的な活動は二つです。一つは障がいを持った選手たちがパラリンピックを目指すための支援。もう一つはこの活動を通して社会貢献し、ユニバーサル社会作りの一助となる為の活動です。競技団体を運営していくにあたり大事なのはブランディングです。私の学生時代は「卓球部」＝根暗なスポーツでしたが、今ではスポーツニュースで常に取り上げられ既にメジャースポーツといっても過言ではないでしょう。日本では馴染みがあまりないパラリンピックですから、とにかく今はブランディングに力を入れています。

誰が見ても「えっ、かっこいい」と言ってもらえるホームページのビジュアルは世界トップクリエイティブディレクターと二人三脚で作っているものです。なぜブランディングをしなければいけないか……。社会的価値を上げることで見てもらう人たちの関心を引きファンを増やすため。また運営には資金が必要です。いつまでもパラリンピックサポートセンターのような支援団体からの助成金（不労所得）が続くわけではありません。自立していくためにスポンサーやパートナーを獲得していくためにもブランディングは必要不可欠です。

パラスポーツ運営がいつビジネスに発展できるか、定かでないのですが、他のメジャースポーツを見ても、やはりスポンサーありきで成り立っています。また競技者・アスリートたちが自分たちはカッコいいんだと思えることで、更にモチベーションも上昇すると同時に誇りと自覚を持って競技に取り組むことができれば……。リブランディングする上でこの二つ（スポンサー獲得と選手のモチベーションアップ）を先ずは目標にしたいと思っています。

■パラ卓球の魅力

では、私たちの競技団体が社会とどう関わっていくのか。卓球を一回もやったことがない人はいますか。遊びでもいいです。温泉卓球でも、例えば小学校・中学校のクラブ活動でも、卓球をやったことがない、もしくは観たことがない人は少ないですよね。卓球って本当は、もしかしたら、スポーツの中でもすごく取り組みやすいのではないかなと。

パラリンピックの卓球は、障がいの重度によって一〇のカテゴリーに分かれています。なので、いろんな障がいをフォローできるんですね。手がない、足がない、半身まひ、平衡感覚がない。いろんな障がい者が一緒にできるのがパラ卓球のよさで、まさにユニバーサルなスポーツ。ウィルチェアーラグビーや、ブラインドサッカーなど、素晴らしいパラ競技はたくさんあるのですが、その中でもパラ卓球は障がい者にとって最も取り組みやすいスポーツだと思っています。

院内教室のように病院に住んでいて病院で教育を受けている子どもたちにもできます。手がない人と足がない人も一緒にできます。老若男女障がい者、誰とでもできます。このパラ卓球のよさを伝えて、障がい者の子どもたちの人生における選択肢を増やしてあげたい。

どういうことかというと、障がいを持って生まれてきた子どもたちには、私の兄もそうですが、まずパラスポーツの前にスポーツの「ス」の字も出てこないんですね。スポーツが苦手とかいうレベルではなく、選択肢にないのです。その時点で健常者よりも選択肢は少ない。さらに障がいによってできることが狭まってきます。そういったところを卓球だったらクリアできる。

例えば、皆さんが座っている机の真ん中に本を立てて、筆箱をラケット代わりにして、ボールさえあれば卓球ができます。病院にも小さい卓球台を持っていって「ちょっとこれで遊んでみて」と、実際に大学病院でやらせてもらいました。そうしたら、みんなニコニコしてすごくうれしそうに、「これがスポーツなんだ!」っていう顔になったんです。スポーツができるという気持ちになるんですよ、パラ卓球を通して。そうやって「スポーツができる」という成功体験をした瞬間、彼らの心は変わる。もしかしたらという自分の可能性が見えるようになるのです。障がい者の子どもたちが社会に出ていくにキッカケ作りを、いとも簡単に遊び感覚で実現できるのがパラ卓球の可能性と確信し、様々なアプローチで活動しています。

その一つとして、世界観の共有ができるビジュアル作り、体験会。車いすに座ってもらい卓球する車椅子卓球体験は、これまでにも沢山行われているんですが、これではっきり言って障がい者の世界観をインプットできないんですね。なぜなら、非現実世界での体験だからです。そのことをクリエイティブチームで話し合い、考え出したアイディアが、「車いすに座っている選手、もしくは足がない選手からは、卓球台がどう見えていのか」を可視化するということ。

ホームページを見ていただくと、選手紹介のページに様々な形の卓球台が背景になっています。これは障がい者の見ている世界を可視化したものです。自分の障がいによってどのようなハンデがあり、それによってどのように卓球台を感じているか。この「パラ卓球台」なら、車椅子に座ることなく、車椅子選手の見えている世界を体験でき、その凄さをインプットしてもらいやすいのではないかと思い、このアイデアを実際に東京二〇二〇年の卓球台サプライヤーに協力して頂き作りました。このパラ卓球台をいろんなところで皆さんにも体験してもらえたらいいなと思い、様々なイベントともタイアップしています。

eスポーツともタイアップもしたいと思っています。e

スポーツを通してパラ卓球を感じてもらうというより、eスポーツと組んでパラ卓球をさらに知ってもらえるようにしていきたい。

卓球選手であった私は、eスポーツは果たしてスポーツなのかという疑問にぶち当たっていました。プロになるために卓球をやっていましたし、ゲームをスポーツと言われるのはすごく違和感がありました。。でも、パラ卓球がいろんな障がいをフォローできるのと一緒で、例えば「パズル&ドラゴンズ」のように指一本でできるゲームなら、重度の障がい者でもプレーできます。するとこれは障がい者の選択肢を広げるものになると思うんです。eスポーツとパラスポーツは、アプローチは違っても見方を変えると障がい者の自立支援、人生の選択肢を増やすことに変わりないと思いました。そういった分野と一緒に活動もして来たいと思っています。

大学との取り組みについては、我々の場合は早稲田大学の早稲田スポーツ新聞会さんから学生インターンをパラリンピックサポートセンターのご案内で受け入れており、試合を取材してもらったり写真を撮ってもらったりして、その素材でアートイベントなども開催しました。

また私の同い年で同郷の博多人形師（東京藝術大学卒）中村弘峰氏にパラ卓球選手の人形を作ってもらい伝統工芸とのコラボレーションを試みています。他にも油絵の画家や、写真家というアーティストにパラ卓球選手を題材に表現してもらう「パラ卓球×アート企画」を立ち上げました。更に、世界的ジャズピアニスト・作曲家の松永貴志氏にパラ卓球選手のプレーを見てもらい「パラ卓球の曲」を書き下ろしてもらい音楽とのコラボレーションも進行中です。アーティストを通してパラ卓球を表現してもらうことにより既存のスポーツ文脈ではリーチできないオーディエンスに共感を獲得していきます。

このような取り組みにより、選手たちのブランディングと障がい者の社会参画へのフォローをし、マイノリティーをすんなりと受け入れられるようなユニバーサル社会づくりを念頭に活動しています。

ありがとうございました。

# 日本全国の大学スポーツと地域をつなぐ学生主体の試み

道幸 俊也
関東学院大学人間共生学部　講師

みちゆき　としや　人材ビジネス業界に13年間従事し、途中３年間米国シリコンバレーにある関連会社へ出向。米国西海岸においてIT技術者の派遣や紹介事業に就く。帰国後、新規事業の立ち上げなどに携わり、その後独立。学生を主とした相談支援業務や大学における非常勤講師を務め、現職に至る。ラグビー部副部長、京都大学高等教育研究開発推進センターMOSTフェロー、（財）職業教育・キャリア教育財団中堅教員研修研究委員会委員。

## ■キャリアレジリエンス

今日前半は私から、今どういう取り組みをしているのかということをお話ししつつ、具体的な内容に関しては、後ほど私のゼミのゼミ長の吉田から報告させたいと考えております。大学のスポーツについて、それから本場ＮＣＡＡの話も出ますが、ＵＮＩＶＡＳというものが、今度立ち上がります。そこからの取り組み、あるいは具体的な活動からどのように組織作りをしていくのか、今後の展開を少し説明させていただきます。

まずは自己紹介からですが、一三年ほど社会人をやっていました。途中三年ほどはアメリカのサンフランシスコから少し南の方に行ったところにありますシリコンバレーで人材ビジネスをしていました。

アップル本社から車で二分ぐらいのところにアパートを

借りたのですが、アップルは、いわゆるメインストリートから玄関まで二〇〇メートルぐらいあるのです。はるか彼方に入り口があって、そういったところを毎朝見ながら「ここにスティーブ・ジョブズがいるのだな」と横目に見つつ通勤していました。その後、独立して現在は大学の教員をやっています。

専門領域は経営学の人的資源とキャリア開発をメインにやっています。特にテーマはキャリアレジリエンスということで、何か困難な状況があったら、それを乗り越えようとする力というのがレジリエンスです。もっというと、レジリエンスを持っている人ほど会社を辞めないという研究報告結果も出ています。では、どのようにレジリエンスを身に付ければいいのかということです。

それからスポーツセンター員ということで、本学もいよいよスポーツに本腰を入れようと少し動きが出て来ています。スポーツインスティチュートということで、二〇二一年に入学する学生さんから、スポーツの学生用の授業が開講される予定です。青山学院大学さんはどうか分からないのですが、関西学院大学が、昨年一年間の取得単位数である単位数未満の場合は部活禁止、となっているのはご存じですか。早稲田もそれが始まります。UNIVASが始まると、おそらく日本中のUNIVASに参画する大学はほとんど右にならえで、何年生のタイミングで何単位持っていないと部活はもう禁止するということが想定されます。米国NCAAはGPA（Grade Point Average）で決められたポイント以下だと部活はできない。それを日本でも導入しようかという動きになっています。

それから、なぜか僕が今年からラグビー部の副部長を拝命することになり、まったくラグビー経験者でもないのに、なぜ僕なのだと思いましたが、急きょ担当することになりました。そもそも社会人経験で人材ビジネス業界にいたということもあり、就職の支援をしているということもあって、体育会系の学生さんの就職支援も多少は意味があるのかなと思います。

## ■大学のスポーツに持つイメージ

では早速本題ですが、皆さんは大学のスポーツにどういうイメージを持たれますか。

例えば、青山学院大学という名前を聞けば、誰もが知っている駅伝ですよね。これはもう名だたるものであって、毎年一回、正月のあのシーズンになれば、青学さんの姿は必ずテレビで放映されるという状態です。

本学の陸上部は、駅伝チームだけです。長距離チームしかありません。わざわざそのためだけに全国いろいろな高校からスカウティングしている。つい一〇年ぐらい前まではシード校で、毎年箱根を走ったのですが、最近芳しくないです。ラグビーに関しては、全国制覇を過去六回しているので、日本では四番目に制覇数が多い。とはいえ今年（二〇一八年）は二部リーグでした。なんとしても来年は一部リーグに復権しようと頑張っているところです。

本学はラグビー部でトップリーグに就職する学生が多いこともあり、パナソニックやキヤノンなどの就職ルートを見込んで来る学生さんは多いです。二〇一九年ラグビーワールドカップがあって、いよいよ二〇二〇年、東京オリンピック・パラリンピックがあります。時を同じくして、来年二月に日本版NCAAのUNIVASが立ち上がります。本学もこういった流れに入っていこうとなりました。

スポーツ振興課にワーキンググループが立ち上がって、アスレチックデパートメントのスポーツセンターが発足し、私はそこのメンバーです。同時にスポーツインスティチュートということで、セレクションで入って来る学生さん向けの授業を開講する、そのような流れになっています。

さあ、日本版NCAA、UNIVASの絡みで動くとなると、本場アメリカのNCAAは何をやっているのかと気になるわけです。一方で日本は、スポーツビジネスがそもそも成立するのかなと。そういうことを考えたとき、学生主体で何に取り組めるのか。思い浮かんだのは、アメリカンフットボール、あるいは、バスケットボールの試合シーズンになると、ディビジョン1、2、3とレベルはあるものの、街中がその大学のスクールカラーに変わります。

私が行ったシリコンバレーは、一番強いところがスタンフォード大学、その隣にUCバークレー（カリフォルニア大学バークレー校）があります。スタンフォードが赤で、UCバークレーが青。シーズンに入った瞬間、そこの卒業生は、全員そのカラーのセーターなりジャケットなりを身に付ける。すると街中が完全に赤と青に分かれるのです。会社の中もそんな状況でした。これは何なのだろうという点に着眼し、ゼミで何をやろうかと考えたわけです。

例えば本学は一一学部ありますので、総合大学の強みを生かせないだろうか。特別強化部、特にラグビー部は日本制覇を唯一目指せる部活なので、これを何とか生かせないか。一方で私は動機分析が専門なので、ゼミ生がどうすればやる気になるかが分かっている。いわゆるニーズと強みを足して、そこにフィジビリティーという実現可能性があれば、当然広げていくことはできますが、逆に地域に求めるところに強みをどう生かそうかと考えてもらうように、私はテーマとしてゼミ生に与えているという流れです。

皆さん、そろそろ就職活動を頑張りますよね。頭の中に入れてほしいのは、例えば自己PRの文章で、自分はかくかくしかじかの経験から学び取ったことが強みであると書く人がいます。これは強みでしょうか。

少し体感してほしいので、簡単なワークをします。皆さん、紙と鉛筆を持っているでしょう。紙の空いているスペースに自分の名前をフルネームで書いてください。次は、書いた手と反対の手でフルネームを書いてください。書けた方は、隣でどんな字を書いているか見せ合いっこをしましょうか。

やってみた感想は、どうでしたか。僕が最初に何を言ったか覚えていますか。紙の空いているスペースに名前を書いてとしか言ってないです。でも、勝手に利き手が動いたでしょう。それが本来の強みです。利き手ではない方で字を書いた場合は、皆さんは意識したり時間をかけたり、努力したり集中しないとできません。

意識したり、集中したり、時間をかけたり、努力をしないとできないこと、簡単な言葉で一言でまとめて何と言いますか。小学生でも知っています。「苦手なこと」ですね。利き手で字を書く場合、勝手に動くのですよね。これが本来の強みです。

自己PRで強みを書くときは、自分が当たり前にできることを書いてください。「そんなのは当たり前だから、強みだと思えません」と、大体返って来ます。でも、その人には当たり前でも、他の人には当たり前ではないですからね。いざ、いかなる場面でも発揮できないと強みは強みと言えないですからね。

**■組織の形態**

一般的にこういうことをやる場合、組織をつくらなければいけません。ラインだったり、職能別だったり、カンパニー制度、マトリックス組織、プロジェクトチーム、いろいろな形態がありますけれども、その都度変化したり、あるいはその会社の特徴に従って形態を取るわけです。

では階層組織の形態は、これから取り組もうとするゼミナールの活動に、果たして適しているのだろうか。いろいろと考えました。少なくとも人が二人いれば組織なので、組織である以上はルールを作らなければいけません。これだけは最低やろうということで、皆さんも経営学部の方であればチェスター・バーナードの理論はご存じかと思いますけれども、いわゆる、その三つの観点は守りましょうと。

まず「権威あるコミュニケーション」。この権威は上下関係という意味ではありません。誰かがリーダーシップを取ったときに、その人の言葉が権威のあるリーダーコミュニケーションだとバーナードは言っています。そして「貢献意欲」。三つ目はバーナードによれば「共通理解」と呼んでいます。だけど理解してもやらなければ意味がないので、僕は読み替えて「共通了解」ということで納得しているということです。

この三つは必ず守ってやっていこうよということと、QCDの概念を持っておく。QCDは分かりますか。頭文字を取りますよね。Quality、Cost、Deliveryですよね。品質が駄目だったら当然怒られます。コスト、金が増え過ぎても怒られます。デリバリー、期限を越えると当然怒られます。このQCDという概念を持っていないと、当然叱られてしまう。これはバイトであろうが正社員であろうが関係ないのですね。こういうのは少なくとも守ろうということで、やってきました。

やってきたのですが、うちのゼミは個性の際だったメンバーが非常に多い。皆さんは、『ドクターX』というドラマをご存じですか。大門未知子がいますね。「私、失敗しないので」。そのような女子が五人ぐらいいると思ってください。そして、そうではないおとなしいけれども、結構芯の強い女子が五人います。その間に挟まれている男子が二人、そういう構成です。なので、ぶつかるとなかなか前に進まない。一応、こういう形で取り組みました。

いろいろなことを取り組むのだけれども、最終的に、やはり学外へ出て行くと特に商店街などはそうなのですが、「学生さん、一生懸命取り組んでもらうのはいいんだけども、どうせ一発花火でしょ。みんなもう卒業しちゃうんだもんね」と、こんな言葉を掛けられてしまう。一生懸命頑張って、これから何とかしていこうと思っているところに、これを言われると、結構ショックですね。ではどうやって継続性を持ってやっていくのか。これが今の一つのテーマになっています。

いろいろな取り組みをやっていく中で、果たしてピラミッド型の組織は、これから先に適しているのかと、少し考え方を変えました。ティール型の組織がありますね。役割ごとにリーダーシップを取る者を変えていくやり方です。基本的に見かけはフラットです。ただ、連絡係という意味でゼミ長は置こうと思っています。このようなティール型の組織をやるために、学生の方から声が上がって「自分たちのポートフォリオを書きます」ということで、目標管理整理式のポートフォリオを作ってもらっています。半期で課題をまず三つ出して、その中で自分が一つは必ずリーダーシップを取って組織を動かすのだとコミットメントしてもらう。その内容を次のゼミの成功の材料に伸ばして、その通りできたかどうか、ゼミの成績評価値、そのポートフォリオを全員で共有して透明化しましょう、ブラックボックスはやめましょう。そんな流れでやっています。

一方で東京ビッグサイトで今までやってきた活動を発表する場を幸運にも与えていただけたということもありメンバーが集まって来ました。一橋大学、慶應義塾大学、京都大学で、そしてウチの吉田、それから関西学院大学の学生さんです。この五名がコアメンバーで「学生スポーツ会議」を立ち上げています。水面下ではあるのですが、実はいろいろとやっているのです。基本は学生さんが主体なので一切指示はしないのですが、今までいろいろな会議体のものをやってきていて、そこで感じていることを挙げてみたいと思います。基本的に、皆さんが考えていることは一緒です。ベクトルは一緒。ただ、立場が異なるということがあります。体育会系の学生と一般の学生。そして属性が異なります。国公立大学と私立大学。そして運営上の物理的距離。当然、京都、関西学院と関東学院、慶應、一橋になると東日本と西日本ですから、なかなかこれは大変です。そこで今はZOOMという一〇〇人まで入れるオンライン会議システムを使って、夜の八時ぐらいから一二時ぐらいまで延々とやる、そんな流れがあります。今後、この会議体をどうするかということで、他の団体と差別化をすることと、共存もしていかなければいけない、そんなことも考えているような話も出ていました。

そして、今後の展開です。ゼミとしては、このティール型の組織がどのように運営できるのか、自立自走できるかどうかということと、それから学生スポーツ会議は、基本的にはファシリテーターでもありメンターでもありサポーターでもある。どのような組織体となっていくのかなと協議する必要があります。もしかしたら、場合によっては起業をする選択肢もあるそうなので、今後どのようになるか、こうご期待という感じです。

ということで、ここまでがざっくりと私の話で、ここからはゼミ長の吉田からお話をしてもらおうと思います。では、お願いします。

## 大学スポーツに関する取り組みについて

（関東学院大学人間共生学部）吉田りな

### ■大学スポーツで地域全体を盛り上げていこう

皆さん、こんにちは。関東学院大学の吉田です。よろしくお願いします。先ほど先生のお話にあったように、大学のスポーツに関して私たちゼミが取り組んでいることについてお話しさせていただきます。まず私たちのゼミでは、大学スポーツをコアにして、地域と大学がつながったコミュニティ作りをしていって、大学スポーツで地域全体を盛り上げていこうという活動を行っています。

まず、あまり知られていない大学スポーツを、皆さんに知ってもらうために、SNSを使って情報発信をしています。そしてスポーツイベントを計画して地域で行おうとしています。一番近々に行われるスポーツイベントが、ウォーキングをメインとしたイベントです。このウォーキング教室を経営学部で陸上部の学生の方と共同で行っていきます。また栄養学部と地元の飲食店さんとでコラボレーションした企画や、地元の小学生と教育学部の学生でコラボレーションした企画も計画しています。このようにゼミだけではなく、学部学科を超えて、学生全体で取り組む活動にしていこうとしています。

そしてSNSを使った情報発信で、地域の人たちに「何かをやっている」と気づいてもらって、実際にイベントに行ってみようというきっかけを作ります。これを継続的に行っていくことで、随時人が集まる仕組み作りに取り組んでいます。

では具体的に、どんなことをしているのかお話しします。まずは動画作成のための活動です。私たちは人間共生学部で動画に関係ないことをやっているので知識がなく、テレビ朝日系列のスポーツ番組の作成を手掛けている文化工房さんにお願いして、動画の撮り方や作り方をレクチャーしていただきました。また株式会社ドームさんの持つ有明放送局と球場の見学にも行かせていただきました。そして、自分たちで実際にカメラを持ってウチの特別強化部である陸上部、野球部、ラグビー部の取材に行ってきました。

私たちのゼミは全員が一般学生で、スポーツに関して何も知らなかったんですけれども、実際に取材をしたり試合を観に行ったりすることで、学生アスリートたちがスポーツに真剣に取り組んでいるところに圧倒されて、またインタビュー取材などでその熱い気持ちを聞いたりして、とても感銘を受けました。やはり「知らないから関心がない」のだととても感じたので、みんなに知ってもらって、感動をみんなにも分かってほしいと思っています。そういう思いで作った動画は、ユーチューブにゼミでアカウントを作って投稿しています。フェイスブックとインスタグラムでも学外に配信し、学内にあるデジタルサイネージで随時放映してもらうことで一般学生の目にも触れるようにしています。

次に、地域を巻き込んだ取り組みについてお話しします。地元で何かイベントをしようと言っても、まずは参加してみることだと思い、地元の中学生中心でやっている「こども未来商店」に輪投げ店として出店させてもらいました。またその企画と主催をしている先生が担任をしている地元の小学校の五年生と一緒に、私たちが行うウォーキング教室の後に配る梅ジュースのラベル作りを一緒に行いました。教室ではただ歩くだけ、歩き方を勉強するだけでは面白くないので、実際に歩くコースとしてフットパスという手法を使って歩くコースをつくろうと思っています。

フットパスは、テレビ番組『ブラタモリ』や『鶴瓶の家族に乾杯』、マツコ・デラックスが出ている『夜の巷を徘徊する』、また『モヤさま』のような感じをイメージしてくれたら分かりやすいかと思います。新しくお金をかけて観光資源を作るのではなくて、元々町にあるものを再発見して展開していくところが一番の魅力です。これに関しても、私たちゼミ生は知識がなかったので、第一人者である北九州市立大学の見舘好隆先生をお呼びして講座を行いました。フットパスは、学生主体ではあまり意味がなくて、地域の人たちが主体でやらなければいけないことなので、一般公開にしました。小学校の先生、金沢区役所も地域振興課の職員の方々も来てくださりました。

次に地元に住んでいる人たちが、目に見えて「ああ、何か大学と地域で何かつながろうとしているな」と分かるために、地元の商店街にフラッグの掲出を企画しました。商店街の方もすごく協力的で、お金の半分を負担してくださると言っていただき、また大学側も残りの半分を負担してくれるということで、デザインは、共生デザイン学科の人たちが考えました。これは少し期限が遅れて九月末日に掲出できました。こういう活動をする活動資金は、学内にある奨学金と行政、金沢区が公募している補助金に申請して採択してもらっています。

## ■課題解決に必要な基礎組織

今までの話を時系列に説明すると、こんな感じです。二年生で問題発見、課題解決に必要な基礎組織を学んで、それと並行で運動部の取材をして動画作成をして、三年生では実際に地域の人と一緒に何か企画を考え、実施していくのが課題です。円滑な情報共有をするために、週に一回、三年生と二年生が集まってミーティングを行います。ゼミ合宿では、自分たちの問題は何かを自分たちで見つけて、それを解決するにはどうしたらいいのかを話し合っています。これらの取り組みは、手当たり次第やるわけではなくて、ゼミとして方針を持ってやっています。スポーツを支えるという概念で見る前段階として、スポーツを観る、参加するという概念もあると考えています。ウチの大学は一一学部あるので、栄養学部が参加して生まれた「食」という概念のように、もっといろいろな学部の人が参加してくれれば、もっといろいろな概念が生まれてくると考えています。そういう意味で、学生同士で協力して共に育てていく教育、また地域の人も協力して一緒にやっていく、共に育てていく教育があるかと思い、これを取り組み方針として活動しています。そして個々の大学で動くだけでなく、大学同士の横のつながりも必要だと考えています。

最終的には、日本全国の大学と地域がつながり、スポーツのシーズンになったら、その地域がスクールカラーに染まり、日本全国を大学スポーツで盛り上げるのが目標です。これを行っていく中で「ＳＰＯＲＴＥＣ　２０１８」に参加してきました。そこでは京都大学、一橋大学、関西学院大学、慶應義塾大学の皆さんと、関東学院大学の私で登壇しました。この人たちとはＳＮＳでつながって、不定期ですがＺＯＯＭで会議しています。体育会の学生だけでなく、一般学生も主体的に関わることで、体育会に所属する学生アスリートさんの負担も軽減されるのではないか、新しい形になるのではないかと思っています。ＳＰＯＲＴＥＣ　ＷＥＳＴ　２０１８では、東京大学、立命館大学、龍谷大学、神戸大学の方々ともつながれたので、これからどんなことができるのかということに取り組んでいこうと思っています。

以上で活動報告は終わりです。ありがとうございました。

# Jリーガーと監督とサラリーマンの間

外池 大亮
早稲田大学ア式蹴球部　監督

とのいけ　だいすけ　1975年生まれ。早稲田実業高校から早稲田大学に進学し、大学卒業後の1997年にベルマーレ平塚（現・湘南ベルマーレ）に加入。その後は横浜F・マリノス、大宮アルディージャ、ヴァンフォーレ甲府、サンフレッチェ広島など多くのクラブでプレー。現役引退後は、電通やスカパーJSATグループに勤務。2018年、母校である早稲田大学のア式蹴球部監督に就任。就任1年目にして関東リーグ1部優勝。

## ■三つのキャリア

こんにちは。早稲田大学ア式蹴球部監督の外池と申します。早稲田ではサッカー部のことをア式蹴球部と言います。監督ではあるんですが、今スカパーＪＳＡＴ株式会社のコンテンツ事業本部というところでサッカー番組に関わる部署に籍を置きつつ、スカパー！と早稲田大学で業務委託という形で、二足のわらじで仕事をしている人間です。

今日ちょうど、まさかこんなにどんぴしゃな話になるとは思わなかったんですけれども、僕は大学卒業後、Ｊリーガーを一一年やっていました。その後サラリーマンを一〇年やっていました。一一年目の今年（二〇一八年）に、なぜか母校の早稲田大学から監督をやってみないかという話をいただいて、監督になりました。今四三歳で子どもが三人いて、自分が生きてきた人生の中でいろいろな社会的な変化もあったし、サッカー界的な変化もある。大きく時代が動いている中で自分の人生が培われて、これはたぶん、皆さんと一緒だと思います。そういう意味で、自分の人生を考える上でキャリアをちょっと皆さんに意識してほしいと思っています。キャリアとは何かというと、僕は自分の人生、生き方だと思います。皆さんもそれぞれ、受験をされたり、高校でこうだった、中学校でこうだったと今までの皆さんのそれぞれのキャリアがあるのではないかなと思っています。

今日の目的、なんて偉そうなことを言いますけれども、皆さんは今二〇歳ぐらいで、僕は倍ぐらい生きている者として、人生とその生き方を考えるためのヒントにしてもらえばなと思っています。

僕のプロフィールは一九九七年にベルマーレ平塚で、当時、中田英寿選手とかと一緒にプレーをして、その後横浜F・マリノスでまだ現役で頑張っている中村俊輔選手、この間引退しちゃった川口能活選手、そういう人たちと一緒にプレーをしました。いろいろなところで三回、戦力外通告を受けて、トライアウトを二回経験し、何とか生き延びて、二〇〇六年に湘南ベルマーレに移籍して、二〇〇七年のシーズンをもって引退しました。その後、二〇〇八年に広告代理店の電通で営業の仕事をしました。大手飲料メーカーさんの担当をして、日本代表オフィシャルスポンサーなどの作業をさせてもらい、今はスカパー！とサッカー部の監督を同時にやっています。

大きく分けると学生時代、プロサッカー選手時代、それから企業人。今は企業人プラス監督です。「サッカー選手」というキャリアと、「サラリーマン」というキャリアと、「早稲田大学の監督」というキャリア。大きくいうとこの三つ。今日はここにあるこの間（ま）にあるものが結構僕にとってはポイントになっているなということで、話をさせてもらえればと思います。

## ■人生を満足度で振り返る

自分の人生を満足度で振り返ります。皆さんも大学生になるまでにいろいろな満足度があったと思います。最初は結構、盛り上がったり盛り下がったりします。

サッカーを始めたのが小学一年生ぐらいですかね。中学受験の全敗があり、高校で早稲田実業に入学。僕は早稲田なので青学の方に話すのはちょっと緊張するんですけれども、早稲田実業というのは附属で、青学も青山学院高校がありますよね。皆さん上がってくる。僕はそういうのを目指して早稲田に入りました。高校受験で頑張って勉強して入った。サッカーもやっていたんですけれども、何とか受験して早稲田実業に入ったということで、完全に舞い上がって、また波があるんです。

高校生の頃、全国大会も出ていないのに東京都代表に選ばれていたんですけれども、なぜか最後に外されるというショッキングな出来事があって、このときにサッカーを辞めてやろうみたいな感じでした。附属なので早稲田大学にするっと入学して、サッカーをやろうなんて軽く思いながら。現実は、附属から上がってきてア式蹴球部で試合に出るのは、基本的に夢物語みたいなものなんですけれども、運よく一年生から早慶戦に出場できました。

僕が高三のときにJリーグができ、大学四年生のときにはJリーグも四年目。Jリーグは、皆さんが生まれたときからすでにあるんですけれども、僕が生まれたときはJリーグがなかったので、勉強しないとやばい空気があって受験したんですけれども、ちょうど大学生になったときにJリーグが始まって、サッカーバブル、Jリーグバブルみたいな中で、ベルマーレ平塚に勢いで入団しちゃいました。そこから大変な抑揚のきいた、今だから、なんかいろいろあったなと言えますけれども、結構死んだり舞い上がったりみたいなことを繰り返す人生をやってきました。二年目にお給料が三分の一になっちゃったりとか、マリノスに行ったらJ1で優勝しちゃったりとか、翌年に戦力外になったりとか、ここから中日新聞、アディダス、甲府、フロムワン。甲府、広島は移籍なんですけれども、移籍しながら、企業インターンと現役選手をやりながらスタートしたんです。

最初に戦力外通告を受けた後に、自分はサッカーしかやっていない、サッカーしか知らないなみたいな感じになって、ちょっと社会とサッカーをつなげていかないと生きていけないなと。セカンドキャリアみたいな話があると思うんですけれども、そういうことと含めて、自分のサッカーにまい進して、狭いエリアでまい進していた自分に気付いて、いろいろ考えるようになりました。

Jリーグにも行きました。電通にも行きました。山形にも移籍して、朝日新聞に行ったりJスポーツに行ったりしながら、湘南ベルマーレに行って、最後リクルートに行って引退。ここまではサッカーのことしか考えていなかったんです。でもサッカーのことと自分のこと、会社というか企業で生きる人たちと、プロサッカーのできる自分というものを考えられるようになってから、ちょっと安定したんです。

引退してから電通に行って、スカパー！に行って、今早稲田大学の監督。ものすごく安定して、よくプロサッカー選手が引退すると、何もやることがなくてやばいみたいな話があると思うんですけれども、これは自分の印象ですが、満足度とか幸福度、自分の充実度的にはこういう形でちょっと意識したなと。

今の仕事についてお話をしたいと思います。サラリーマン編です。スカパーＪＳＡＴという有料多チャンネル放送で、衛星通信事業者として多チャンネルのプラットホーム事業をやっています。皆さん、ＣＳチャンネルを知っていると思うんですけれども、いろいろな事業者さんがコンテンツを出してくるのを管理したり、自分たちもコンテンツを作ったりをやる。あとは衛星事業。この両輪でやっている会社です。

自分はどんな仕事をしているかというと、電通ではサッカー日本代表のオフィシャルスポンサーであるキリングループさんのブランディングをしていたんですけれども、今はドイツのブンデスリーガ、ベルギーリーグ、セリエＡなどを放送したり、育成年代と呼ばれる高校生とか大学生などの番組中継をやる部署で仕事をしています。

自分自身はその中でさらにどんなことをやっているかというと、今ベルギーリーグにシント＝トロイデンという、日本代表の遠藤航選手と冨安健洋選手という二人の代表選手を抱えるベルギーのサッカークラブがあるんです。日本のＤＭＭという会社がベルギーのチームを買収して、経営権を持って日本人を六人ぐらい送り込んでいるんですけれども、今たまたまスカパー！がベルギーリーグの放映権を持っていたので、ＤＭＭさんと一緒になってクラブのブランディングとか、そういうことに対してアライアンス契約みたいな形で、いろいろやっていきましょう、盛り上げていきましょう、コンテンツを作りましょうみたいなことをやる権利系をしたり、直接自分が関わっている国内サッカーの天皇杯とか大学サッカーの営業をやったり、番組や中継のプロデューサーなんかもやっているというのが、サラリーマンとしての自分です。

今年からの監督としては、一〇年間現場から離れていました。電通のときもスカパー！のときも、サッカーの近くにはいるんですけれども、サッカーの真ん中にはいなかった。その一〇年間で、どういう指導者がいいのかみたいなことがいろいろ今話題になっている中で、「おまえ、監督をやってみろ」という話がありました。

早稲田大学は優勝を二七回もしているんですけれども、ここ四〇年では優勝が二回しかなくて、昨年まで二部にいて。僕みたいに現場を一〇年やっていない、かつ監督もやったことがない者に話が来て就任させていただきました。そんなある種、ビハインドというか、あまり前例のない監督像の中で自分なりに監督というものをどう捉えるかとなりました。

サラリーマンのとき、監督とはどういうポジションかなと思ったら、当然管理職ですよね。社長、本部長、部長みたいな、そういう形だと思うんですけれども、僕はサラリーマンとして一〇年やってきたけれども管理職までは届かない現実があって、要はマネジメントみたいなものが自分のキャリアとしては非常に足りていない。そういうものにチャレンジしたい。

大学の監督というポジションは、学生とも当然向き合う。それからチームづくり。それからサッカー界。例えばユースとかJリーグに行く選手もいるし、当然サッカー部だけではなくて大学とどう向き合うか。それからOB会、地域、企業。NCAA会みたいなこともあると思いますけれども、そういった中でいろいろなステークホルダーとやっていくという、非常に面白いポジションだなと考えて、取り組みをスタートしました。

### ■共有できる人を増やす

僕が一番マネジメントに重要だなと思うのは、ビジョンと経験と分析。僕は今まで、内側から見ていても外側から見ていても、あっちで見てもこっちで見ても思ったのは、だいたい「刺さらない」監督は、自分の経験と感覚だけで伝えていました。俺の時代はこうだった、これをやっておけば間違いない、これで勝ってきた、みたいな。そう言われるとだんだん心が離れていくなと思っていたので、とにかくビジョン。当然経験も大事ですけれども、それを分析していくのが大事だと。当然そこにはコミュニケーションがある。ここを意識して

やり始めました。

今年スタートしてまず、ビジョンを学生と一緒に作りました。「WASEDA the 1st」というものすごい崇高な言葉があるんですけれども、要は選手として一番たれ、人間として一番たれ。どこをどうすればそこに到達するのか分からない言葉があって、それを一回ぶっ壊しましょうと。「俺が監督になるからぶっ壊そう」みたいな話をして、学生からも「これ絶対いじっちゃいけないやつですよ」とか

言われながら、「大丈夫だよ。何かあったら俺が謝るから」みたいな話をして、到達したのが「日本をリードする存在になる」です。
これは何かというと、今のサッカー界はめちゃめちゃピラミッドができている。大学生が天皇杯で優勝するのは難しい、日本一を決める大会で大学生が優勝するのは難しい。それぐらいピラミッドができ上がっているので、日本一になるとか、サッカー選手で一番になることは、大学生には実際難しい。でも四年間を通じて、その先日本をリードする存在になるための時間がある、この大学生生活があると捉えることはできるのではないか。その方が学生のみんなにしっくり来るんじゃないのかみたいな話をしました。
そんなブレストを四年生たちとずっと話していたら、この言葉をキャプテンが見つけてきて、決めました。目標というのも、大学選手権で一番になる、リーグ戦で優勝するみたいなことだけではなくて、注目度を高めることもチャレンジしよう。というのも、大学サッカーはお客さんが入らないんですね。でも学生たちは一生懸命やっている。
そんな中で何とかしたいよね、みたいなところを突き詰めていく。プレーヤーとしてみんながもっとモチベーショ

ンを上げるとかも含めてやろうと。

学生主体。よく学生主体って、礼儀だとか、挨拶だとか、ちゃんとしようみたいなことだったりがあると思うし、逆にいうと「学生主体なんだから、おまえらがやればできる」みたいな。僕はそういうのは学生主体だと思っていなくて、責任とアイデア。自分がやることに責任を持て。責任は、リスクと価値を両輪で考えられることがすごく大事だなと。そこに向かってどんなアイデアを生み出せるのか。そこまで持って行って、初めて学生主体の主体性という言葉になるのかなと思ってやってきました。

僕も含めてコーチ陣は五、六人いるんですけれども、とにかくコミュニケーションを一方通行にしない。僕は言う側、皆さんは聞く側、になってしまうと、当然コミュニケーションは深まらないですね。言う側も、気付くと「言っているだけ」になってしまうんです。俺は見られているなという意識が指導者になくなってきちゃうので、こういったところを意識していきましょうということをやってきました。

注目度を高める。今の学生たちはどうなのかなみたいなことで、自分的なマーケティングだったりリサーチだったりのためにツイッターを始めました。そしたらまだ一年もたたない内にフォロワーが三〇〇〇人になろうとしている、非常にいい感じでやっています。

やってよかったなと思うのは、グラウンドで話をするだけではなくて、「この監督、こんなことを考えているのか」と結構学生がフォロワーになってくれている。かついろいろな大学の学生がフォロワーになってくれて、一緒になってみんなで盛り上げようみたいな空気も出るくらい活発になっています。

昨日、ちょっと事件というか面白い出来事がありました。一一月二九日でいい肉の日だったので、「いい肉カップ」をやりました。紅白戦をやったんです。四チームに分かれて、一番勝ったチームが牛肉、二位が豚肉、三位が鶏肉、四位が砂肝みたいな感じでやったんです。きっかけが、部員が勝手に「今日はいい肉の日やから、誰かおいしい肉を食べさせてくださる人おらんかな。(外池監督とか、外池さんとか)」みたいなことをつぶやいていたので、僕がここに乗っかっちゃったんです。「確かにいい肉だ。いい肉の日だからいい肉カップやろう」みたいな感じで返したのを、またさらに面白いことに、筑波大学の正ゴールキーパーの阿部航斗君という子が、「選手と監督、こんなで、超いい」とかみたいなことをつぶやいてくれて。これがまたどんどん広がっていって、阿部君は来年用に筑波にある焼き肉屋さんを押さえていることとか、いろいろな広がりを持てるようになった一つの事例がありました。

そんなこんなで、注目度を高めるというより、共有できる人を増やすということが、意外と注目度にもつながっているみたいなことがあります。

次にリリースにこだわりました。早稲田大学から四人Jリーガーになったんですけれども、その四人のJリーガーたちが、だいたい入団すると、「皆さんのおかげで入団できました。応援よろしくお願いします」といった決まりきったことをみんな言うと思うんです。でも早稲田の学生たちには、めちゃくちゃ長い文章を書かせる。相馬君は名古屋グランパスなんですけれども、名古屋グランパスのサポーターが、「こんなに俺らのチームのことを考えてくれている。めっちゃ応援しよう」みたいな。彼は名古屋の強化指定選手で今大活躍しているんですけれども、そういうことがあったりしました。

CMもつくったりしました。これは僕が電通にいるというのもあるし、スカパー！にいたというので、大塚製薬さんと「なんで大学サッカーをやるのか」みたいな。本当は映像を皆さんに見せたかったんですけれども、後で調べてみてください。「早稲田　ポカリ」で調べると出てきます。こういうのをつくって、要は自分たちが何のためにサッカーをやっているのか。大学サッカーの存在意義を明らかにしようみたいなことを一つのキーワードにして、学生たちと取り組みました。

## ■選択肢を持つことは重要

僕はスカパー！でこういう番組もちょっとつくったりして。そういうあっちの自分、こっちの自分といろいろ見せる中で、要は部活と大学みたいな狭いくくりだけではなくて、皆さんは青山学院大学の一人なんですけれども、社会の一員でもあるんです。学生でもあるんですけれども、社会の一員なんです。そういう実感を持つことで、これから皆さんも将来のこと、不安もあるし期待もあると思うんですけれども、将来の自分を描いたり、例えばサッカー部員だったらJリーガーになりたい、とはいえ就職も、みたいな。とはいえ就職って考えている人もいっぱいいる中で、将来を不安に思っているだけではなくて、描くということだと思うんです。世間とは世の間と書きますけれども、一個の場所。例えばこの青山学院大学にいるだけの自分にとどまっていると、この間は見えてこないんです。なので、間をつくる。例えば今日、早稲田のことを知ってみようかな、早稲田にちょっと興味が出てきたな。違ういろいろな分野に自分が身を置けるようなポジションを取ると、間が見えてくる。間にあることが見えてくる。そこは意外と大事だったりする。

もう一つは、情報発信。いろいろな情報発信をする中で、発信する側だけではなくて、それによって跳ね返ってくること。筑波大のゴールキーパーの反応があったりして、その中でもまた見えてくるものがすごくあると思うんです。それが例えばいいのか、悪いのか。「これ、面白いね」なのか「面白くないね」なのか。そういう両方の立ち位置を取れることでバランス感覚が生まれてくるんです。このバランス感覚がビジネス感覚。僕はちょっと覚えきれなかったんですけれども、難しい名前の何とか論というのは、たぶんそういうところにつながっていくのではないかなと思います。自分は一サラリーマンで、監督で、Jリーガーでという、あっちとこっちとどっちみたいなところから、当然Jリーグも社会に存在しているし、企業も社会の中に存在している。皆さんも監督も社会の一員です。学生も社会の一員ということで、社会で生きるとは何かを一緒に見ていく。見せていくということが、今の自分の仕事かなと思っています。

そんなことをやってきたら優勝しちゃったみたいなことがあって、学生たちが口々に言うのは、「気付いたら優勝していました」です。優勝しようみたいな空気になったことは一回だけあるんです。一回だけ「もうすぐ優勝だ」みたいになったときに一対〇で負けたので、やっぱりやめようみたいなのがあって。結果を追うことでプロセスが中途半端になるというか、ぼやけちゃうというのが一番よくないと思っているので、皆さん、常に何かやるときに「結果、結果」ってなると思うんですけれども、常にその前に、手前にある、間にある今の場所から結果というすごい先にある、ここの間にあるものに目を向けるようにするのがいいのかなと思っています。

最後に、僕も今伝えてきたように、選択肢を持つということは重要かなと思っています。当然一つのことにまい進するというのはすごく大事なことです。中途半端になったら駄目です。でも、こっちにしようかな、あっちにしようかな。こっちもいい、あっちもいいと思うことはすごく大事だと思うんです。人生は一本道しかない。だけれども、捨てた選択肢。こっちもいい、あっちもいいといってこっちに来た方が、やっぱりいろいろな覚悟というか。

僕もサッカー選手の中でも当然覚悟を持ってやってきたし、サラリーマン、電通時代も必死になって働いたし、今もスカパー！でも楽しく一生懸命やらせてもらっています。でも、当然この監督という立場も、サラリーマン、スカパー！にいるので監督できませんというのは簡単。だけれども、こっちもいい、あっちもいいと思ったら一回やってみる。そうすると間が見えてくる。間が見えることによって、見えないものが見えるという自分になれることで、いろいろなまた選択肢も出てくるし、いろいろな自分のキャリア、やりたいこと。それに対しての知識だったり、想いみたいなものが深まる。それが覚悟だと思っています。

ということで以上になります。ご清聴ありがとうございました。

# 知識・経験を伝えるメディア力を持つ

## アメリカと日本（地方）の事例より

萩原　悟一

鹿屋体育大学スポーツ・人文応用社会科学系
准教授

はぎわら　ごいち　専門はスポーツマネジメント。米国アーカンソー州立大学大学院修了（M. S. Sports Administration）後、九州工業大学大学院生命体工学研究科脳情報専攻短縮修了（博士（学術））。一般社団法人日本体育学会国際誌編集幹事、2018年７月、日本スポーツ産業学会にてスポーツ庁長官賞受賞。

### ■アメリカのスポーツマネジメント教育

アメリカの場合、スポーツマネジメントを学ぶときに大きく分けて二つ専攻があります。大学院とか大学によって違うと思うのですが、私の行ったところは、スポーツメディアとスポーツビジネスという二つのコースがありました。カメラワークとか、どうやって動画を編集するかとか、どうインタビューをするかみたいなのを濃く学ぶスポーツメディアコース。そしてスポーツビジネスコース。私はスポーツビジネスの方に行きました。その後、大学院で三六単位取得します。これは二年間でなくてもいい。一年で三六単位取得すれば修了できます。どんなものがあるかというと、例えばスポーツ倫理、スポーツ法学などの単位を絶対取らないといけないなどのルールがあり、法律的なところをちゃんと学ばなければいけません。あとはスポーツマーケティング、スポーツファイナンス、スポーツバジェッティングなどです。また、特徴的な科目として日本ではあまりなじみのないスポーツコミュニケーションがあります。組織の中で、いかに自分がコミュニケーションを取れば良いのかを体系的に学びます。例えば、ここに二五〇人いて、全員に熱いメッセージを伝えられるかといったら、そんなことは絶対に無理だと思います。一対一であれば、いろいろ話ができますよね。一対三ぐらいでもいけると思います。ただ一対二五〇になると、もう寝ている人もいると思います。そういう中で自分がどうコミュニケーションを取れば組織を動かせるかを学びます。あとはリーダーシップ、ガバナンス、オペレーション、スポーツ社会学みたいなものもありますし、研究デザインもやったりします。一番面白いのが、インターンシップが修了要件に必ず入ってくるということです。修士論文を書くか、インターンシップをするか。私はどうせならと二つやりました。授業料も変わりませんし……。

アメリカでは大学スポーツが非常に栄えています。マーケティングをする人、プロモーションをする人、チケットを売る人もいるし、コーチとかいろいろな人が関わっていて、この中でインターンシップをします。プロチームに行ってインターンとかをしなくても、大学の中で自己完結できるのが、アメリカでスポーツマネジメントを学ぶ上で一番の有用な点かなと思います。大学の中で実際を学ぶことができる機会が非常に充実していますね。日本の場合、これがなかなか育っていませんので、スポーツマネジメントを学びたいというときにいろいろな壁があって、学ぶことが難しいのではないかなと思います。

さて、私はプロチームなどに所属している現場の経営者という立場ではなく、研究者という立場で皆さんに今日はお話をしていこうと思いますので、少しアカデミックな話をします。脳科学者である瀧靖之先生（東北大学）がテレビなどで語っていますが、「人間は、体験することと知識を習得することを同時に行うことで脳を発達させている」ということをご存知ですか？　つまり人は知識を習得すると同時に体験をすることで何かしらの行動記憶を実行させるということです。ここでいくら私が「アメリカ、いいですよ」とか言っても全く入ってこないということです。これが脳科学のエビデンスに基づいているということで、アメリカでは絶対に知識と体験、実習を合わせて行う風潮があります。

大学院修了後、私の同級生の人たちがどこに就職したかというと、ほとんどが大学スポーツをオペレーションする職に就いています。やはり採用側とすれば、インターシップを積んで、その経験値と知識が合わさっている人材は即戦力になるようです。アメリカではまず大学スポーツの職に就き、そこでスポーツビジネスを学んでいい成績を修めれば、プロスポーツへの道が開けてくるようになっています。ところで、皆さんがやっぱり一番気になるのは給料だと思います。アメリカのビッグスポーツだとすごく給料がもらえるみたいなイメージがあると思うのですが、最初はかなり低いです。卒業後に無給のインターンに行く人もいます。皆さんが新卒で大きな会社に入れば、まあ年収四〇〇万円前後はもらえると思うのですが、アメリカのスポーツの場合は非常に低い。アメリカでも、雇用面はまだ不安定です。ただ、ここから実力で這い上がれたら年収何億も夢じゃないというのが、アメリカの特徴の一つだとも思います。

## ■大学スポーツの話（米国とわが国）

大学スポーツで収益を上げるアメリカとはどんなものなのか。二〇一七年の資料によると一番収益を上げているテキサスA&M大学は州立大学で、一年間でスポーツの収入だけで二一一億円あります。ちょっとしたプロスポーツよりも大きい。トップから見ていくと、田舎の大学が多いです。田舎の大学がすごく儲かっているということで、地方の大学スポーツが熱い。ただ、ここまで成長するには一一〇年以上かかりましたみたいな話をよくされます。ということは、今スポーツ庁が大学スポーツを盛り上げようと言っていますが、ここから一一〇年かかるわけです。皆さんがせっかく大学スポーツを学んでも一一〇年かかるから、たぶん皆さんは亡くなってしまう。それでは面白くないですよね。ということで、どうすればいいのかなと日々考えています。

ちなみにアメリカでは大学スポーツの価値は非常に高いです。今年一月に訪問させていただいたインディアナ大学のバスケットボールアリーナには正面玄関に、大きくこれが置いてあります（写真1）。

大きな看板には白と赤で、インディアナ大学のノーベル賞受賞者（白）と、スポーツで活躍をしたアスリート（赤）の名前が刻まれています。つまり、ノーベル賞と同等に顕著なアスリートは価値のあるものだと示しているのです。それほど価値が高い。なぜかというと、ノーベル賞を取りましたといっても、すごいのは分かりますが、それが地域の人、市民の人たちにとってどのようなものなのか分かりにくいですよね。物理学賞を取りました、でも、それが自分にとって何かいいことがあるのかすぐには分からないと思います。ですが、応援していた大学のアスリートがプロになりましたとなれば、市民は、あの時の彼がすごい活躍をして、インディアナを背負ってプロになったんだと非常に親しみやすい。これがアメリカでのスポーツの価値の一つだと思います。

わが国でも一昨年（二〇一六年）よりスポーツ庁が、全国の一〇〇大学でスポーツアドミニストレーションをする部署を作ることおよび、大学スポーツを推進するための取り組みを支援しています。青山学院大学様は実は初年度、二〇一七年に大学スポーツ振興の推進事業選定大学に選ばれています。何をやっているかというと、オリジナル駅伝の実施、大学でプロバスケットボールチームのホームゲームを誘致し、大学施設を整備する取り組みを行っています。私たちも地方の小さな国立大学ですが、採択され、地域振興を中心とした取り組みを行っています。

写真１　インディアナ大学のバスケットボールアリーナ正面玄関

ところで、皆さんＵＮＩＶＡＳは知っていますか、日本版ＮＣＡＡからＵＮＩＶＡＳという名前に変わりました。何をするところなのか簡単に言うと、大学スポーツを振興するために、学生アスリートの誰もが学業を充実させながら安全に競技スポーツをするための基礎的環境を整備し、かつ、地域に根ざす大学スポーツの多様な価値を高め、わが国の力強い発展と卓越性を追求する人材の輩出に寄与することを目的としている組織です。端的に言えば、わが国の大学スポーツもアメリカのように整備して、盛り上げていきましょうみたいなことだと思っています（違うかもしれませんが……）。新しいＵＮＩＶＡＳカップとか、アメリカの大学、イギリスの大学と対抗戦しましょうとか、アジアカップをやりましょうとか夢みたいなことも語られています。楽しみですね。

一方、わが国のUNIVASのターゲットはどこのビジネスなのか、考える必要もあります。どこをターゲットにすればビジネスになるのか、非常に見えにくいですよね。学生を相手にするのか、地域の人を相手にするのか、それとも外を歩いている万人をターゲットにするのか、非常に見えづらいと思います。このあたりを考えることは、まだまだ日本の大学スポーツの現状では難しいのでは思いますので、アメリカのNCAAを参考に考えていけばいいのかと思います。しかし、ただ単にアメリカに倣えというわけではなく、アメリカのいいところを取っていくことが重要です。

アメリカではなぜスポーツが浸透しているのか。教科書にも全然載っていないと思いますし、私見を今日は語ります。アメリカでスポーツをツールとしたビジネスモデルが確立されている背景には、やはり人材が育っていることだと思います。大学での学び（知識）と学内でのインターンシップでプラス体験をした後に学外に出てインターンシップなんかをやって即戦力になっていく。例えば、日本の学生さんでスポーツを学んでいる人の中にはスポーツをやれば人が呼べるのではないかという迷信に取りつかれている人も多いかと思います。スポーツをやるから観にいく人、足を運ぶ人は沢山いると思いますか？　実際はそんなに多くいないですよね。青学の学生さんなら大学スポーツを観るより渋谷にでも遊びに行った方が絶対に楽しい！　なんて考えている人が多いのではないでしょうか。なのでスポーツはツールだとちゃんと理解して、ツールを生かすためにどのコンテンツをくっつけるかを学生のうちからアメリカでは身につけています。これも在学中にできたら非常に面白いですよね。また、アメリカはスポーツメディアの教育が充実しています。うまくスポーツを盛り上げる人材を育てるところが、アメリカが成功している点かなと思います。

アメリカンフットボール場の駐車場ではバーベキュー大会をやったり、フリーマーケットをしたり、お祭りみたいなこともしています。大学スポーツのターゲットとなるのはファミリーと女性が非常に多いです。アメリカの大学では学内のインターンシップ学生が、女性とファミリー層をターゲットにアナログなのですが「今週試合があるので来てください。肉のフェスタもやりますよ、お肉が出るからみんな来てください」みたいな電話をしまくるわけです。いわゆるテレアポをします。メールはSNSで拡散するよりも直接、話をした方がお客さんも心がこちらに向いてくれるという考え方です。意外とアナログなやり方を実践しているのがアメリカなのかなと感じました。

ところで、私の母校であるアーカンソー州立大学もどんどん進化しています。アメフトの競技場が四万人ぐらい入るのですが、緑の部分（アメフト場の角）がちょっと空いていて子どもたちが遊んでいたので、じゃあ、もっと遊べるような岩を作ろうとか、家族でバーベキューできる場所を作ろうとかを学生のアイデアから創り上げていっています。もちろん、大学スポーツの振興を専門としたスタッフの指導の下ですが、学生のうちから自分たちの大学を変える機会があるのは素晴らしいことだと思います。このように学生が大学の発展に直接、貢献できる機会があるのも特徴かと思います。

また、マーケティング調査にも大学が力を入れています。日本でも女性をターゲットに、何をやったら観戦したくなりますかみたいな調査している会社はありますが、大学ではあまりそういうことはやってないというのが現状かと思います。特に大学は調査やエビデンスをもって人を呼ぶことをあまりしません。ということで、こういう部分は研究者や専任職員が関わると非常によくなるのではないかなと思います。

わが国ではプロスポーツが結構、進んでいると思いますので、プロスポーツのまねも大学スポーツ振興にいいのではと思いますが、それだけではなかなか集客は難しいです。大学スポーツならではのもの、地域ならではのもの、それらをアレンジする人材が大学に必要かと思います。

## ■わが国の大学スポーツの今後

私は鹿屋というところに住んでいます。一〇万人の都市ですが、人よりもウシとカンパチの方が多いみたいな、自然資源が豊かな食の地域です。カンパチって知っていますか。東京で食べたらすごく高いと思うのですが、あっちでしたら安価にたらふく食べれます。そういうところで大学サッカーの試合をやったらどうでしょうか？　全然人が集まらないのが現状です。Tシャツを一〇〇〇枚配るよとか言っても全然人が来ないです。二年前、近くの公園で食フェスがあると妻に言われて行きました。お母さんの力は強いですよね。女性が動けば子どもも夫も動く。三〜四人動くわけですよね。会場につくと、そこには何万人という人であふれていました。地域にこんなに人がいたんだと驚かされたのを覚えています。この時、私は「その土地その土地に合った事業がすごく重要なんだ」ということを肌で感じました。鹿屋＝食は、人を呼べる。そんなことを感じました。そして、これを大学スポーツにも置き換えてできないかなと二年前から考えていました。今年バスケの試合をやるというので「おおすみハナマルシェ」という屋台が出て地元のものを食べられるマーケットを大学に持ってきましょう、そうしたら人が集まるからと熱弁しました。つまり、食フェスを大学でやってついでにバスケの試合もやろうよみたいな感じです。バスケの試合のためではなく、フェスタのためにバスケの試合をする流れです。こんな企画を考えると人は集まる訳ですね。二〇一七年はがらがらだった大学バスケットボールの試合も二〇一八年は食フェスついでに地元の人が来て応援し大盛況でした（写真2）。非常に盛り上がりました。

　また、スポーツメディアの充実と人材輩出が、アメリカはすごく長けている教育が行われていると思っています。アメリカのスポーツメディア流通を考えると、ケーブルテレビが発達しています。アメリカのケーブルテレビの世帯普及率が約七割。テレビ放送と電話がついているので、電話契約をしたらみんなケーブルテレビに入っているというシステムです。ニューヨークに住んでいると、六一八局が見られます。二四時間ですべて見きれないですよね。ただ心理学でもそうなのですが、多数の選択肢があると人間は一個か二個に自己選択し、絞られていきます。例えば、洋服もいっぱい持っていても、結局着るものはいつも一緒ということが結構あります。多チャンネルでも同じで、人が見る番組は限られてくる。その中で、誰もが見やすいコンテンツがスポーツであり、スポーツ番組が非常に充実しているのがアメリカの特徴です。ESPN（Entertainment &

写真２　バスケの試合を観戦しようと長蛇の列を作る観客と試合風景

Sports Programming Network）という番組は三チャンネルあって、二四時間スポーツばかりやっています。

それからアメリカは、移民の多い国ですね。英語が話せない移民もいるわけです。そういう人がテレビをつけたときに、ＥＳＰＮをずっと見ている。私もそうでしたが渡米した当初は英語もわからず、テレビをつけても意味が分からない。だから、ＥＳＰＮを見るしかないのです。これがアメリカのメディア戦略の一つになっていると思います。このＥＳＰＮの親会社がウォルト・ディズニー・カンパニー。ディズニーランドの会社ですが基本は映画会社です。映画会社がＥＳＰＮとＡＢＣという二つのチャンネルを持っている。ＡＢＣはニュースとかを流す。

さて、このメディア流通の利点は何だと思いますか。『クールランニング』（一九九三年）という映画は観たことがありますか。ジャマイカの陸上選手がオリンピックに出られなくて、冬のオリンピックに出ましょうという物語です。これ、実は最初ＥＳＰＮのドキュメンタリー番組でした。こういうジャマイカチームがいて面白いことをやっている。それがすごく視聴率がよくて、反響がよかった。ということでじゃあ、これを映画化してしまおうと。これで映画興行収入も入りますし、テレビの放映権も入ってくるというビジネスです。スポーツをコンテンツとしたメディア流通がアメリカでは発達しているという一例かと思います。ちなみに、大学スポーツはＥＳＰＮ１（全国情報）で観られます。ただし、早慶戦みたいな全国的な試合を流します。ＥＳＰＮ２でも大学スポーツをやりますが、有名校じゃないと地元の大学はあまり映らない。ＥＳＰＮ３になると、地元の地域大学を放映してくれる。練習風景からずっと流してもらって試合も放映してくれる。そうなると地域の人たちはＥＳＰＮ３を絶対に見ます。「俺らの町のアーカンソーステート・ユニバーシティーのレッドウルブズが出るぞ」と。今は日本でも、大学スポーツチャンネルを作りましょうとＵＮＩＶＡＳを通じて出てきていますが、ここに何か学術的なもの、教育などが絡まないとこれ以上の発展はないのではと思います。国を挙げての戦略もなければ発達しないと思います。

私も研究者ですのでテレビメディアツールの効果実験なんかもやっています。例えば卓球の試合で、みんなどこを見ているのか、会場広告がどれぐらいの価値があるのか。野球の試合でバックネットの広告をどれぐらい見ているのか。こういうこともＥＳＰＮ２とかＥＳＰＮ３を使って大学スポーツの価値を算出しているのがアメリカです。ＮＣ

AAもこのような実験をするマーケティング班がいるといわれています。

最近はVR観戦なんかも出てきますよね。VRもアメリカは非常に発達しています。これも、脳波計を使ってどういう効果があるのか、VR時とテレビ観戦時と平常時で、どういう感情値が表れるのかみたいなこともやっています。こういう研究なんかもベースとして、メディアツールをどう作るか考えていく人材の育成が急務かなと思っています。

■さいごに

スポーツに必要な経営資源に人、物、金、情報があって、スポーツビジネスやスポーツマネジメントをする人は、一つを突き詰める人であるよりは、広く浅く知識を身に付けていくのが重要だと思います。つまり、ジェネラリストになれるかどうかかが必要かと思います。

私の仕事は主に研究・教育ですが、大学スポーツアドミニストレーターとしても兼務しております。大学スポーツアドミニストレーターとして、カレッジスポーツデイを一年目にやったのですが、全然、人が集まりませんでした。やっぱりスポーツだけやっても人は集まらないと思います。試合後、地域のニーズは何なのか調査すると、サッカーが地域のニーズじゃなかった。マーケティングを教えている教員なのに市場調査をする前に実行して失敗して恥ずかしい限りです。地域には体操、バスケ、野球を観たいとニーズがあって、それに応えるように二年目の計画を立てました。二年目はまず、体操観戦を開催。本学にはオリンピック選手になれそうな人がいて、体操を観せますと言ったら、沢山の人が来て体操場に入りきれない。お昼ご飯も食べていってくださいと言ったら食堂がごった返して売り切れました。ニーズを知るのは非常に重要と思います。それから、本学ではMBC（南日本放送）というローカルメディアと連携して、何かあると放送してくれるスキームができています。しかしこれまで、あまり活用してこなかった現状がありました。これまでは本学の運動部が活躍すると、メディアに情報を流しておりましたが、一切、放送されませんでした。メディアの方と膝を突き合わせて話をすると、「いつもいただいている情報（試合結果）は、地域の人たちにとってのニーズになりえない」と言われました。何を提供すれば放映してくれるのかと尋ねると、「地域に有益な情報にしてください。学生、地域、社会が求める情報だったらいくらでも流しますよ」と回答。

確かに。公共性を求めたコンテンツを配信するため、今年はバスケ部と野球部との学生さんと一緒に内容を練りました。どうしたら、自分たちの試合が地域の人たちにとって有用になるのか。そして、その案をメディアと協力して作成し、テレビ出演を勝ち取りました。テレビの力は大きく、先ほどお見せした写真のようにバスケットボール部の試合は満員御礼でした。

さて、皆さんはメディアに出ることはありますか。もし出る機会があってもしゃべり慣れていないですよね。アメリカの大学の場合は学内スタジオがあって、インタビューの練習をインタビュアーも選手もカメラマンもします。だから大学の選手がインタビューで、すらすらっと自分の意見が言えたりできます。ちなみにアメリカの大学で「何か意見はありますか」と先生が言えば、ほとんど全員が手を挙げます。中学、高校、大学と彼らはずっとメディアトレーニングをしてきているので、非常に強いです。日本ではまだまだ施設も充実していませんし、いろいろな授業も充実していない状況ですが、メディアについて学ぶ機会があればぜひ、チャレンジしておいてください。

今回のお話は、皆様にとって有用な情報となりましたでしょうか。まとまりのない話だったので大変恐縮いたしますが、本講義で伝えたいことは二点、「知識・経験を有するジェネラリストを目指すこと」と「それを伝えることができるメディア力を持つ」ことを皆様にお伝えできていれば幸いです。

ちょっと駆け足になったと思いますが、以上です。終わります。

# 限られたリソースだからこそ勝負どころを見極めよう

## 学生の立場から大学スポーツを変える

原田 圭

一般社団法人ユニサカ　元代表理事

はらだ　けい　ユニサカでは立ち上げ時から参加。早慶サッカー定期戦を早慶クラシコとリブランディングを図り、Ｊリーグ創設以降、大学サッカーのコンテンツとして初めてＪリーグの平均観客動員数を上回る。2017年10月から18年３月までスポーツ庁「日本版NCAA創設に向けた学産官連携協議会」で唯一の学生代表として委員を務め、学生アスリートの学習環境、キャリア支援の充実に向けて取り組む。

**■早慶クラシコプロジェクト**

こんにちは。ご紹介にあずかりました原田圭と申します。一九九六年生まれの大学四年で今休学しています。慶應義塾大学の経済学部で、体育会サッカー部の選手としてプレーしながら、この前引退したんですが、一般社団法人ユニサカを立ち上げて代表理事として活動しています。ユニサカがどんな団体かと、メインプロジェクトである早慶クラシコプロジェクトというサッカー早慶戦の企画と運営をやっていて、三年間で動員を一万人から一万八〇〇〇人に増やしました。そのプロジェクトからいろいろ気付きがあって、学生としてイベントをやることもなかなかないので、皆さんにも何かヒントとなればいいなと思っています。

ユニサカは自分たちが大学サッカーを変えていくという

理念で活動しています。大学サッカーは現状として盛り上がっていない。この辺りでも大学サッカーを観に行ったことがある人は、本当に一人いればいいぐらいです。一試合五〇〇人ぐらい集まればいい方で、ほとんど選手の親だったりOBのおじいちゃんみたいな、全然盛り上がっていない。人が来ないので、お金が集まらない。お金が集まらないから競技に投資して競技レベルが上がったりとか、そこからいい循環を生み出すということができていない。参加する選手が自分たちで部費を払ってプレーする形です。社会的に見ると、これからより少子化で大学サッカーはこのままで大丈夫かという危機意識がありました。選手が頑張って練習して、競技レベルが上がっていけば、いろいろな選手が輩出されて人が集まるというのは、ほとんどウソに近い。僕もそうですが、ユーチューブやスマホがある中で、暇な時間の過ごし方が本当に細切れになっていく。信号待ちですら暇と感じるような細切れ感の中で、九〇分座って試合を観ること自体もきつく、サッカーの魅力だけで大学サッカーを観てくださいというのは無理があると感じています。だから皆さんの時間を奪い合うゲームではなくて、いかに日常生活の中で記憶に残るコンテンツを作るかという意味での転換なら、スポーツの得意なところだなと感じています。

ユニサカのアプローチは、競技力を向上させて認知を向上させるのではなくて、まずは人気のあるコンテンツをつくって、いろいろな人が集まって、そこにお金が集まるようなスポンサーが付く。入場料が増える。そのお金を実際の現場に投資する。そのお金が選手のプレー環境を向上させて、実際に選手がレベルアップする。そうするとサッカーのレベルも上がって、また人気が上がるというサイクルでプロジェクトを行っていました。

認知向上として一つターゲットを決めようと、七月に開催されるサッカー早慶戦をクラシコとリブランディングして、二年前から運営を行いました。クラシコとは、スペインサッカーの、レアルマドリードとバルセロナのライバル同士の試合を表すものです。そこからサッカーのライバル関係をクラシコと表現することが多くて、早慶というライバル関係を早慶クラシコという名前でリブランディングし、新しくクリエーティブを作って二年前から大会の企画と運営を行いました。どうにか盛り上げようとグッズを作ってみたり、OGの森星さんとコラボしてTシャツを作ったり、ライバル関係を象徴するクリエーティブに力を入れてみたり、ホームページをリニューアルして、スマホ対応のサイトを作ったりとか。クラウドファンディングで一〇〇万円を調達したり、やはり人気のあるコンテンツをマネタイズするという意味で、ちゃんとそのイベントの価値を整理して投資してもらう。スポンサーシップを始めて、ピッチに看板を出したり、インラインパネルだとか、そういった広告媒体を活用してお金を調達するということを始めました。

昨年から試合の生中継も始めて、一昨年はアベマTVで試合を放送し、セルジオ越後さんに解説してもらいました。プロジェクト一年目で一万三〇〇〇人まで持っていったんですが、目標は二万人だったので、なかなか達成目標には及ばないという感覚でした。というのも一年目から始めるのはすごく大変なことで、もともと早慶戦は今年(二〇一八年)で六九回目。伝統あるものを一回壊して、リブランディングする。ただ選手がプレーするだけではなく、いろいろな人を巻き込んでやろうということに、OBを含め大学からもかなり強い反発がありました。何で変えなくてはいけないのかと。改革よりも現状維持で「何かトラブルがあったら僕たちは困るんだよね」みたいなところから議論がスタートしたので、なかなか受け入れてもらえない中でのスタートでした。

## ■コラボレーションと創発

そういった各所との関係を整理しながら、今回一年目のプロジェクトを終えて、今年七月のゲームが二年目で、二つの目標を置きました。早慶の学生文化を発信するプラットフォーム機能と、二万人の集客。大学サッカーは本当に人が来ない、つまらないという状況で、選手が自分たちでお金を払ってプレーをする。つまり実際に部に関わる当事者たちがただ四年間を過ごして、就活なりプロになるために存在する、あくまで選手が個人的に成長するだけだったところを、せっかく一万三〇〇〇人も集まるコンテンツなんだから、もっといろいろな人を巻き込んで、早慶の学生文化を知れたり、学生とつながれたり、ある意味イベント自体がメディアとして機能する仕掛けになるリニューアルをしようと。今年こそ二万人の集客を目指そうということで、結果的には一万八〇〇〇人になりました。また早慶クラシコの「クラシコパーク」を企画して、スタジアム外のスペースに地域の商店街の方にお店を出していただいたり、学生がパフォーマンスするステージを作ったりしました。スタジアムでは選手同士が闘っていて、外のフィールドではいろいろな学生が自分の個性を表現して来場者にアピールする。学園祭以外で一般学生が自分たちを表現する場はなかなかないよねという問題意識を、お互いに感じていたこともあります。そもそも年間を通して早慶の学生が集まるイベントはなかなかないにもかかわらず、ただサッカーして応援して終わるのはもったいない。もっと化学反応を起こせるイベントにしていこうと、学祭をスタジアムに持ってくるイメージでクラシコパークをやっていました。

　ですがうまくはいかなくて、というのも、試合が開催される等々力競技場は普段川崎フロンターレの本拠地で、これは川崎市の持ち物です。そして川崎市公園緑地協会という、等々力競技場の周りの公園の管理者が実際に指定管理者として管理しています。川崎フロンターレは一切関係ないんですね。イベントを開催するスタジアム前のスペースは、スタジアムの一部というより公園の一部という認識で、どの施策をするにも緑地公園に許可を取らなくてはいけない。日本のスタジアムは指定管理者が地方自治体になっているケースが非常に多くて、川崎フロンターレが等々力競技場を使う前から、等々力競技場に入って商売をしていた食堂などが意外と自治体との関係が強く、そこのコミュニケーションが取れないケースが結構多かった。スタジアムグルメがあまりおいしくないとか、トイレが少なくてホスピタリティが低いケースが多いです。クラブも何か企画をやるときは、スタジアムの管理者である自治体と話し合いをしながら進めるケースが多いです。

　実際、許可を取りに緑地公園の協会の方に会いに行きました。マンションの一室みたいなところで「学生が何を言っているんだ、帰れ」みたいな感じで失笑されて、どうしようとメンバーも焦りました。そこで、説得できないんだったら上から押さえるしかないなと川崎市の方にプレゼンしたら、企画の熱意が伝わって説得に成功しました。

　学生なので、どちらかというと立場が弱いというか、どういった施策を行うにしても、誰が意思決定を握っていて、誰に話に行けば通るかという、キーマンの関係を整理しながら突いていくというのは弱い者が採る作戦だとは思います。なので、どのキーマンが意思決定に関わっているのかを整理して、そのキーマンとのコミュニケーションは逃さないという、ポイントを押さえておくことが重要だと思っています。そして説得は成功したのですが、川崎市として許可を出す以上は、早慶のイベントとはいえ市にメリットがあり、関係がある企画でないと通せないよ、開催自体はオーケーするけどねという話でした。

　最初は戸惑っていて、というのも、一万四〇〇〇人、二万人の来場者に対して、今の早慶文化をどういう切り口から伝えていくか。アートだったり、サイエンスだったり、パフォーマンスをするいろいろな団体、グループに話をして、社会問題を伝えたいという学生もいたりして、どうコミュニケーションを取るのが一番いいのかなという話をしていた中で、地域性を盛り込まなければいけないよという話をされて、なかなか早慶に地域を巻き込むというのは難しいなと思いました。実際には武蔵小杉周辺の地域とのコラボレーションを考えるいいきっかけになりました。川崎市の子どもたちに早慶のサッカー部員がサッカー教室を開催したり、ボディービルダーを集めたり、早慶のアイドルにパフォーマンスをしてもらって、普段の早慶戦では見ないような客層が集まっていて新鮮でした。ブレイクダンス、アート、武蔵小杉の商店街から出店を募集したり、そういった意味でいろいろなコラボレーションと創発が生まれたなと手応えを感じています。

次は集客について、大学生が八〇〇〇人近く、その他にも大人一万八〇〇〇人のイベントを集客する上で、いろいろな気付きだとかヒントがあったので、その点をお伝えできたらなと思います。人を集めるには認知度とどれだけチケットを手に入れやすいかが全てだと思っています。どれだけ知られているかと、知って買いたいと思ったときにどれだけ素早くスムーズにチケットが買えるか。この二つに完全にかかっていると、僕は思っています。限られたリソースの中で、どうやって認知を獲得していくか。現状ではSNSの発信力もそう強くはないし、広告に使えるお金もほとんどない。だから実際にいる部員とかOBを超えた認知を実現するのは、結構難しいなと思います。

## ■まとまってしまう企画はいい企画ではない

この認知に関して、僕たちは三つ意識していて、まずユニーク企画よりもコラボ企画。単独で企画を行ってバズを狙うより、どれだけコラボをしていけるかにこだわりました。違うフォロワーを自分たちの企画を通じて共有する。関係ない距離の離れたフォロワーに対して、どれだけ認知ができるかと。単独で行う施策でバズを起こすのは、本当にスーパークリエーターがいるわけではないので、かなり実現性は低いし、企画を行ったとしても自分たちのフォロワーとそのフォロワーぐらいの二波ぐらいしか起きないという感覚があったので、コラボ企画をとにかく起こす。

とにかく人に頼るのはすごく重要だと思っていて、それは作り手を増やすということでもある。一からイベントを作るにあたって、いろいろな障害や課題が出てきたり、分からないことが出てきます。そういうときはとにかく何か小さいことでも聞く。アイディア出しとかのミーティングにもなるべく人を呼んで、ただ来てくださいねというよりも、作り手としてイベントに参加している感覚をどれだけ持たせるかがすごく重要です。実際に相談したりミーティングに来てもらうと、その人の当事者性が芽生えて、アンバサダー的な立ち位置になってくれます。そうすると、例えば、ダンサー部の人でも、ダンサー一〇〇人ぐらいのコミュニティーの中のキーマンに近い人が早慶戦に対して当事者性を持ってくれると、かなりリーチの幅が広がるというか、認知の面でも大きいですし、大きく集客に貢献してくれる可能性が高まります。なので、分からないことはとにかく聞く。持たざるものだからこそ、本当に頼りまくるというのが結構重要です。三つ目はOBとか関係者に怒られそうな企画をやることがすごく大事だなと感じました。OBとか関係者が怒らない、何もない企画は社会的に発信しても何も起こらないと思った方がいいと思います。炎上だけはしないことに注意してください。

整理すると、ユニーク企画よりコラボ企画はクラシコパークがキーになっていて、SNSでのコラボレーションで、他部活とかミスコンとかいろいろな企業さんとかともコラボしました。クラシコパークを通じてレッドブルのパフォーマーや、普段全然スポーツとはつながりのないアイドルとコラボして、そのフォロワーに対してリーチできたりとか、そういったことを実際にやっていました。作り手を増やす意味では、学生で起業してパンを作っている人たちとか、社会問題系の啓発をやっている団体とか、早慶戦を通じて発信したいことを発信していいよ、どんどん早慶戦を使ってという形で、できるだけイベントに関わる作り手を増やす。たとえば武蔵小杉周辺の美容学校の学生さんには、当日早慶戦仕様のヘアアレンジをやろうということでブースをつくりました。これも結構反響がよくて、こういったことを自分たちでやろうとすると大体失敗するんですが、こういった美容系の学生も新しく友達を呼んでくれたり、そういう人が拡散の軸になってくれたりします。ただ頼むのと作り手になるのとだと、拡散に対する意識も全然違ってリーチの幅が本当に違うので、とにかくできないことは頼った方がいいと思います。

OBや関係者に怒られそうな企画というものでは、OBのプロフィールをゲーム『ウイニングイレブン』で作って戦わせるという企画をやりました。まず早慶は本当に伝統のある部活なのでOBがたくさんいる。おじいちゃんとかいる中でOBを人気投票で選んで、OBの能力値を作って、それで『ウイイレ』で戦わせる。まず「OBを投票で選ぶとは何ぞや」みたいな感じで怒られて、顔も自分たちで作るので似なくて、誰がやるんだみたいな感じで結構やりづらかったんですが。でも早慶OBはプロ選手が多くて、その選手のファンコミュニティーがかなり反応を示してくれました。元々サポーターグループみたいなところには「こういう企画をやるので、ファン投票のときはこのタグで拡散してください」みたいな仕込みはしておきました。そういう感じで統一したタグでファンの人気投票から選ぶ。それでキャラクターを作るという一連の流れをやって、ツイッターでトレンド入りできました。これがいい企画だったかは、実際にいい面と悪い面があったんですが、普通にまとまってしまう企画は、あまりいい企画ではないことが多いと思います。

### ■勝負どころを制する

これらはオンラインの方だったんですが、アナログ的にちゃんと集客に気合を入れてやらなければいけなくて、部員もそうですし、特に自分たちがチームの中で身の回りの関係者が持つコネとかネットワークをちゃんと整理する。各コミュニティー内のキーマンをちゃんと整理する。そのコミュニティーで誰が「早慶戦に行こう」と言ったら、全員が動くかを考えるのがすごく重要で、サークルだったらそのサークルの代表、ゼミだったらゼミ代表とか教授であったり、OB会だったら誰が代表だったり長老だったりとか、年配者を押さえるとか。そういう各コミュニティーのキーマンを整理して、キーマンにひたすら個人的に連絡を取って、キーマン一人で団体の席を確保していくという施策を決めました。一人一人にアプローチしてもきりがないので、カテゴリーで押さえることを電話とメールと手紙でひたすら攻め続ける。そういう手間暇かかるところもすごく重要で、身の回りのコネ、ネットワークとか、そういう地道なところもやっていく。特にサッカーは競技の裾野が広いので、部員の出身高校や中学校のチームの顧問とか、意思決定が強めの人にちゃんと連絡を取る。青学もあると思うんですが、一貫校の関係地があるところに連絡を取るのは地道ですが重要です。

次がチケットの手に入りやすさ。せっかく興味を持ったのに、チケットをどう買えばいいか分からない、検索してもチケットの情報が出てこないというのはすごくもったいないことです。認知から興味を起こす企画は考えがちなんですが、そこからチケットを購入するまでの体系もすごく重要です。僕たちはここにあまりパワーが裂けなかったから二万人に達しなかったという気がしています。

幾つか反省点があって、今年からチケットぴあでオンライン販売を始めて、オンラインの施策やプロモーションが実際に購入の動線に結び付けるようにしました。ぴあのみだと不十分で、引き換えできる場所が限られているし、購入の動線は多ければ多いほどいい。チケット会社の担当者から学生に対して「うちでやれば」みたいな話はある。でも学生だからってなめるなみたいな感じで、多くの動線をちゃんと確保していく。普段からスポーツをやっていると、当たり前に席種のカテゴリー情報は分かると思いがちなんですが、結構分からない。普通の席種と一緒に何かバラエティーシートみたいな感じで、バーベキューシートや四人の対面シート、いろいろな席を作りましたが、席種に対する感度が本当に人によって違います。自分たちが常識と考えていることは、他の人は知らないと考えた方がいいです。あと操作性の難しさは結構あって、申し訳ないんですが、ぴあはすごく使いづらい。オンライン施策でチケットを買おうと思ったところから、購入までの動線がすごく複雑。本当はいかにここをストレスなくやるかというのがすごく重要です。

SNS施策も絡んでくるんですが、過去の施策と全てリンクさせるという意味でも、タグを使いこなしたりとか、モーメントを使ったりだとか、いかに自分たちの世界観を作るかは、すごく重要です。SNSに関してだと、これから当日のリアルタイムのイベントで人を集客するというのも、すごく重要な価値ではあると思うんですが、これからは実際に当日来場した、例えば一万人だったら一万人と、その一万人掛けるフォロワーまでちゃんと意識した施策が必要です。一万人だったら、一万人までのリーチで終わりますが、その一万人掛ける一〇〇人のフォロワー、一〇〇万人までのリーチを考えて、いかにオンラインで存在感を発揮できるか。

特にこれからコンテンツを作っていこうという段階で、来年、再来年を考えていくと共感のネットワークを作り出すことがすごく重要で、スタジアムに行ったらこのタグで投稿してくださいとか、このスポットで写真を撮ってくださいとか。そういうフォロワーの一〇〇人、二〇〇人の共感を呼ぶ。また興味を引き起こすような施策、そこから興

味を引き起こしたときに、そこからいかにチケットの動線まで、ファンクラブでもいいんですが、素早くかつスムーズにいけるかがデジタルだとすごく重要です。

サッカーのスタジアムでも、おそらくデジタルの体験、満員になっているスタジアムの様子を見て面白そうだなと思う一〇〇人、二〇〇人の気付きがより重要になってくると思うので、いかに人を入れるかより、当日の充実した体験とそのフォロワーへのアプローチみたいなところに関わっていくのではないかなと思っています。目標だった二万人には届かなかったんですが、Jリーグ創設以降、大学サッカーのコンテンツで初めてJ１の平均観客動員数を超える一万七八七二人という動員を達成できて、来年は二万人を超えるように引き続き施策を行っていきたいと思います。

今日のまとめです。プロジェクトを進める上で関係各所のキーマンを明らかにすることと、そのキーマンとの接点、勝負どころをちゃんと制することは、学生イベントではかなり重要だと思います。実際に対面する人との可能性も、絶対外してはいけないところがやはりある。学生だから、そこを上から押さえていく意識は重要で、自分たちのパワーがないからこそ勝負どころを見極めるのが重要だと思います。リソースが限られる中で認知を上げるには、些細なことでも頼る人を増やして仲間を増やす、作り手を増やすことを意識してほしいと思います。コラボレーションを起こして、いかに違うフォロワーと自分たちの施策を共有できるかが、認知を上げるためには非常に重要なポイントです。三つ目、企画に頭を使うのと同じぐらい、チケットがどれだけ手に取りやすいか。どれだけその体験がスムーズになるかも非常に重要です。実際に三年間イベントを企画運営する中で、試行錯誤し気付きが幾つか出てきたので、何か自分たちでイベントをやるとか、人を集めることを学生で挑戦するときが来たら、思い出していただけたら幸いです。

# UNIVASで大学スポーツはどう変わるか？

小林 至
桜美林大学　教授
博士（スポーツ科学）

こばやし　いたる　1968年生まれ、神奈川県出身。1992年、千葉ロッテマリーンズにドラフト８位で入団。史上３人目の東大卒プロ野球選手となる。93年退団。翌年から７年間、アメリカに在住。その間、コロンビア大学で経営学修士号（MBA）を取得。2002年より江戸川大学助教授（06年から20年まで教授）。05年から14年まで福岡ソフトバンクホークス取締役を兼任。テンプル大学、立命館大学、サイバー大学で客員教授、一般社団法人大学スポーツ協会（UNIVAS）理事。

## ■自己紹介

まず自己紹介をいたします。私は五〇歳、皆さんは二〇歳前後ですから、三〇年ほど長く生きていることになります。だから偉そうに言うわけではないですが、一個だけアドバイスをしますと、「発信なくして進展なし」というのは頭の片隅に入れておいていいと思う。つまり何かを口に出して言わないと誰も気付いてくれない。何か伝えるから、何か反応がある。私はプロ野球に入ったから、さぞ野球がうまいだろうと思うかもしれませんが、実はそうでもなかった。神奈川県立多摩高校、それから東京大学と野球の世界では亜流で、しかも多摩高校ではレギュラーでなかった。大学ではエースになったけれども未勝利でした。そうした人間がプロ野球のスカウトの網に引っ掛かるかというと、絶対に引っ掛からない。だから自分でいいました。「プロ野球に入れてもらいたい」と。すると当時ロッテの監督だった金田正一さんが「面白いじゃないか。そんなにやりたいんだったら、うちの入団テストを受けなさい」と言ってくれました。そして入団テストを受けたら、スポーツ新聞が翌日全紙一面、さらにテレビもトップニュースで扱ってくれました。スポーツニュースのトップじゃないですよ、全体ニュースのトップです。ときは一九九〇年、平和で浮かれたバブル末期、こういうのを面白がる時代だったことも背景にはあるでしょう。いろんな運があったけれども、いずれにしても言わなければ始まらない。その後、私は福岡ソフトバンクホークスで取締役をやるんですが、そこで仕えた孫正義さんも同じことを言っています。「ほらを吹け」。吹き続けている内に、自分もその気になるし、それを信じる人が出てくる。一〇〇人中九九人は笑います。でも一人が信じてくれれば、そこから何かが芽生える。「ほらを吹かなければ絶対に何も起きない」と孫さんがいつも言っているのを聞いて、私がやったことは間違いないんだなと。

　ただし発信すればいいってもんじゃないのは、これは皆さんの世代のほうがよく分かっているでしょう。わたしが皆さんの頃は、バランス感覚なく猪突猛進で、メディアにおだてられて有頂天になって、ペラペラしゃべっていました。入団を目前にしたニュース番組で、実は私は留年していることを嬉々として話しまして、それでプロ野球選手と二足のわらじって大丈夫なのと聞かれたときに、東大経済学部は授業に出ないでも単位を取れると言っちゃったんですね。それを当時の経済学部長が見て激怒したらしい。さらに拙いのは、履修届も出していなくて、単位は八六残っている。大学当局から「大学を辞めてほしい」と通告を受けました。私は、上等だ、夢がかなうのだから大学は辞めますよ、と息巻いていたのですが、ロッテ球団がとりなしてくれた。「小林君、それはあまりに舞い上がっているんじゃないか。来年必ずドラフト指名をするから、一年間練習生として勉強に専念して、ちゃんと卒業をしてはどうか」ということで、一件落着したのですが、結局、入団が一年遅れたのは、とても損なことでした。

　プロ野球の世界について少しだけお話ししましょう。結論からいうと、わたしは成功はしませんでした。理由は、一言でいえば、プロでは力不足だったということなのですが、ああしておけば、こうしておけば、というのはあります。桁違いの運動能力とパワーに圧倒されて、自分を見失ったのもそうなのですが、特に悔やまれるのは、入ったことで満足しちゃったんですね。入ってからがスタートなんですね。皆さんも、憧れの青山学院大学に入って、とても満足していることでしょうが、人生はこれから。この思いをいつも持ってもらいたい。三年間のプロ野球生活を終えた私は七年間アメリカに行きました。一九九四年から二〇〇〇年まで。そこでいろんな発見をしましたけど、皆さんに伝えたいことは一つ。若い内に海外生活を経験してください。新しい観点が皆さんの人生を豊かにすることは間違いない。中には海外かぶれ、アメリカかぶれになって、なにかというと「アメリカでは」「どこどこでは」ばっかり言うようになる人もいますけど、それでもいいから海外生活を体験してもらいたい。いろんな新たな発見があります。

一つの例として、私は福岡ソフトバンクホークスの取締役をやっていたとき、若手選手に海外留学を積極的にさせました。今、日本で最も優れた選手の一人である柳田悠岐にもプエルトリコで武者修行をしてもらいました。彼がそこで発見したのは、プエルトリコには一九〇センチ一二〇キロで体脂肪率八％なんていうのはごろごろしていること。柳田も一九〇センチ近くて筋骨隆々。しかしプエルトリコには、ウェイトトレーニングもろくにしないのに、そういう体をしている人間がごまんといる。そういう人間と勝負をするにはどうするか。単に体を鍛えて大きくするのではかなわない。日本人には別のよさがある。切れ、器用さ、スピード、こういったもので勝負すると彼は発見した。それが彼がいろんな工夫を重ねる一つの要因にもなった。

二〇〇一年は参議院選挙に出馬しました。徳田虎雄さんという、裸一貫から徳洲会という日本最大の病院グループをつくった方に誘われて、徳田さんが率いる政党、自由連合から、東京選挙区に出ました。全く届かず落選でしたが、選挙運動を通して、貴重な勉強をいろいろとしました。選挙後の問題は、仕事がないことでした。二〇〇一年秋、家族は五人に増えて、さらに犬一匹。途方に暮れていた時に、声を掛けてくれたのが、今も勤めている江戸川大学でした。当時の学長が「君の生き方が大好きだ。もし大学教員に興味があるのであれば、うちでスタートしてみないか」と言ってくれた。人は自分が期待するほど自分を見てくれていない、そう感じるときは多いと思う。だけども意外と見ている。こうしたい、ああしたい、こうなりたいというと、どこかでそれが結実するときがあります。

■転機

次の転機は二〇〇四年。球界再編があった。近鉄とオリックスが合併して、選手会がノーと言った。そこにホリエモンが出てきて、「近鉄は俺が買う」。そこで選手会が近鉄とオリックスの合併を何とかやめられないか、球界のボスというか日本のボスに近い渡辺恒雄さんと話をしたいと言ったら、渡辺さんが「たかが選手が」と口を滑らせて日本中を巻き込む大騒動になった。そこで私、一応学者になったものですから、プロ野球の件について本を書こうということで、渡辺恒雄さんにインタビューを申し込んだ。もちろん断られた。さまざまな問題の渦中にいて、取材は一切断っているという真っ当な答えでしたが、一つだけ、渡辺さん、手紙は読むらしいって噂があった。二日間かけて、なぜ私がインタビューしたいのか手紙を書いて配達証明郵便で送って、届いたのを確認して電話をしたら、「あなたのインタビューを受けます」と言ってくれた。もちろん渡辺さんは私のことなんか知らない。人間、やってみないと分からないと、プロ野球のとき以来、久しぶりに実感しました。

いずれにしてもインタビューを受けてくださり、それをまとめた本を出版したところ（『合併、売却、新規参入。たかが…されどプロ野球！』宝島社、二〇〇四年）、えらい気に入ってくれましてね。知っている全ての人間に本を配ると渡辺さんが三〇〇冊買い上げてくれて、配った一人が孫さんだったんですね。

二〇〇四年の暮れ、ソフトバンクがほぼ倒産状態のダイエーからホークスを譲り受けた直後、孫さんの秘書から電話がかかってきた。「会いたい」。え、あの孫さんが。年明けに会いに行って話をしたら、「小林さん、ちょっと経営を手伝ってくれ」ということで、一九九三年にプロ野球を首になって一二年ぶり、いつかはプロ野球の仕事をまたしたいなと思っていたら、あらぬ形で経営陣の一人としてカムバックできることになりました。

孫正義さん、とにかくスケールの大きな人でした。ソフトバンクホークスの社是、経営のスローガンは「めざせ世界一」です。孫さんが球界に参入直後に考えた。世の中に発したメッセージは二つ。一つがリアルワールドシリーズ。今ワールドシリーズはアメリカのMLBのチャンピオン決定戦ですよね。日本のチャンピオンがいなくて何がワールドシリーズだ。真のワールドシリーズをやるために大リーグに直談判に行くと宣言して、すぐにそうしました。もう一つが、アメリカからスーパースターを獲得すること。日本の選手が次々と大リーグに渡る。二〇一八年オフに菊池雄星が渡りましたね。取られてばかりでなく、取り返してやれと。この二つのメッセージを持って球界に参入しました。開口一番、出てきたのが「孫王攘夷」。孫さんと王さんでアメリカをやっつける。日本人の琴線にぴんと触れる言葉を紡ぐことのできる天才でした。さすが、個人で二兆円を持っている世界有数の大富豪になるのは、こういうスケールの大きいヒトなんだなと感心しました。

ソフトバンクグループではほら吹き選手権をしばらくやっていた。当時グループ二万人だったかな。最も美しいほらを吹いた人に、そのほらを実現する資金を渡して会社を設立させてくれる。それぐらいほらを吹くことが大事だと言っている。それから数字。とにかく全てを数値化する。チケットの値段。年俸。数値化のヒントは顧客数と、単価と、残存期間と、獲得コストと、維持コスト。私たちはこれを常に頭の中に入れておかなきゃいけない。これがないと全部却下。それから、べらぼうに本を読む。特に歴史。

もう一人、私が仕えたのが王貞治さん。世界のホームラン王。孫さんと王さんに仕えたのは、私の人生にとって幸せなことでした。二人がいつも同じことを言っていた。若いとき、何かに取り付かれたように没頭すべしと。要するに、気違いになれと、お二人はいつも言っていた。それから、朝令暮改を恐れるな。一度決めたことでも、間違いだと思ったらすぐに転換する。要するに間違いを認めることが重要だと。そしてソフトバンクで一〇年過ごした後、実は江戸川大学に籍を残してもらっていまして、二〇一五年から再び大学教員に戻りました。

戻ってから、ここまで関わってきたのが大学スポーツ協会の設立プロジェクトです。大学横断的かつ競技横断的な統括組織をつくろうという趣旨で、運動部員、指導者、所属大学、および競技連盟による協働組織をつくることで、いろいろな課題に協働して対応しようということです。そして、もう一つが、各大学には窓口としてスポーツ局を設置することです。スポーツって大学のアイデンティティーとして大きいですよね。箱根駅伝の選手のことは知らなくても皆さん「うちの大学」というでしょう。そういった大学の帰属意識の向上にスポーツは大きな役割を果たしてきました。そんな大学スポーツに、実は統括組織がないんですね。民間企業は経団連（日本経済団体連合会）がありますね。農業をやる人には農協（農業協同組合）があります。高校スポーツは高体連（全国高等学校体育連盟）。アメリカはNCAA、イギリスはBUCS（British Universities & Colleges Sport）という大学スポーツの統括組織がありますが、日本はなかった。なかった理由は、これまで大学におけるる部活動は自主自立の課外活動で、大学が直接コミットするものではないという考え方もあったのだろうと思います。

- Academics（学業との両立）
  - 練習時間の制限
    - シーズン中〜1日4時間、週20時間、1日の休息日など
  - 学業成績により選手資格を制限
    - 入学時（高校時代）の成績
    - 入学後は、取得単位数や成績
- Well-being（安全と健康）
  - 健康保険
  - 補償制度
  - 食糧保証（DIとDII）
- Fairness（公正）
  - 男女平等（title IX）、LGBTへの配慮
  - 奨学生の数
  - Academics, well-beingなどもfairnessの一環

| *** | NCAA DIVISION I | *** |
|---|---|---|
| Sport | Men's | Women's |
| Baseball Softball | 11.7 | 12 |
| Basketball | 13 | 15 |
| Track & Field | 12.6 | 18 |
| Football | 85 | 0 |
| Golf | 4.5 | 6 |
| Gymnastics | 6.3 | 12 |

NCAA、３つの理念

しかし、あらゆる組織でガバナンスが求められるような時代において、それでいいのだろうか。たとえば、二〇一八年大きな事件がありましたね、タックル問題。学生の権利が守られているのか、リスク管理はできているのか、モニターする機関の必要性は高まっています。二年、三年議論してきた中で、大学スポーツの可能性、価値はかなり大きい。人格形成、そして学内、卒業生、地域のコミュニティーの醸成、形成に役立つ。スポーツの発展、社会の発展に寄与する資源にもなる。何せオリンピアの三分の二が大学生ですからね。歴史と伝統による対抗戦。箱根駅伝、私がかつて経験した東京六大学野球、東都大学野球もそうですね。さまざまに可能性があるであろうと。

## ■UNIVAS

一方で、課題もある。先に申しましたように、管理がしっかりされているのか。というより管理されていない。学生アスリートの学業もある。ナレッジの共有がされていないのももったいない。いろんな大学、学連、いいことを

やっているんです。青山学院大学も競技中継とか素晴らしい取り組みをやっていますね。そういった取り組みを横展開するプラットフォームもあったほうがいいのではないか。ということで、3年近く検討を重ねてきて、ようやく形になったのがUNIVASです。検討スタートが二〇一六年四月。今二〇一八年一二月ですからね。発信するのは二〇一九年三月。皆さんの若い感性からすると、ずいぶんまどろっこしいねと思うかもしれないが、ステークスホルダーが多くて、調整にはやっぱり時間がかかるんですね。大学、競技連盟も含めた様々な納得感も醸成する必要があります。こういう新しいものを共同で作るのにはどうしてもステップを踏む必要があります。同時並行で、大学に、部活動は、大学が活動の当事者であることを認識してもらい、雰囲気を醸成する、あるいは機運を盛り上げるために、大学スポーツ振興を推進する大学を去年、八つ選びました。青学もその一つに選ばれましたね。今年は一五の大学を選び、UNIVASとはなにか、スポーツ局とはなにかの理解が深まっているとは思います。

さて、その大学スポーツ協会、何をするか。一つが、学業の充実、つまり文武両道。もう一つが、学生スポーツ選手の安全と安心を守ること。そして、文武両道と安全・安心の実現のために必要な経費を作ること。つまり、マーケティングを展開していこうということで、この三本柱です。

具体的に例えばどんなことをやるか。表彰制度。学業とスポーツの両立をしている、あるいはスポーツマンシップにあふれる模範となるプレーや取り組みへUNIVASとして、大々的に表彰する。スポンサーもつけたいですね。それから指導者研修。これは各大学や学連のニーズが非常に多いものでした。悪質タックル問題ではアメフト部の監督がむちゃくちゃな指示を学生選手にしたことが判明しました。相手の選手をプレーで潰してこい、という指示で、これはスポーツマンシップに反する行為ではあるものの、犯罪とまではいえない。このレベルであれば、昔だったらアメフト部の問題にとどまり、表沙汰にならなかったでしょう。ところがSNSの時代では拡散され、さらに相手チームが強く非難し社会問題になった。そして日本大学という名門大学の評判まで大きく傷ついた。一体、何をしているんだと。研修制度は、リスク管理でもあります。つまり、「うちの大学の先生・監督は、UNIVASの指導者研修を受けている人たちですよ」ということになるわけですから。その研修もゼロから構築するわけではありません。日本スポーツ協会やサッカー協会などライセンス制度を導入している団体では既に研修は実施されており、その横展開、応用編となります。それから入学前教育。大学スポーツ選手とは何ぞや、あるいは大学生とは何ぞやを、理解したうえで入学してもらう。

　私も野球の世界で生まれ育った人間です。野球は甲子園、プロ野球という世の中の大きな注目を集める競技なため、野球のうまい子は場所や状況によっては神さま扱いされるんですね。中学から授業中は常に寝ている、起きたと思ったら弁当を食う、そしてまた眠る、次に起きるときは練習に行くとき、などというのが普通に起きている。私のときなんかはそれが当たり前。中学、高校、大学まで全部それで通ってしまう人たちもいるけども、それって本当はまずい。野球業界にとっても良くないし、なによりも、教養を身に着けるべきときにそうしていないことは、本人の人生にとってもよくない。ＵＮＩＶＡＳが、大学スポーツ選手のあるべき姿について、学業成績や授業への出席など一定のガイドラインを示すことで、寝っ放しで大学を卒業するような体育会学生はより少なくなるでしょう。そしてそれは高校、中学にも大きな影響を及ぼすことになるでしょう。競技に卓越していれば、名門大学に行けて、卒業もできる、というのが通らなくなるわけですからね。

　それから全競技のカレンダーを作成する予定です。体育会学生は大会出場などで授業に出席できないときが多いですね。例えば東都大学野球は全部平日にやるわけ。授業なんか来られるわけがない。本人は勉強の意欲はあるけども、八週間も連続で休んだら単位がもらえないし、内容も理解できない。そういう学生のフォローを将来的にできるように、まずカレンダーをつくってみんなで実態を把握し、問題意識を共有しようじゃないか。カレンダー作成は、広報や告知の目的もあります。大学スポーツの大会がいつどこで行われているか、箱根駅伝のようなメジャーな大会を除くと、知られていないのがほとんどだと思います。これをＵＮＩＶＡＳがプラットフォームとなって発信するようになれば、より多くの方に知っていただけるのではないか。あとは学業基準。柔道連盟ではすでに単位によって出場できなくなったりする制度に取り組んでいる。大学でも例えば早稲田大学の学生は、基準となる単位を取れなかった場合は、ラグビーでも野球でも試合に出られない。そういった意識を高めてもらうプラットフォームになろうじゃないかということです。

■各大学のスポーツを横断して統括する

これも期待が非常に大きいんですが、相談窓口。暴力、ハラスメント、こういったものが部活の中で隠れてしまわないように、あるいはその競技だけで隠れてしまわないようにする。露骨な言い方をすると、密告ホットライン。これの相談窓口は、アメリカNCAAの真骨頂です。NCAAは、五八〇〇もの規約があって、それに反する疑いのある行為に対しては、相談窓口に連絡することを奨励している。

そしてお医者さんの派遣と安全安心のガイドラインの提供です。たとえば、先に出てきたアメフトは、死につながるような事故が起こる危険な競技です。それを未然に防ぐためのガイドラインを示したうえで、事故が起きたときに医療機関と連携するネットワークを構築する。これも個別の大学よりも、地域や全国の集合体としてやる効果が大きいでしょう。傷害保険などもそうですね。個別よりも、集合体として加入するメリットは大きいでしょう。それから映像配信。青学ではすでに実施されていますね。ライブ映像、企画動画コンテンツ。人気競技の箱根駅伝やラグビー、野球はすでにCSあるいはネット配信も始まっていますが、大手メディアが取り上げないマイナー競技の映像配信は大きな期待が寄せられています。

先日、全日本大学ホッケー選手権を何の告知もなく運営業者の中だけでそっと配信をしたら、どのくらい集まったと思いますか。何の告知もなく三〇〇〇人のアクセスがあったんですね。実は、どんなマイナーアスリートでも、一人につき四人の熱烈なファンがいると言われています。有名選手になると、フォロワーが何百万、何千万人なんていますけど、どんなマイナーな選手でも四人の熱狂的なファンがいる。それはお父さん、お母さんかもしれない。彼女かもしれない。彼氏かもしれない。でも四人平均で必ずいると言われている。ですので発信すると、それをありがたがってくれる方が必ずいる。だからマイナースポーツも、一つのプラットフォームに集約して発信すれば、ビジネスになるのではないか。あとは競技横断的大学対抗戦。例えば七大戦といわれる、旧帝国大学の競技横断的な大学対抗戦がひそかに行われている。こういったのをしっかりプロモーションしたら、スポンサーになってもらえる企業も出るんじゃないかとか。

そして各大学に設置を促進しているスポーツ局についても、手引書を示します。こういったものを提供しようというのがUNIVASです。ここまでお話したことは、いずれもまずはガイドラインとして考えて貰い、できるだけ多くの大学に参加してもらいたいと考えております。具体的には、各大学には、窓口の設置と、運動部の実態を把握して名簿をつくって欲しいと。それから大会日程とかいった情報提供をしてください。こういうスタートです。何といっても情報収集、集約、そして分析をすることによって、様々な展開が期待できる。固まりとなることで事業もしやすくなるのではないか。そして会員の組織化。大学スポーツ人口は一般には二〇万人と言われます。でも本当は分からない。これもデータベース化しようじゃないか。ＯＢ・ＯＧからの支援をもっと固まりにしようじゃないか。そうすることによって大学スポーツを活性化する取り組みができるのではないか。規約化・ルール化は、そうしたなかで固まってくるだろうと考えています。

Athletic Department

- スポーツ局
- 学内の運動部を統括
  - 学長（理事長）の直轄
  - スポーツ局長（Athletic Director）
    - 経営管理
      - NCAA規則の運用
      - 人事（運営スタッフ、各部指導者）
      - 施設管理
    - 資金集め（学内、学外）
- 所属1123大学計10万人以上の雇用

アスレティック・デパートメントとは

ＵＮＩＶＡＳは二〇一九年三月に発足しますが、その時点で二〇〇大学。競技団体二〇、学生アスリートは半分の一〇万人。そして二〇億円の収入。これでスタートしようと準備を進めている最中です。二〇二五年には、四〇〇大学、これは運動部を持つ全大学となりますが、競技団体は六〇、学生アスリート二〇万人、そして売り上げ五〇億円、職員三〇名というのが出来上がりのイメージで、これを大きいと見るのか、小さいと見るのか、いろいろだと思います。

例えば総収入は、プロ野球で一番多いのはホークスの二八〇億円。阪神タイガースはもっと多いと言われていますが、球場の売上は、球団でなく、持ち主の阪神電鉄で計上されるなどあり、球団単体の売り上げは九〇億円です。いずれにしても総収入五〇億円というのは、Ｊリーグのチーム平均よりも多いぐらい。本家のＮＣＡＡの一〇〇〇億円に比べると小さなものになります。

そしてもう一つ大事なのが、それぞれの大学がスポーツ局を設置することですね。各大学の運動部を一つの部署で一括管理することで、ガバナンスを高め、学生や指導者を守ることはもちろん、運動部に関する情報を学内外へ発信することで、OB、OG、現役学生、教職員のアイデンティティー醸成に必ず寄与することでしょう。アメリカでは、たとえばハーバードのような学問で有名な大学でも、スポーツ以上に帰属意識を実感できるツールはないと、認識されています。

　ということで、今日は日本のUNIVASについてお話をさせていただきました。

# 人生を豊かにする応援の力、音楽の力

**梅津 有希子**
ライター
高校野球ブラバン応援研究家

うめつ　ゆきこ　北海道出身。中高を吹奏楽の強豪校で過ごし、札幌白石高校時代、全日本吹奏楽コンクールで３年連続金賞を受賞。完全吹奏楽目線で高校野球を観戦するのが趣味で、著書に『高校野球を100倍楽しむ　ブラバン甲子園大研究』（文春文庫）がある。
梅津有希子 Twitter　@y_umetsu
梅津有希子公式サイト　umetsuyukiko.com

## ■応援を見る専門

今日ここにいる理由ですが、高校野球ブラバン応援研究家として『高校野球を一〇〇倍楽しむ　ブラバン甲子園大研究』（文藝春秋、二〇一六年）という本を出しました。完全に見る方です。見るは見るでも、応援を見る専門。どこも同じような応援と思っていたのですが、現地で見ると結構違うんですよね。いろいろ工夫があって面白いなと思って見に行くようになりました。私は中学高校時代、吹奏楽部でした。札幌の白石高校で部活ばかりしてたんです。野球部がそこまで勝ち残ったことがなくて、私は一度も野球の応援経験がありません。高校を卒業した後は、ヤマハに就職しました。楽器を直すリペアマンになりたかったんですね。吹奏楽部に定期的にヤマハのリペアマンの方が来てくれて、一番身近な職業というか、こういうお仕事をしたいと。今振り返ると、高校は世界が狭くて、職業もろくに知らないんですね。ライターも編集者も知らない。なぜなら、そういうお父さんお母さんが周りにいなかった。スポーツとは全く無縁で、四歳ぐらいからピアノをして、本当に音楽ばかりの人生でした。

そして『青空エール』という漫画が『別冊マーガレット』（集英社）という漫画雑誌で連載が開始されます。これのモデルが私の母校で、学校の描写がそっくりでびっくりしたんです。たまたま東京で出版の仕事をしていたので編集部に売り込みにいきました。知り合いのいない編集部でしたが、何かお役に立てないかと連絡をしたんです。そうしたら監修をしてほしいということから始まりました。何で札幌がモデルかというと、漫画家の河原和音先生が札幌在住なんですね。北海道で吹奏楽の強豪校を描きたいと私の母校を選んでくれました。この漫画の取材で、二〇一三年に初めて河原和音先生と一緒に甲子園球場に足を踏み入れて、うわあと思ったんです、すごくきれいで、ものすごい空気感だなと思って。

私は、自分が全国大会に出ていた東京の普門館という会場にすごく似ていると思ったんです。球場とコンサートホールは全然違うのですが、空気感が非常に似ていました。全国を目指すと、スポーツも音楽も同じだなと思ったんです。そのとき初めてアルプススタンドの応援を見ました。私がコンクールの練習ばっかりしていた夏にこんなことをやっている生徒がいたんだと思って、結構衝撃を受けました。しかも、自分の野球部が負けて大泣きしていた。吹奏楽部の子たちもこんなに悔しいんだと衝撃を受けました。そこからだんだんはまって、ツイッターで勝手に解説するようになります。それで何か仕事にならないかなと思って、やっぱり一番影響力のあるメディアと思って、スポーツ雑誌の『ナンバー』（文藝春秋）編集部に行きました。ここの記事「ナンバー・ウェブ」はヤフーと提携しているので、たまにヤフトピ入りするんです。それが分かっていたので、ダメモトで行ったんですね。そうしたら、何だこの企画書はという話になって、吹奏楽なんて全然分からないけど、何かすごそうだからとウェブで書かせてもらったのが「野球の強豪は、吹奏楽の名門も多い!?　完全ブラバン目線で見る選抜甲子園。」。これが二〇一五年に初めて書いた記事です。これが一本目でいきなりヤフーで紹介されて、ものすごいページビューを稼ぎました。編集部もこのコンテンツって引きがあるんだとびっくりしていましたね。

なぜ甲子園の応援歌は懐メロが多いのか。ピンク・レディーの『サウスポー』(一九七八年)とか山本リンダの『狙いうち』(一九七三年)とか、昔の昭和歌謡が脈々と演奏されています。いろんな学校を取材して聞いたら、これで先輩がホームランを打ったとか、ずっとうちの伝統で続いていると言って、一七、一八歳の子たちが「俺は『サウスポー』にして」と昔の曲を選ぶんですね。そういったことを解説した記事です。こうやって記事を書くようになって、初めて甲子園に行ってから三年後に書籍化されたのが『ブラバン甲子園!』です。取材もたまってきたので本にしたいですと文藝春秋に売り込んで、書籍化されました。イラストを描いてくれているのが『青空エール』の河原和音先生です。

## ■実際の応援

具体的にどんな応援なのか。たとえば天理高校ってすごい伝統校ですが、紫のはかまの応援団長は野球部です。レギュラーになれなかった控え部員の三年生で、自分がやりたいと立候補するんです。彼は腕を組んで、ずっと九回まで動いちゃいけない。笑っても表情を変えてもいけない。点が入っても黙って立って、お水を飲むときも他の部員がストローで飲ませるんです。メディアも話し掛けちゃいけないのが分かっているから、黙って見守っています。最初知らなくて話しかけたんです。すると答えてくれない。すごく面白いなと思って、どんどん通うようになりました。

群馬県の前橋育英高校は、スーザフォンという楽器を点が入ると回します。名物で群馬の学校は結構点が入ると回すんです。もう群馬の文化なんですね。こんなことをする県は他にないです。これはマーチングの技の一つなんですね。歩きながら演奏する吹奏楽のスタイルで、その中にある技を応援に取り入れています。

それで、実際に応援されている野球部の選手たちにお話を聞きました。やっぱり音楽とみんなの声援に背中を押された、すごく力になる、勇気が出ると言いますね。自分の応援曲をみんなが演奏してくれて、落ち着いて打席に立てる、テンションが上がるという野球部も多いです。また応援の力で奇跡の大逆転とか、結構そういう展開も少なくないです。

相手チームは威圧的な応援曲を聞くとどう思うか。すごく怖い、不安な気持ちになると言いますね。相手側の応援がすごく盛り上がっていると怖い。最初はちっちゃい音で、だんだん音量がアップしたりします。相手側はすごく

撮影：梅津有希子

撮影：梅津有希子

怖かったと言っていました。ピッチャーは意外と冷静に曲を聞いているんですよね。この曲でホームランを打たれたとか、これでヒットを打たれたとか、大人になっても覚えているという人が多いですね。試合終了後に相手側の曲がかっこよかったから、早速まねをするというケースもすごく多いです。

やっぱり一七、一八歳の子たちのあり余るパワーは、普通に応援しているだけでは発散できないと思うんですね。動いて踊って、やっと発散できる、試合に出られない悔しさとか、彼らを見ていて感じました。最新の応援が近江高校の応援なのですが、洋楽のピットブルの『ファイアボール』をするんです。それまで他もやるような曲ばっかりやっていたので、オリジナリティを出したいと洋楽メドレーにがらっとリニューアルしました。PVを見たらセクシーなお姉さんがくねくね踊るんですが、それを高校生が応援に取り入れています。英語でラップの部分を野球部が自分たちで掛け声を考えて。これがすごく斬新で、近江高校という学校名を言うので、みんな口にしやすいんですよね。父母たちも、一般のお客さんも、まねして応援しやすい。すごく盛り上がって、まねをする学校が続出しています。他の学校が校名だけを変えて、自分たちの応援にもパクりまくっています。スタンドで演奏に合わせてみんなで声を出して一体感が生まれると、楽しい、盛り上がる。こういう楽しかった記憶が大人になっても残っていて、高校野球が好きとか、スポーツ観戦が好きになったという人もすごく多いですね。

近年の人気の曲の傾向。一体感、あとフェス化。これは賛否両論あります。スタンドばっかり盛り上がると怒る人もいます。ただ、みんなでアルプスを盛り上げているのは間違いないんですよね。みんなで応援に参加できることが近年のキーワードだなと思います。今大流行しているのが、アゲアゲホイホイという応援で、『サンバ・デ・ジャネイロ』という野球応援にずっと使われていた曲にコールを付けました。兵庫の報徳学園が元祖です。これがもう熱病のように広まって、去年数えたら半分ぐらいの学校がやっていました。野球だけじゃなくて、文化祭、体育祭、とにかくみんながやりたいというんですね。小学校とか中学校、幼稚園の運動会でもやるぐらい大流行中です。

日本一盛り上がるのは沖縄のアルプスです。『ハイサイおじさん』、沖縄の曲ですね。沖縄からわざわざ応援に来る人は少ないんです。ただ、関西は沖縄出身者が多い地域が結構あって、そういうところの県人会の皆さんなどが集まるんです。沖縄出身の人はお酒が好きなので、一番酒を飲んでいるスタンドです。みんな酔っぱらっていて、踊り出したり、ちょっと独特の雰囲気です。

こうやって応援ばっかり発信して、本を出して、いろいろメディアに出るようになってコンサートも開催しました。キョードー東京主催「ブラバン！　甲子園ライブ」を二年前、ＮＨＫホールで開催しました。私は企画と司会、全体の構成を考えました。こんな曲をこういう場面で吹いてくれとか。オープニングは全出場校による合同演奏。『栄冠は君に輝く』という夏の甲子園の大会歌です。もうステージはぎゅうぎゅうで、二回目にやった関西編では、大阪のフェスティバルホールに天理高校、大阪桐蔭高校、智弁学園高校、智弁学園和歌山高校、京都の龍谷大学付属平安高校、そして兵庫の市立尼崎高校という六校に集まってもらいました。

こういうコンサートは今までなくて、客層が普通の吹奏楽とかクラシックの演奏会と全然違うんですね。野球キャップやTシャツ短パン姿のおじさんがいっぱい来ていました。東京のＮＨＫホールも、大阪のフェスティバルホールも即チケット完売。非常に盛り上がりました。

## ■一生懸命闘っている姿を見る

私は応援を見に行くようになってから、野球にも興味が出てきて試合展開も観るようになりました。他に何か見ているのかというと、現地に行くと面白いんですよね。野球部のユニホームを見ます。

例えば、常葉大菊川高校は、高校生と思えない、まるでニューヨーク・ヤンキースのようなユニホームです。チアの子も着るんですが、裾の部分をきゅっと縛ってすごくかわいいと印象に残っています。

他に、野球に詳しくない私でも分かるぐらい、どう見ても阪神タイガースのチームもあります。横浜隼人高校で、監督が大の阪神ファンなんですって。なので、ユニホームも阪神みたいにしたそうです。こんなにまねをしていいんだなとびっくりしました。

熊本工業高校は漢字のユニホームで、かっこいいなと、個人的に好きです。クラシカルな感じで無骨だなと思います。

球児の帽子をチェックするのも好きなのですが、つばの上の部分に型が付いている帽子は堅い素材で、どうやって付けるんだろうと気になったんです。私は本職がライターなので、気になることがあったらすぐに調べないと気が済まないんです。それで、どうやってつくるのかなと思ったら、洗濯挟みで挟んで干すんです。球児たちの唯一のおしゃれなんだなと。何で注目するようになったかというと、『青空エール』で三木孝治監督から「竹内（涼真）君にかぶせる帽子は型を付けた方がいいか」と言われて、今の高校生はどっちが多いか見てきてほしいと言われたんですね。それで何校が型を付けているとかを調べました。そうしたら選手の好みもありますし、帽子の素材にもよるんですよね。メッシュタイプの生地だと挟んでも型は付かないんです。結局、映画では普通にかぶらせました。

あと、いわゆるショルダータイプの野球部バッグ。大阪桐蔭は普段えんじ色なんです。ところが二〇一八年の夏の甲子園一〇〇回記念大会記念で、金色っぽい色に新調してきました。ゴールドの刺しゅうが入るんです。何でゴールドかというと、春夏連覇がかかっていたから。やっぱり大阪桐蔭はお金を持っているなと。学校の資金力が見えてきます。

今のトレンドはショルダーも根強い人気ですが、すごい勢いで増えているのがリュックタイプですね。片方の肩ではなく両方で背負うので、バランスが崩れず体にいいといわれています。また最新のバッグはトート型ですね。

リュックだと体にいいけど背中がむれるという声もあったり。トートバッグだと、物をたくさん入れやすいのもあって増えてきていますね。

あと、ほとんどの学校はフェルトのお守りをマネジャーがつくったりして、みんなの名前を入れたりする。みんなぶら下げていて、何か青春だなと。こういうところを見るのも好きです。あと、人文字ですね、甲子園名物。人文字ができるのは、関西の文化なんですよね。関西圏の学校だと全校応援に集まりやすい。東京から全校応援だとバスを十何台も出さないといけない。マンパワーがないとできない応援なので、関西の学校が多いですね。

龍谷大平安のときは、一〇〇勝がかかっていたんです、去年の夏。一〇〇勝をいつ達成するか分からないので、一年前から一〇〇勝の人文字の準備をしていて、やっと一〇〇勝がかかったというタイミングで、私はこれを見届けたかったので、向かい側の鳥取城北高校側のアルプス席から撮影しました。

開会式では、いつも地元の西宮市の皆さんが人文字をつくってくれるんです。それが「ようこそ甲子園へ」「一〇〇回大会」とかいろいろ変わるんですね。こういうのも、なかなか見る機会がないので、甲子園ならではで面白いなと思います。

野球だけじゃなくサッカーの応援も吹奏楽が来ていると聞いて、野球の応援と何が違うのかなと思って高校サッカーも行っています。冬なので寒いんですよね。夏は夏で暑くて大変ですが、冬もかじかんで冷たくなる中、一生懸命みんな応援しています。あと春高バレー(全日本バレーボール高等学校選手権大会)も来るんです、吹奏楽部が。会場は東京体育館で、四試合同時にやるんです。だから四つコートを張って八校が同時に来るんですが、八校中だいたい四校か五校ぐらい吹奏楽部が来ていますね。千葉の習志野高校はすごく応援に力を入れていて、二〇〇人でやってくるんです。ただでさえ響くのに、習志野がいると他校の演奏が一つも聞こえなくなるんですよね。この間テレビで解説の人が、ホイッスルも聞こえませんと言っていました。私はこの習志野の応援が見たくて、お正月、実家の札幌に帰省せず春高バレーを観に行っていました。

高校野球の応援の起源を調べると、行き付くのは東京六大学野球です。六大学の応援を高校生が模倣して広まりました。キーとなっているのは早稲田大学と慶應義塾大学ですね。よくやる『ポパイ』の応援歌は立教大学が初ですし、『鉄腕アトム』は東京大学がやるようになって高校生に広まっています。ということで六大学野球を観に神宮球場に行くようになりました。これまたすごい文化だな、伝統と歴史があるんだなと思っていますね。

六大学でも日比谷公会堂で「六旗の下に」というイベントをするんですね。これがチケットがすぐに売り切れます。去年初めて行ったら、応援マニアみたいなおじいちゃんがいっぱいいました。ファンが高齢化していて、若い人にも興味を持ってもらえるよう、いろいろ彼らも頑張っていました。それで去年は、初めて「大学応援団フェスタ」をやったんです。青山学院大学の応援団、吹奏楽部も出ていました。六大学とはまた違った感じで面白かったです。こうして大学スポーツで観に行ったのは野球とラグビーです。ですが、ラグビーはさっぱりルールが分からない。でも行ったら面白いんですよね。一生懸命闘っている姿を見るのは面白いものだなといろいろ刺激を受けます。

### ■愛校心があると人生はとても豊かになる

こうして今度は社会人野球の応援もすごいらしいと聞いて、東京ドームでの都市対抗野球を見に行きました。吹奏楽ももちろんあるのですが、パフォーマンスがすごいんです。たとえばJR東日本では、みんなが車掌さんの格好をして応援する。新幹線ロボが出てきたり。見ていて面白いです。ゆるキャラが出てきたりして、パフォーマンスがすごく派手なんです。三菱重工は作業服で応援をします。こういうのを見ると社会人ってすごい世界だなと。こういうのを見ていくのも面白いですね。

箱根駅伝。これも全然興味がなかったんですが、近年観るようになりました。これもすごい。私はメディア側の人間として、原晋監督の持つ言葉の力は、やっぱりすごい。「ワクワク大作戦」、「ハッピー大作戦」、今回は「ゴーゴー大作戦」と、キャッチーなフレーズを付けるのが上手だなと思います。やっぱりキーワードを付けると、メディアが取り上げたくなるんですよね。なぜなら見出しにしやすいからです。青学、今年はゴーゴー大作戦。これだけで一本見出しができますよね。メディアに取り上げられる方法を原監督は熟知しているなと感じますね。監督は中国電力でのサラリーマン時代があるので、発想がビジネスマンだなと思って見ています。監督は陸上の知名度を上げたいと言っていました。陸上に興味を持つ若者が増えてほしいと。少子化なので、どのスポーツも生徒の奪い合いなんですよね。

野球人口も減って高校野球界はみんな困っています。子どもたちはサッカーをやりたがる。そもそもスマホばっかりいじる子が増えているとか、ゲームばっかりするとか、ライバルがたくさんあるんですね。なので、いかに競技人口を減らさないか。私はろくに駅伝選手の名前も知らないですが、世田谷区の砧公園によくランニングに行くんです。何となく一〇年前に走り始めました。一〇年前、ランニングブームがあって、あちこちの女性誌がラン特集をやった時代があるんですね。そのときに、たまたま私がラン特集を担当したのがきっかけでした。砧公園を走っていると、駒澤大学、東京農業大学の陸上部が練習で走っているんです。それで、すっごく速いんです。私が公園一周する間に、彼らは三回抜かしていく。ちゃんと一〇メートルぐらい前から「追い抜きます」とあいさつをしてくれます。こんな速さで箱根駅伝を走っているんだと。

ビジネス目線で観る箱根駅伝。どこのメーカーを使っているんだろうと見るのが結構好きなんです。青学はアディダスですね。アディダスは相当のブランド校じゃないとスポンサードしてくれません。そういう意味でも、青学はすごいなと思います。東海大学はミズノでした。東洋大学はナイキ。メーカーを見ているとスポーツメーカーの勢いが分かってきます。各校のユニホームも一〇年前と比べると、ミズノとアシックスが減っています。その分、一〇年前にいなかったニューバランスとアディダスが増えているんですね。ミズノとアシックスは、機能的にはもちろん素晴らしい性能だと思います。ただ女性目線で言うと、おしゃれにするのに乗り遅れちゃったんですね。今でこそ日常のファッションでスポーツウエアを取り入れるって、もうトレンドじゃなくて定着しましたよね。

球場とかスポーツの会場に行くと楽しみなのが食べ物です。野球寄りになっちゃうのですが、今一番頑張っているのが横浜スタジアム。インスタ映えがいろいろあります。そこを見越しての商品開発だと思うんですが、横浜スタジアムはすごく上手です。女性客を増やしたいという企業努力が見えるのが横浜ベイスターズだなと思います。

東京ドームは、選手プロデュースの弁当。他メーカー、球団もたくさんやってますが、選手とのコラボ弁当をいっぱい出していますね。こういうのは肉ばっかりの、がっつり系なんです。あんまり女の子が食べたいと思うのがないなと。千葉ロッテのZOZOマリンスタジアムは、千葉産の魚介類やピーナツを使った地産地消のご当地グルメを頑張っていますね。

こんなきっかけでもいいと思うんです。実際に会場に足を運ぶと結構楽しいです。

ここからも近い神宮球場では、ヤクルトが夏になると定期的に生ビール半額ナイターをやります。ビアガーデンみたいな感じです。屋根がないので気持ちいいです。私はスポーツに全く興味がなかった人間ですが、今はスポーツ観戦が選択肢にありますね。

私は大学に行ってないので、大学スポーツと無縁です。応援できる学校がないので、近所の学校を応援したりしますが、当事者である同じ大学にいる仲間たちが頑張っている姿を応援するのは、なかなかできる経験じゃないですよね。この四年間でしかできないことで、また愛校心にもつながります。愛校心を持っていると、大人になってからの人生はとても豊かになると思います。自分の大学で応援できるコンテンツがあるのは、すごく幸せなことだと思います。恵まれた環境にいると思うので、もし自分のスケジュールが合わせられるようであったら、ぜひ一回何かの部活の大会の応援に行ってみるといいんじゃないかと思います。社会人になってからの人生が豊かに楽しくなると思います。講演は以上です。ご清聴ありがとうございました。

# おわりに

講義録の出版に時間が掛かり最初の講義から二年以上経ってしまった。中には、その間に環境が変わり、状況も変わって、今であればまた違う内容をお話しいただくべき部分もあると思われる。ひとえに私の作業の遅さから来ることで、まずはお詫び申し上げたい。

特に、オリンピックを楽しみに迎えた二〇二〇年が、あっという間に新型コロナウィルスの蔓延によって、オリンピックは延期され、プロ野球もJリーグも開幕できず、海外でもNBAはシーズンを中断、MLBは開幕延期、ゴルフのマスターズやテニスのウィンブルドンまで中止、延期となっている。

スポーツだけではなく、政府は緊急事態宣言を発令し、人と人の接触を八割削減するように自粛を求めている。スポーツアドミニストレーション論では、繰り返し「スポーツの価値はコミュニティにある」と伝えてきたが、新型コロナウィルスは、人と人の接触を制限させ、コミュニティを崩壊、あるいは変化させる。結果として、コミュニティを基盤とするスポーツも崩壊し、生き残るための変化が起こるだろう。その影響は、単なる収入減に留まらない。アメリカのシートンホール大学の調査では、四月六日～八日にかけて七六二人を対象に行われた最近の世論調査で、「ワクチンが開発されていない状況でスポーツの試合を観戦に行くか」との質問に対し、実に七二%が「ノー」と回答している。回答者をスポーツファンに限定した場合でも、六一%が「行かない」としている。その後の経済環境が悪化すれば、スポーツを観戦する余裕のある人は減少するかもしれない。なにより、一旦、「他人と接触することの恐怖」を刷り込まれた人々が、トラウマとなって、不特定多数の人と一緒にひとつのイベントに参加することをためらう時代が来るかもしれない。

アフターコロナ、アフターオリンピックの日本のスポーツ界が地盤沈下を起こさないために、何が有効で、何が必要なのか？　今こそよく考え、アクションを起こす時が来たのではないか。

過去の成功事例に頼ってはならない。成功の本質、失敗の本質を抽出し、的確なアクションを起こすために、理論を考えていきたい。

ニュートンは、ペスト禍で閉鎖された大学から疎開した二年弱の間に「万有引力の法則」を発見したと伝えられている。我々も、この機会にニュートンに倣い、コロナ後のスポーツをよくするための施策を考えたい。

遅くなったが、スポーツアドミニストレーション論の講義を快く引き受けていただいた先生方、寄付講座を設置いただいた青山学院大学の宮崎純一教授をはじめとした皆様、まじめに授業に参加してくれた学生諸君に感謝の意をお伝えしたい。そして晃洋書房編集の吉永さん、作業の遅い私に我慢強くお付き合いいただき、ここまでこぎつけたのは吉永さんのおかげである。感謝の意を表したい。

既に二〇一九年に行われた講義録が私の手元にあり、それも同様に出版したいと考えているが、また二年分まとめての出版になるかもしれず、ご寛恕いただきたい。

まずはコロナ禍が沈静化し、アフターコロナが、より良き社会となることを願っている。

花内　誠

二〇二〇年四月　コロナ禍の東京にて

《編著者紹介》（[　] 内は執筆箇所）

花 内　誠（はなうち　まこと）[井戸掘り職人，はじめに，第Ⅰ部，おわりに]

株式会社電通スポーツ事業局シニアディレクター兼パブリックスポーツ課長。
（一社）アリーナスポーツ協議会理事（2013年～），（公財）ヤマハ発動機スポーツ財団理事（2016年～）立命館大学客員教授（2020年～）。

電通スポーツ局にて，ゴルフ（宮里藍），野球（サムライジャパン），バスケットボール（２リーグ統合）等を担当後，2016年文部科学省「大学スポーツ振興に関する検討会議」にて，「スポーツ産学連携＝日本版NCAA」を提案。

ASC叢書　2
スポーツアドミニストレーション論
——スポーツビジネスの最前線から学ぶ理論と実際——

2020年６月30日　初版第１刷発行

＊定価はカバーに
表示してあります

監修者　一般社団法人 アリーナスポーツ協議会 ©
編著者　花 内　誠
発行者　萩 原 淳 平

発行所　株式会社　晃 洋 書 房
〒615-0026　京都市右京区西院北矢掛町７番地
電話　075（312）0788番㈹
振替口座　01040-6-32280

装丁　尾崎閑也　　印刷・製本　亜細亜印刷㈱
ISBN 978-4-7710-3315-3

JCOPY〈(社)出版者著作権管理機構 委託出版物〉
本書の無断複写は著作権法上での例外を除き禁じられています.
複写される場合は，そのつど事前に，(社)出版者著作権管理機構
(電話03-5244-5088，FAX03-5244-5089，e-mail : info@jcopy.or.jp)
の許諾を得てください.